高等职业教育公共基础课系列教材

DAXUESHENG
TIYU YU JIANKANG

大学生体育与健康

主　编　黄碧江
副主编　黄　飞　王菊燕　康　灵

内容提要

本书共有14章内容，分别为体育基础知识、健康基础知识、运动性损伤的处理与运动疗法、大学生体质健康测试、田径运动、篮球运动、足球运动、排球运动、乒乓球运动、羽毛球运动、网球运动、游泳运动、形体健身运动和传统武术运动。

本书既可作为高等职业院校体育课程的教材，又可作为学生的一般性科普读物，还可供广大体育爱好者参考。

图书在版编目(CIP)数据

大学生体育与健康 / 黄碧江主编. — 上海：上海交通大学出版社，2023.8

ISBN 978-7-313-29053-3

Ⅰ. ①大… Ⅱ. ①黄… Ⅲ. ①体育—高等学校—教材②健康教育—高等学校—教材 Ⅳ. ①G807.4 ②G647.9

中国国家版本馆CIP数据核字(2023)第140360号

大学生体育与健康
DAXUESHENG TIYU YU JIANKANG

主　　编：黄碧江
出版发行：上海交通大学出版社　　地　　址：上海市番禺路951号
邮政编码：200030　　电　　话：021-64071208
印　　制：三河市骏杰印刷有限公司　　经　　销：全国新华书店
开　　本：787 mm×1 092 mm　1/16　　印　　张：13.5
字　　数：328千字
版　　次：2023年8月第1版　　印　　次：2023年8月第1次印刷
书　　号：ISBN 978-7-313-29053-3
定　　价：49.80元

前言 PREFACE

党的二十大报告明确指出，要“加强青少年体育工作，促进群众体育和竞技体育全面发展，加快建设体育强国”。本书正是贯彻党的二十大关于建设“体育强国”的指示精神，基于最新的教学大纲进行编写的，坚持“终身体育，健康第一”的教育理念，构建科学、有效的体育与健康课程教学新模式，帮助学生熟练掌握各项运动技能，培养学生全面发展。

本书依据当前大学生的身心发展特点和需要，在内容设置上将理论素养与运动实践相结合，以运动实操技术为主线，充分体现体育的多功能特征，并适当融入思政教育。本书主要介绍了体育与健康的基础知识、运动性损伤的处理与运动疗法、大学生体质健康测试、田径运动、常见球类运动、游泳运动、形体健身运动和传统武术运动等内容，还配有“学习目标”“知识加油站”“实训时刻”“一课一练”等丰富多彩的栏目，对体育健康知识进行了延伸拓展，增强了阅读的趣味性。

本书在编写过程中注重以下特色。

(1) 内容科学丰富，引导性强。本书在编写过程中借鉴和吸取了体育科学与运动研究的前沿成果，既注重内容的科学性，又讲究内容的针对性，将体育知识展现给不同基础、不同层次的学生，同时力求做到精练规范、涵盖面广。

(2) 坚持“体育＋素养”育人理念。体育课程具有活动性、灵活性、互动性等诸多特点，这些特点为思政教育提供了更加有利的教育空间。本书中加入终身体育、女排精神等素养内容，有助于学生身心健康发展；倡导在生活中也要具备体育运动的积极态度，让学生转变懈怠、懒惰、消极的生活观念；以体育与健康教学为导向，全面提升学生的综合素质。

(3) 融入多种教学资源，实用性强。本书除了介绍基础的理论知识和基本的运动技能，还依据课程知识点和技能讲解需要，设置了多个栏目，以加深学生理解。与此同时，本书还提供视频、图文资源供学生通过扫描二维码随时观看学习，对学生拓展体育运动与健康教育知识视野，以及培养科学锻炼习惯和终身锻炼的意识有着重要的促进作用。

本书由泉州华光职业学院黄碧江任主编，黄飞、王菊燕、康灵任副主编。本书在编写过程中参考了诸多资料，谨向有关作者表示衷心感谢。

由于编者水平有限，书中存在的不足之处，恳请广大读者不吝赐教。

编　者

目录 CONTENTS

第一章　体育基础知识

学习目标

1. 熟悉体育的概念、分类和功能，了解体育锻炼的含义、原则和方法。
2. 了解体育锻炼对身心健康的重要影响，主动通过体育疗法缓解心理问题。
3. 了解终身体育的内容和特点，明确高职院校开展体育教育的目的和任务。

第一节　体育与体育锻炼

体育是社会文化教育的组成部分，随着经济发展和社会进步，体育如今已经成为人们生活当中不可缺少的组成部分，在政治、经济、教育等领域起着极为重要的作用。而作为体育运动的主力军之一，大学体育运动也蓬勃发展，为大学生的学习生活增添了一抹鲜艳的色彩。

一、体育的概念

体育的概念是随着人类认识活动的逐步深入而逐渐变化的，尤其是随着现代生产生活方式和人文环境等客观环境条件的转变，体育的性质、内容、范围、对象及时空关系也在不断地进行自我完善。根据我国体育发展的特点和规律，体育可分为广义的体育和狭义的体育。

1. 广义的体育

广义的体育是指以身体练习为基本手段，以增强体质、增进健康、促进人的全面发展、丰富社会文化生活和促进精神文明建设为目的的有意识、有组织的教育过程和社会文化活动。它包括体育教育、竞技运动和身体锻炼三个方面的内容，是一种特定的社会文化现象，属于社会文化教育的范畴，受社会政治和经济的制约，并为社会政治和经济制度服务。

2. 狭义的体育

狭义的体育是指促进身体发展、增强体质，传授身体锻炼的知识、技术和技能，培养道德和意志品质的教育过程。它是教育的组成部分，也是培养全面发展的人才的一个重要方面。

二、体育的分类

我们通常所说的体育可分为学校体育、社会体育和竞技体育三类。

1. 学校体育

学校体育是指在各级各类学校中开展的，通过身体活动增强学生体质，并传授身体锻炼的知识、技术、技能，培养学生的道德和意志品质的有目的、有计划的教育过程。学校体育的目的是完善学生的自身发展，使学生具有良好的体质，掌握体育锻炼的相关知识、技能，使其终身受用。学校体育具有鲜明的教育性和健身性。

2. 社会体育

社会体育也称为大众体育、群众体育，是指为了达到强身健体、医疗保健和休闲娱乐等目的而进行的内容广泛、形式多样的体育健身活动，它具有一定的健身性、休闲娱乐性及灵活自主性。社会体育作为我国体育事业的重要组成部分，关系到人民体质的增强、健康水平的提高和生活质量的改善，对现代社会的发展具有重要意义。

3. 竞技体育

竞技体育又称竞技运动，是为了最大限度地发挥人在体格、体能、心理及运动能力方面的潜力，为了取得优异竞赛成绩而进行的科学、系统的训练和竞赛活动。竞技体育既具有对抗性、竞争性和娱乐观赏性，又具有规范性、组织性、国际性及公认性，还具有一定的教育意义，有利于推广全民健身活动。

青少年体育“三大体系”

2021 年 4 月 21 日，全国青少年体育工作会议在桂林举行。会议明确提出，我国将积极构建青少年健康促进、青少年体育训练、青少年体育竞赛“三大体系”。在青少年健康促进体系方面要深化体教融合，促进学校体育扎实开展；调动社会资源，丰富青少年的体育活动；针对青少年的重点健康问题进行有效干预，研究和推行不同方式的青少年体育健康干预方法。青少年体育训练体系着眼于建立起举国体制与市场机制相结合的青少年训练体系，夯实青少年训练基础，不断提升青少年后备人才培养质量。青少年体育竞赛体系的打造要破除赛事壁垒，加强与教育部门的沟通协作；丰富赛事内容，坚持做好赛事文化测试工作；优化青少年竞赛环境，加快完善青少年竞赛相应制度体系，充分发展体育竞赛的育人价值。

资料来源：http://www.moe.gov.cn/jyb_xwfb/s5147/202104/t20210422_527595.html，有改动

三、体育的功能

体育的功能是指体育在社会进步和人类发展过程中所产生的各种效益的状况。随着社会的发展，人类对体育多元化需求层次不断提升，体育的功能也在逐步发展和完善。其功能可分为生物功能和社会功能。

1. 生物功能

体育的生物功能主要表现为健身养生、健美和健心三个层次。

（1）健身养生。生命在于运动，体育运动能促进各器官与系统的生长发育，促进人体各组织结构与机能的改善，还可使身体素质全面发展，提高人体基本的活动能力、适应自然和抵抗疾病的能力，达到防治疾病、强身健体、延年益寿的目的。

（2）健美。通过体育锻炼塑造出来的健康美具有恒久的魅力。参加体育活动可以塑造

形体美、姿态美、健康美，使整个机体表现出蓬勃向上、充满朝气、青春飞扬的健康活力。

(3) 健心。体育锻炼可以培养人的心灵美，调节人的情绪，培养人良好的心理素质和高尚的道德情操。

2. 社会功能

体育的社会功能主要表现在教育、政治、经济、娱乐、社会情感五个方面。

(1) 教育。体育是教育的重要组成部分，是培养全面发展的人才的重要手段。体育可以培养人良好的道德品质，培养全面发展的人才，从而提高民族素质。现代体育融健身、娱乐为一体，其教育功能早已扩展到整个社会，并在不断优化的过程中整合出新的内涵。

(2) 政治。体育既受政治制度的制约，也为一定的政治服务。体育可使国家扩大国际影响，振奋民族精神；发展国际文化，服务外交事业；加强民族团结，促进国家统一和世界和平。

(3) 经济。体育既受国家经济发展的制约，也为国家的经济发展服务，这是现代体育发展的主要特点和趋势。体育能强身健体，提高劳动者的工作效率，促进产业及科学事业的发展，还能减少社会待业人口。体育产业作为一种新兴产业，以其独特的魅力和广阔的市场引起了经济界的高度重视。体育旅游、体育表演、体育建筑和其他体育经营产业正以“朝阳产业”的姿态成为国民经济新的增长点，并不断彰显自身独有的风采和魅力。

(4) 娱乐。体育为社会提供了娱乐场所，促进了文化形态的发展，满足了人们的精神需要，越来越受到人们的青睐。伴随着休闲体育时代的来临，它给人类提供了全新的娱乐享受、减压和宣泄方式，在促进家庭和睦、愉悦心情等方面带来了新的社会体验。例如，参加户外体育活动可以调节生活，享受大自然的乐趣，促进人际关系和谐。

(5) 社会情感。体育可以促进社会心理的稳定，还可以净化国民情感，激发民众的爱国热情。体育活动向来被人们视为加强人际交往及国际沟通的平台。

四、体育锻炼的含义与作用

1. 体育锻炼的含义

体育锻炼是以身体练习为手段，以增强体质、促进身心健康为目的，达到身体、心理、社会适应和道德品质全面发展的一种综合性的社会实践活动过程。

生命在于科学运动，体育锻炼是人体未来发展过程中最积极、最有效的因素，有益于人类进化到更高水平。

2. 体育锻炼的作用

体育锻炼是群众性体育活动的主要形式。科学实验和实践经验证明，体育锻炼是增进健康、增强体质最为积极、有效的方法。体育锻炼不仅具有健身作用，还可以调剂心情、锻炼意志和得到有效的休息。因而，坚持体育锻炼，能同时达到“健身、健心、健美”的效果，是促进人的素质全面发展的重要途径。

(1) 发展体能素质。体能是指身体素质和身体的基本活动能力，通常是指速度、力量、耐力、灵敏度和协调性，身体素质是掌握运动持续性、提高运动成绩及增进健康的基础。一个体能素质出众、动作协调的人往往头脑聪慧、思维活跃。

除了这几项基本的身体素质外，人体还必须具有奔跑、投掷、跳跃、攀爬、抬、举等生活能力，还要有适应环境变化的能力和对抗疾病的免疫力，如环境的冷热变化、高空作业、颠簸失重的动态变化等。只有具备这些身体素质的人才能作为合格的社会事业建设者，才能向自然挑战，参与社会竞争。

(2) 提高心理素质。一个在社会中生存的人不仅需要优秀的体能素质，还需要出色的心理素质，出色的心理素质能够使人们在应对现代社会的激烈竞争中摆正心态，寻求适合自己发展的道路，从而降低被社会淘汰的风险，提高自身的抗挫折能力。

体育运动是增强体质、促进身心健康的有效措施。我们需要保持乐观、进取的生活态度，正确对待生活中不可避免的困难和挫折，只有充分提高自己的认识能力，才能保持平和健康的心态。积极主动参与体育活动，改善对环境的适应能力，控制情绪，协调人际关系，预防和治疗生理疾病，均是促进心理健康的重要途径。

(3) 培养体育文化素质。体育文化是通过体育运动而形成并集中体现出人类的力量、智慧与进取心等积极意识的总和，是体育运动的高级产物。它包括一般的人体知识，科学的生命观、人生观，人体身心发育发展的顺序和阶段性规律的知识，体育的含义和评价知识，选择身体锻炼项目和控制运动负荷知识，有关运动竞赛和观赏知识，运动卫生等。有了这些基本的理论认识常识，参加健身运动就会更加自主和自由。

学校体育教育在潜移默化地培养和教育学生，从体育的竞赛精神中充分调动学生争强好胜之心，培养学生的竞争意识和竞争能力；体育的超越自我、超越极限精神培养了学生的自信心、自强心及自我意识，塑造了学生的个性，使学生在今后的工作和学习中不断进取、超越自我。体育锻炼用自己独特的魅力方式影响了一代又一代年轻人，它所传递的文化内涵对提升一个民族的凝聚力和整体认同感起到了不可估量的作用。

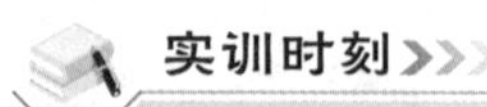

“六艺”最早出现在夏朝，是指六种技能。从中国古代开始，许多王侯贵族就必须学习“六艺”。你知道“六艺”中哪些内容与体育锻炼相关吗？

五、体育锻炼的原则和方法

1. 体育锻炼的原则

体育锻炼的原则是体育运动与锻炼的客观规律和行为准则，是人们在体育锻炼实践中的经验总结，并为更有效地进行体育锻炼提供了理论指导。

体育锻炼的原则归纳起来主要有以下几个方面。

(1) 积极主动原则。体育锻炼是一个自我锻炼、自我发展、自我完善的过程。积极主动原则主要是指参与锻炼者必须有明确的锻炼目的。因此，在锻炼中，一方面需要把它当作学习和生活的自觉需要，激发锻炼的主动性和积极性；另一方面需要培养对体育锻炼的兴趣，适当发展一两项自己喜欢并擅长的体育项目，作为步入社会后培养体育意识、展开体育行动的兴趣点和开拓点。

(2) 循序渐进原则。循序渐进原则就是在锻炼过程中须严格遵守人体的生理特点和生理适应规律，从不同的主客观条件出发，安排适宜的运动负荷，在渐进性练习的基础上提高锻炼效果和水平。在训练过程中，锻炼者要依据个人的年龄、性别、健康状况、体质水平、项目特点和锻炼目的等，动作由易到难，运动负荷由小到大，做到锻炼的科学性、合理性和连贯性。

(3) 持之以恒原则。体育锻炼贵在持之以恒，养成良好的运动习惯。如果在锻炼过程中“三天打鱼，两天晒网”，锻炼效果就很难体现出来。因此，锻炼者在锻炼过程中需要不断强化自己的体育意识，不断培养自己对体育运动的热爱之情，从而达到理想的锻炼健身目的。

(4) 运动适宜原则。锻炼者在锻炼中需要合理地安排运动负荷，使之既能达到运动训练的目的，又符合自身的实际接受能力。运动负荷安排是否得当，直接影响运动训练的效果。若负荷过小，则不能有效刺激机体，达不到强身健体的目的；若负荷过大，则很可能引发运动损伤。因此，运动一定要实事求是，从实际出发，切忌盲目求大求高。

(5) 全面锻炼原则。全面锻炼原则要求锻炼者需追求身心的全面发展，使身体形态、机能、各种身体素质及心理素质得到协调发展。锻炼者在运动中应尽可能考虑身体的全面发展，努力掌握多种运动技能，切忌以偏概全。

体育锻炼的FIT原则

体育锻炼的FIT原则，即频率(frequency)、强度(intensity)和时间(time)原则。

频率：每周锻炼3～5次或隔日进行为佳。强度：达到个人最大心率的60%～80%为宜。时间：每次锻炼要做持续20～30 min的有氧运动。

有氧运动和无氧运动的区别如下。

(1) 运动强度不同：无氧运动为最大或次最大强度。

(2) 运动持续时间不同：无氧运动时间不超过3 min，有氧运动持续时间可达数小时。

(3) 个人感觉不同：无氧运动过程中感觉很累，且心慌气短、大汗淋漓；有氧运动只是少量出汗，感觉不太累或有点累。

资料来源：作者整理

2. 体育锻炼的方法

视频
如何坚持体育锻炼

体育锻炼的方法是根据人体发展规律，运用各种身体练习和自然因素来发展身体的途径和方法。常见的科学体育锻炼方法有下列几种。

(1) 重复锻炼法。重复锻炼法主要是指锻炼者在相对固定的条件下，按照锻炼的计划和要求反复多次重复某种练习的方法。重复的次数和时间是决定健身效果的关键。锻炼时，需要合理安排重复练习的要素，如练习的次数、练习的强度、间歇时间等，切实保证每次重复练习的质量和效果；注意克服反复练习造成的枯燥厌烦情绪，防止机械呆板地练习。

(2) 间歇锻炼法。间歇锻炼法是指在两次练习之间有合理的休息时间，在锻炼者机体尚未完全恢复的情况下接着进行下一次练习的方法。间歇锻炼法是提高锻炼效果的一种常用方法。锻炼时，需要注意合理规定间歇时间，具体可根据个体的身体状况和锻炼水平而定，但是注意在下一次练习前最好将心率控制在每分钟120次左右；同时注意在训练间歇期内安排轻微的活动，如慢跑、按摩、深呼吸等，进行积极性的休息和放松。

(3) 变换练习法。变换练习法是指在改变训练内容、训练强度和训练环境的条件下通过改变锻炼项目、练习要素、运动负荷等，以提高锻炼效果的一种方法。锻炼时，需注意以锻炼的实际需要为前提，特别是结合锻炼的长期目标和近期目标有针对性地变换；变换中需要灵活掌握变换锻炼的计划，注意积累有关材料和反馈信息，及时观察，不断总结，为制订新的锻炼计划提供参考依据。

(4) 循环练习法。循环练习法就是把各种类型的动作，结合具有不同练习效果的手段，组成一组锻炼项目，按照一定顺序循环往复进行锻炼的方法。注意要合理安排各个练习点，安排的内容需要简单易行，合理规定各个练习点的次数、规格和要求。同时还要注意不同练习项目之间的衔接。

(5) 持续锻炼法。持续锻炼法是指在较长的时间内，锻炼者采用较小的运动强度不断进行身体锻炼的方法。采取持续锻炼法时应注意，选择锻炼的项目要适合锻炼者的年龄、生理特点和体质基础；初次锻炼者或体弱者运动时间不宜过长，经过一段时间的练习之后，可以适当加大练习强度；同时还需要充分结合自己在练习中的体力状况和身体反应，及时调整运动强度和练习方法，以防出现运动损伤和过度疲劳。

(6) 竞赛表演法。竞赛表演法是指锻炼者面对观众，在相互比较、彼此竞争的情况下进行锻炼的方法。但是它不同于正式的竞技体育比赛，对于培养锻炼者的锻炼热情，巩固锻炼效果，培养团结、合作、顽强、果断的品质，以及自信心、自制力等具有特殊的价值和意义。

改善身体成分

身体成分是指组成人体质量的脂肪重量和去脂体重（又称“瘦体重”）各组成成分的比例，可以用来衡量一个人是否肥胖。瘦体重是肌肉、皮肤、骨骼、器官、体液及其他非脂肪组织的总和，而肌肉是其最重要的组成部分。瘦体重与体能、有氧代谢、最大摄氧量、肌肉力量等有密切关系。改善身体成分是一个需要长期坚持的过程，需要采用体育锻炼和控制饮食相结合的办法，既要“管住嘴”，又要“迈开腿”。要想减少脂肪重量，增加去脂体重，应减少摄入的热量，同时科学健身，加强体育锻炼，从而消耗热量，达到减脂增肌的目的，还要培养良好的生活和饮食习惯。

资料来源：整理自国家体育总局颁布《全民健身指南》，有改动

第二节　体育锻炼与身心健康

一、体育锻炼对身体健康的影响

强身健体是体育最主要的也是最本质的功能，人体是一个结构十分复杂并且具有多种机能的有机体。人体的质量是人的生命活动和生活能力的物质基础，它是在遗传变异和后天获得性的基础上所表现出来的。体育以身体运动的方式给器官系统以一定的强度和量的刺激，会对身体各个系统、组织和器官产生积极有效的影响。

1. 体育对神经系统的影响

神经系统是人体中最重要的系统，人体的各器官活动是在神经系统的调节下进行的。

经常参加体育运动，会加快全身血液循环，使单位时间内流经脑细胞的血液量增加，改善脑部的供血状况，使大脑皮质神经细胞获得较多的氧气和其他营养物质，同时促使脑部的代谢产物排出速度加快，故经常锻炼能促使大脑神经细胞的活动能力得到改善，提高脑细胞的工作耐受能力和效率。

由于运动本身需要身体完成一些比日常生活更为复杂和困难的动作，这就要求神经系统能迅速动员和调节各器官、系统的机能，使之适应肌肉活动的需要。同时，身体系统的环境随大自然条件的变化而变化，各种外界环境和刺激使机体的应激能力受到锻炼，神经系统的兴奋、抑制的交替过程得到加强，强度和均衡性得到提高，神经系统对全身各系统的迅速调节能力得到改善。反应速度及灵活性的提高使人体在活动中动作灵敏、协调、准确。

各种地理、气候等自然条件对神经系统的影响是很大的。例如，当人体突然受到寒冷侵袭时，全身毛孔收缩和表层血管收缩，体内新陈代谢等防御性、保护性反射增强。

2. 体育运动对心血管系统的影响

心脏是血液流动的原动力，血管是运送血液的管道，遍布全身。血液担负着运送养料和氧气、排除新陈代谢产物和二氧化碳的任务。人体就是凭借着血液循环与外界进行物质交换的。循环一旦停止，生命活动就随之停止。可见，心血管系统对人体生存的重要意义。

体育运动能使肌红蛋白的含量增加，心肌中的毛细血管大量新生、供血量增加、组织代谢加强，其结果是心肌纤维变粗，心肌呈营养性粗壮，心脏的大小和质量都增加。由于心壁增厚、心腔增大、心脏收缩力提高，心容量就会加大。

一般人的心容量为765～875 mL，而经过体育运动锻炼的人的心容量可达到1 015～1 027 mL，脉搏血液输出量增加；同时，心搏表现呈徐缓状。一般人的每分钟心跳频率为70～80次，而经过体育运动锻炼的人的心跳频率为50～60次。一般人的血液总量占体重的8%左右，而经常进行体育运动的人的血液总量约占体重的10%，运动时血液的重新分配机能快，这就保证了人体在从事较大的生理负荷时，在神经系统的调节下，大量血液参加循环，保证了肌肉活动时血液的供给。这样可大大提高血液运输氧气和二氧化碳的能力，同时血液中缓冲物质和碱储备含量增加，可更多地中和运动中产生的乳酸，有利于在氧气不足的情况下进行较长时间的工作，从而提高工作的耐久力和缺氧的耐受力。

经常参加体育运动的人，血管壁的弹性增加，血液的外周阻力减小，安静时，收缩压可降低到85～105 mm水银柱，舒张压可降低到40～60 mm水银柱。同时，由于经常从事体育运动的人的肌肉活动状态良好，收缩有力，收缩与放松呈有节奏、有规律的转换，使人体的静脉血液回流心脏的速度加快，回流量增多，供给心脏冠状动脉自身营养程度提高，有利于预防冠状动脉硬化。

3. 体育运动对呼吸系统的影响

人体一切活动所需要的能量和维持体温的热量都来自体内营养物质的氧化。氧化过程需要不断消耗氧，并产生二氧化碳。人体与外界环境之间的吐故纳新，以及人体内部所进行的气体交换的全过程，称为呼吸。

由于体育运动是比较剧烈的肌肉活动，需要消耗大量的氧气，同时组织内也产生大量的二氧化碳，这就促使呼吸系统必须大量工作，以适应活动的需要。由于呼吸肌经常性地锻炼，力量增强，胸廓运动的幅度也随之增大，肺泡参与气体交换的数量也明显增多。经常参加体育运动的人，其胸围一般要比同龄的不参加体育运动的人大 3～5 cm，呼吸时胸廓起伏幅度也增加到 9～16 cm。

长期进行体育运动的人，呼吸深度加大，呼吸频率相对减少。由于呼吸肌的力量增强，肺泡弹性增强，肺活量指数明显增大，肺活量可达 4 500～5 500 mL，比一般人大 1 000～1 500 mL。肺的呼吸效率得到明显改善，增加人体对坚持较长时间活动和工作的耐受力，同时对预防呼吸系统疾病也有着显著的作用。

4. 体育运动对运动系统的影响

人体运动是靠运动系统实现的。运动系统由骨骼、关节、肌肉组成。骨骼是人体的支架，关节是连接骨与骨之间的枢纽，肌肉附着在骨骼上，在神经的支配下，通过交替收缩和放松使关节屈伸、展收、旋转，完成各种动作。运动系统机能的高低，决定人体活动的质量。

长期参加体育运动的人，其肌肉中毛细血管增粗并大量开放，血液量增大，血液供应良好，新陈代谢旺盛，酶活性提高；同时，由于肌肉中营养物质、能源物质的含量增加，肌肉纤维变粗，肌肉的生理横断面面积增大，肌肉的重量与体重的比例也相应地增大。肌肉收缩时的力量加强，速度加快，弹性、柔韧性都有所增强，灵活性、耐久性得到提高。

由于长期参加体育运动的人的新陈代谢过程得到改善与加强，骨骼的结构和性能发生了变化。这些结构上的变化使骨骼更加粗壮、坚固，提高了骨骼的抗弯、抗断、抗压的性能。经常参加体育运动还能刺激骺软骨的增生，促进骨骼的生长，对人体身高增长有一定的促进作用。科学研究证明，经常参加体育运动的青少年比一般同龄青少年的身高增长更快，身高的相对峰值也比一般青少年高 4～8 cm。经常参加体育运动的人，关节周围的肌肉和韧带得到了增强，从而加强关节囊的力量，加固了关节；同时，由于运动过程中关节本身做有目的的活动并得到锻炼，从而使关节周围的肌肉、韧带的伸展性得到改善，扩大了关节运动的幅度，提高了关节的灵活性，增强了关节的牢固性。

二、心理健康的含义与标准

1. 心理健康的含义

心理健康，从广义上讲，是指一种高效且满意、持续的心理状态；从狭义上讲，是指生活在一定的社会环境中的个体，在高级神经功能正常的情况下，智力正常、情绪稳定、行为适度，具有协调关系和适应环境的能力及性格。心理健康并不是一种固定不变的绝对状态，而是一种不断发展的动态变化过程；心理健康也不是心情愉悦地接受任何事物，而是能积极主动适应各种环境和问题冲突，并恰当地给予处理及解决。

世界卫生组织认为，心理健康包括身体、智力、情绪调和；适应环境，人际关系中彼此能谦让；有幸福感；在工作和职业中能充分发挥自己的能力，过着有效率的生活。1946 年，第三届国际心理卫生大会指出："所谓心理健康，是指在身体、智能以及情感上与他人的心理健康不相矛盾的范围内，将个人心境发展成最佳的状态。"目前尽管没有公认的心理健康表达公式，但人们对心理健康的定义存在一定程度的共识，即心理健康并不仅仅是没有心理疾病，更重要的是具备一种积极向上、适应性良好、能充分发展其身心潜能的丰富状态；心理健康是个体内部协调与外部适应相统一的良好状态。

2. 大学生心理健康的标准

大学生心理健康的标准主要包括以下几个方面。

(1) 情绪健康。情绪健康的标志是情绪稳定和心情愉快，表现为正面情绪多于负面情绪，乐观开朗，富有朝气，对生活充满希望；情绪较稳定，善于控制与调节情绪，既能克制又能合理宣泄情绪；情绪反应与周围环境相适应。

(2) 智力正常。智力正常是大学生学习、生活与工作的基本心理条件，也是适应周围环境变化所必需的心理保证。衡量的关键在于是否正常、充分地发挥了效能，即是否有强烈的求知欲，是否乐于学习、善于学习，是否积极主动参与学习活动。

(3) 意志健全。意志健全的大学生在各种活动中都有自觉的目的性，能适时做出决定并运用切实有效的方式解决问题，在困难和挫折面前，能采取合理的反应方式，能在行动中控制情绪，而不是盲目行动、畏惧困难、顽固执拗。

(4) 人格完整。人格完整是指有健全统一的人格，即个人的想、说、做协调一致。具有正确的自我意识，没有产生自我同一性混乱，以积极进取的人生观作为人格的核心，并以此为基点将自己的需求、目标与行动统一起来。

(5) 自我评价正确。正确的自我评价是大学生心理健康的重要条件。大学生能在自我观察、认定、判断和评价等方面做到自知，正确地认识自己，既不自高自傲，也不自惭形秽；能够自我悦纳、自我欣赏；自尊、自强、自制、自爱；正视现实，接受现实，积极进取。

(6) 人际关系和谐。乐于与人交往，既有广泛而深厚的交际圈，又有知心朋友；在交往中保持独立而完整的人格，有自知之明，不卑不亢；能客观评价别人和自己，善取人之长、补己之短，宽以待人，乐于助人；积极的交往态度多于消极态度，交往动机端正。

(7) 社会适应良好。个体与周围环境保持良好的协调对等关系。以积极有效的态度根据环境特点和自我意识情况努力进行协调，主动应对周围环境中的各种变化及困难。

(8) 心理行为符合年龄特征。大学生是处于特定年龄阶段的特殊群体，大学生应具有与年龄、角色相一致的心理行为特征。

知识加油站

运动与睡眠对心理健康的影响

《2022 年国民心理健康调查报告：现状、影响因素与服务状况》的研究成果显示，运动与睡眠对心理健康的重要作用越来越为人们所认识。本次调查的重点是关注了运动频率，单次运动时长，午睡时长对于抑郁风险的影响。通过分析发现，每周运动频率为 0 次的组别，抑郁风险检出率远高于其他组别，事实上这也是基本不运动的人群与通常规律运动的人群之间的差异，随着每周运动频率的增加，抑郁风险检出率逐渐降低。分析单次运动时长和抑郁的关系，发现从心理健康的收益来说，单次运动为 20 min 及以上即有意义。分析午睡与抑郁风险检出率的关系可以发现，适度午睡对于心理健康具有保护作用。不午睡组别的抑郁风险检出率最高，而午睡时长为 30～60 min 组别的抑郁风险检出率最低。这与通常提倡的午睡在 30 min 左右的健康建议基本吻合。

资料来源：整理自《2022 年国民心理健康调查报告：现状、影响因素与服务状况》https://www.pishu.com.cn/skwx_ps/initDatabaseDetail?siteId=14&contentId=14414529&contentType=literature，有改动

三、体育锻炼对心理健康的影响

目前国内外一些研究表明，体育锻炼项目、锻炼强度、锻炼时间及锻炼频次四个因素对心理健康能产生一定的影响。例如，参加休闲娱乐性、审美性强的有氧健身运动、户外运动等对个人情绪的改善会起到明显的正向作用；每周参加 3 次以上的运动，每次练习时间控制在半小时到一小时，对身心健康也有一定的促进作用。另外，研究指出，竞技性强、争抢对抗激烈、负荷高的运动不利于身心的健康发展，甚至会起到一定的反向阻碍作用，如严重的运动损伤会导致负向心理效应的产生，甚至会使人患上运动强迫症。

体育运动对心理健康的影响主要表现在以下方面。

1. 促进智力发展

经常参加体育运动可以提高运动者的注意力、记忆力、反应力、思维能力和想象力等。首先，表现在可促进大脑的开发和利用，锻炼右脑，提高人的记忆力和思维想象力；其次，表现在可增强大脑兴奋和抑制过程的转化能力，增强神经系统的稳定性，提高反应性和灵活性；最后，表现在可减缓应激对心理的刺激效应，有效淡化甚至弱化应激因素对应答反应的强度和频度，提高心理应激水平，使心理承受能力和健康状况都处在较高的水平，从而保持心理健康、平衡、稳定。

2. 培养意志能力

意志品质如自觉性、果断性、坚韧性、自制力是在克服困难的过程中表现出来的，顽强拼搏精神也是在克服困难的过程中培养起来的。长期坚持体育运动，要克服各种主客观上的困难，如思想上的惰性、技能形成过程中的困难、场地设施的局限、时间或气候条件的限制等，这个过程既是身体锻炼的过程，也是意志行动实现的过程。特别是参加竞争激烈的竞赛活动，能够激励、培养人参与竞争、奋发向上的精神，培养人形成克服困难、争取胜利的自信心及坚强的意志品质。

3. 调节情绪

体育运动是集身体、心理活动和情绪体验于一体的复杂活动，锻炼者不仅可以改善自身紧张、烦躁、压抑、纠结的情绪状态，还可以培养积极、乐观、自信、开朗的情绪品质。体育教学内容的综合性、时代性、多样性、复杂性和多变性等也会使学生产生满意、快乐、紧张、兴奋等不同程度的情感体验。

4. 改善人际关系

体育活动具有实践性和社会性，能增加人与人之间的接触和交往机会，加之体育活动中群体活动较多，故可增进学生学习团结合作、协调一致、相互帮助、彼此鼓励、竞争向善的人际交往技巧，增强学生的社会适应能力及处理各种人际关系的能力。

5. 确定自我意识能力

有研究表明，经常参加体育运动的人有着较强的自尊心和较为积极的自我观念，经常参加体育运动可以促使人勇于接受各种挑战，使人积极进取，渴望和追求成功，使人不怕失败并勇于接受失败，保持进取精神，形成良好的自我认识和自我评价意识。

6. 消除疲劳感

疲劳是人在工作和学习之后，人体组织器官甚至整个机体能力出现下降的现象。疲劳与人的生理和心理状态有关。紧张的脑力劳动和长时间的伏案学习常常会使大脑供氧不足，使人感到疲劳、记忆力减退、学习与工作效率下降。参加体育运动可以改善神经系统的功能，达到消除疲劳的目的。

7. 消除心理障碍

心理医生认为，体育运动是治疗抑郁和焦虑症状的有效方法，不少抑郁症和焦虑症患者通过体育运动来释放或减缓某些心理压力。经常参加体育运动的人在精神上会得到愉悦的享受，有助于运动者陶冶性情、完善自我。

四、心理疾病的体育疗法

体育疗法又称医疗体育，是以体育为手段，通过特殊的身体练习达到防治疾病、促进功能恢复、增进健康的效果的治疗方法。不同的体育运动项目具有不同的特点，因为针对不同心理倾向者可采取不同形式的运动项目，以改善其原有的不良心理倾向，从而完善、优化其心理品质，培养健康的人格。

1. 体育疗法调节心理疾病的原理

大脑与运动系统的信息传导是双向的，神经兴奋可从大脑传至骨骼、肌肉等运动系统，也可从运动单元传递至大脑。运动单元活动积极，从骨骼、肌肉传入大脑的神经冲动就会增强，大脑的兴奋水平就高，情绪也会高涨；反之，则会下降。

大脑中神经核团的丘脑和下丘脑不仅能控制情绪，还会激发交感和副交感神经，而交感和副交感神经又会反过来支配影响内脏器官等系统的机能水平，即心理水平也会影响生理水平。而体育活动正是通过大脑对情绪的调控使人转移注意力、宣泄情感，从而有效消除情绪障碍，缓解和治疗心理疾病。

2. 常见心理疾病的体育疗法

（1）易躁易怒者的体育疗法。相关研究资料表明，有氧运动及中小强度运动对长期性的轻微或中度的焦虑症和抑郁症有一定的治疗作用。针对易躁易怒者，可采取节奏缓慢、时间较长的运动项目，如慢跑、游泳、下棋等，帮助其进行自我控制。这种重复性和有节奏的体育锻炼不需要消耗太多的精力便能有效促进思维的清醒与脑力的恢复，有利于情绪恢复到正常状态。

（2）紧张胆怯者的体育疗法。针对紧张胆怯者，如在公共场合易面红耳赤、讲话结巴、手心脚心出冷汗的人，可建议其多参加竞争性强或娱乐性强的运动，如球类运动、郊游、登山等，可有效调节中枢神经系统的活动，使紧张的情绪得到缓解。

（3）内向腼腆者的体育疗法。针对内向腼腆的学生，建议其参加一些群体性、合作性较强的项目，使其在活动中尽可能争取多的表现机会，在团队协作中锻炼内心，敢于在公众面前表现自己。另外，在与他人协调配合的过程中，其心理上也能够得到安慰和满足，享受与他人交流的乐趣。

（4）神经衰弱症状的体育疗法。神经衰弱是指由持续的精神紧张和长期的内心冲突状态引起的一种以脑和躯体功能衰弱为主的神经症，临床表现为头痛、失眠、记忆力下降、易疲劳、情绪不稳定等，并伴随相应的自主神经功能紊乱，如心慌、口干、尿频等现象。针对这种情况，可选择一些能凝神聚气的运动项目，如太极拳、瑜伽、气功等，能有效改善和加强大脑兴奋或抑制过程的相互转换能力和稳定性，对活动紊乱的皮层有一定的调节作用，对治愈神经衰弱也有一定效果。

(5) 人际关系紧张者的体育疗法。人际关系紧张或处理不当者可以多参加群体性合作项目,如球类运动、实训时刻等。通过协作、配合,学会与人交际,懂得换位思考,通过群体生活来提高自己与同伴的交际沟通能力,从而克服孤僻、怪异的心理。

第三节　学校的体育教育

一、终身体育

终身体育是自20世纪90年代以来伴随体育教育改革发展而产生的一个新理念,是指一个人终身进行身体锻炼和接受体育教育。它包括两个方面的内容:一方面是指人从生命开始至生命结束,都坚持学习与参加身体锻炼;另一方面是指人在不同时期、不同生活领域中参加体育活动。

1. 终身体育的内容

终身体育要求高等职业院校教师在体育教学中注重培养学生自觉自愿地参加体育活动的兴趣、能力和习惯,其主要内容包括以下几点。

(1) 长期坚持体育锻炼。

(2) 保持稳定且持久的体育兴趣。无论是在校期间还是走上工作岗位,都能对体育表现出极大的热情和毅力。

(3) 掌握体育基础知识、基本技术和基本技能。这是培养终身体育观的基础和关键。

(4) 在参加体育锻炼过程中能产生愉悦、酣畅淋漓的情绪感受,从而消除忧郁、烦闷等不良心境。

(5) 把体育活动作为日常生活的必要组成部分。树立良好的自我体育锻炼意识,养成科学的健康观,培养健康文明的生活方式。

2. 终身体育的特点

(1) 自觉性。国家将终身体育教育作为高校体育教育的目标之一,使学生能够树立终身体育的思想,并将其内化为自身生活的组成部分,主动、自觉地参加各种体育锻炼、健身活动。

(2) 经常性。如今,人们的闲暇时间增多,为了充实自己的业余生活,可以选择利用业余时间参加各种健身活动,从而达到增进健康、娱乐身心、扩大交际范围和陶冶情操的目的。

(3) 生活性。参加有益于身心的健身活动是提高生活质量的一条重要途径。在未来社会,体育将成为人们日常生活不可或缺的一部分。

(4) 社会性。随着群众体育的兴起和发展,体育活动日益成为人们社会交往的一个重要手段。

(5) 普及性。现代社会中的男女老少都更加重视健康、健美和长寿,认为身体健康就是最大的人生财富。因此,参加体育锻炼的人群越来越大,进行体育锻炼的项目、方式、方法也将更加多元化。

(6) 科学性。生命在于科学地运动,在进行体育锻炼前必须掌握科学锻炼的原则、方法和理论。

体育的特性

一是游戏性,人在体育游戏中可摆脱身份、职业的种种约束,使身心充满解放的愉悦感。

二是竞争性,竞争是人之天性,体育则是在一定规则下竞争的体现,如正式的、非正式的各种比赛。

三是技能性,身体技能是体育运动所需,提高技能的练习是体育对生命的一种快乐馈赠,在提高技能的同时,人的体力、精力和运动能力也能得以提升。

四是社交性,体育是人与人的一种社交活动,通过竞技活动可增进人际关系,体育场地内外的交流也在促进人们的健康。

五是自然性,像钓鱼、登山、野外生存训练等,人既融入了大自然,又在挑战大自然对生命的限制。

六是健康性,由于体育既锻炼身体又净化心理,所以与人的身心健康密切相关。对处于激烈生存竞争与压力之下的现代人来说,尤其需要通过体育活动促进身体与精神的健康和谐。

七是文化性,体育是人类共有的历史文化,与其他文化一样,体育文化也丰富着人类的社会生活。

资料来源:作者整理

3. 培养终身体育意识

学校是进行终身体育教育的最有利场所。大学生走向社会,能否继续经常地进行体育锻炼取决于自身是否具有终身体育意识。大学体育作为学校体育的最后一站,作为学校体育和社会体育的衔接点,对培养学生终身体育意识具有特别的意义。

首先,大学生要有健康意识,要有积极参与体育活动的兴趣,并确立适合自己的项目,形成自觉锻炼身体的习惯。其次,大学生要掌握必要的体育知识,如生理卫生常识、体育人文知识、体育锻炼常识等,既能做到科学锻炼身体,又能对体育活动有基本的欣赏和评价能力。最后,大学生应掌握基本的体育技能,能够进行科学锻炼。培养终身体育意识的具体方式主要有以下几种。

(1) 加强终身体育思想教育。牢固树立体育意识,做好体育宣传工作,是培养学生自觉参加各种课内外体育活动,实现家庭、社会参与学校体育教育的重要手段。学校可以充分利用橱窗板报、广播多媒体等宣传媒介拓展学生的体育知识面;定期举办知识讲座,组织各种形式的竞赛活动,增强学生锻炼的自觉性,激发其体育锻炼的热情。

(2) 激发终身体育锻炼动机。自我体育意识是从自我意识衍生出的对终身体育的理解,学校体育教育的关键就是体育意识的培养。体育意识是人脑对客观体育事务的反映,是对体育的感觉、思维等多种心理过程的总和。动机和目标是唤起人们参加体育活动、坚持体育锻炼的内在驱动力。

学生良好的体育动机需要靠提升自我体育意识来培养。体育教师要利用丰富的教学设施和教学条件创设引人入胜的教学情境,使学生获得愉悦的情感体验,激发学生的体育动机,从而完成使学生终身受用的基础知识、基本技术和基本技能的体育教学。

(3) 重视体育兴趣培养。随着终身体育思想的确定，体育兴趣的培养更加引起社会的重视。体育兴趣的培养需要通过锻炼加以维持和巩固。在持之以恒的锻炼中，才能看到锻炼的作用和效果，才能对体育锻炼及其方法产生深刻认识，从而形成稳固的体育兴趣和爱好。在此过程中，学生可通过学习多样化的知识、技能和周围媒介的广泛宣传，加强和巩固自己的体育兴趣和爱好；体育教师可通过灵活多样的教学手段激发学生的体育兴趣和爱好，使其体验体育运动的快乐和价值，自觉地参与体育运动。

(4) 注重体育能力培养。教师在学校体育教学中加强终身体育意识及兴趣培养的同时，应注重对学生体育能力的培养，注意培养学生制订计划、积极组织和参加群体活动、进行体育理论知识学习等的能力，多途径、多渠道地培养学生自觉地锻炼身体。

二、高职院校开展体育教育的目的

高职院校体育教育是体育素质教育的重要组成部分，对高职院校大学生体质的发展起着重要的作用。随着课程改革的不断深入，以及国家对体育教育重视程度的日益提高，高职院校体育教育呈现出蓬勃发展的新局面。体育课程是大学生以身体练习为主要手段，通过合理的体育教育和科学的体育锻炼过程，达到增强体质、增进健康和提高体育素养为主要目标的公共必修课程，是学校课程体系的重要组成部分，是高等学校体育工作的中心环节。体育课程是寓促进身心和谐发展、思想品德教育、文化科学教育、生活与体育技能教育于身体活动并有机结合的教育过程，是实施素质教育和培养全面发展的人才的重要途径。高职院校开展体育教育的目的在于增强学生体质，促进学生身心健康，提高学生体育素养，使其成为德智体美劳全面发展的社会主义事业建设者和接班人。

三、高职院校体育教育的任务

高职院校开展体育教育必须树立"终身体育，健康第一"的教育理念，从而达到健身育人的教育目的。

1. 注意体育教育与健康教育二元有机结合

传统体育教学主要以增强学生体质为指导思想，偏重于从生物学角度研究人的生理健康或生物体能的提高，忽视心理健康和社会适应这两个问题。而完善的体育和健康教育体系应包括生理健康、心理健康、社会适应状况良好和道德健康四个维度，注重体育教学环节中健康教育思想的渗透，使二者有机结合。

2. 注重增强学生的体育意识

通过体育教学，教师可以向学生传授体育知识、基本技能，帮助学生掌握科学的锻炼方法，提高对体育锻炼的认识，养成自觉锻炼的良好习惯。要让学生明白，人的体质发展需要靠积极主动的自觉行为去维护，而非强迫自己或完全依赖外力。

3. 培养学生的体育能力

高职院校体育教育应在教学实践与探索过程中解决学生未来进行体育锻炼要面对的问题，即培养学生建立由学校体育转向终身体育的理念和行为模式。体育理论课的内容设置，不但要传授现实体育锻炼知识，还要积极探索传授未来社会所需要的相关内容，找到高职院校体育教育与终身体育教育的对接点。在教学过程中，要考虑如何将身体健康教育、心理健康教育、社会健康教育及学生道德品质教育有机统一，通过体育教学实现教学效果的最优化，达到最佳的教育目的。

4. 注重体育人文精神的培养和熏陶

体育作为一种群众广泛参与的社会活动，不但可以增强人的体质，而且有助于培养人们勇敢顽强、超越自我的品质，有助于培养人们迎接挑战的意志和承担风险的能力，有助于培养人们的竞争意识、协作精神和公平观念。事实上，健康的体育人文精神培养和人格塑造是新时代体育教育发挥校园体育文化建设作用的必然选择。

四、高职院校开展体育教育的途径

高职院校开展体育教育是通过学校体育的各种组织形式实现的，如课堂体育教学、课外体育活动、课外体育竞赛及其他体育活动等。

1. 课堂体育教学

课堂体育教学是高职院校体育教育的主要形式之一，也是高职院校体育课程的重要组成部分。课堂体育教学是按照教育计划和体育教学大纲而组织的专门教育过程，包括必修基础课、专项体育课，选修课等课程，是实现高职院校体育教育目标的基本途径。课堂体育教学要树立全面素质教育的思想，要通过科学有效的体育与健康课程的教学过程促使学生的全面素质得到提高。要树立面向全体学生的思想，促使每个学生都能主动地发展，达到人人享有体育、人人享有健康的目的。要树立终身体育的思想，学校体育是终身体育的基础，要把运动、体育、健康置于人的生命的全过程。要树立个性教育的思想，应以人为本，重视个性，创造良好的氛围，展示学生的个性，发展学生的天赋，挖掘学生的潜能。

2. 课外体育活动

高职院校课外体育活动是体育课程的延续和补充，是高职院校体育教育过程中不可分割的环节。课外体育活动能够在增强学生的体质、培养学生自觉锻炼身体的习惯、陶冶学生的情操、丰富学生的文化活动、发展学生的个性等方面起到良好的促进作用。

(1) 早操锻炼。早操是高职院校学生学校生活的重要组成部分，可以对其加强条件反射，活动生理机能，促使学生以良好的状态开始一天的学习和生活。坚持早操锻炼是养成良好生活习惯的有效措施，其形式可以多样化，以满足不同学生的个体需要。早操可以是轻音乐相伴的健身跑，可以是新推广的集体广播操、太极拳、健美操及各种身体素质的锻炼项目。

(2) 课外体育锻炼。课外体育锻炼是学生在课前、课间或课后进行的体育活动，以锻炼身心、娱乐休闲、丰富课余生活为目的。课外体育锻炼由学生个人、群体、学校或俱乐部等自由组织开展，其内容丰富、形式多样，深受学生欢迎。

3. 课外体育竞赛

课外体育竞赛是学校体育教学和运动训练的重要方法，也是学校推动师生体育运动广泛开展、增强学生体质和提高运动技术的重要措施。其形式多样，包括校内体育竞赛、校际运动竞赛等。

(1) 校内体育竞赛。校内体育竞赛是指学校内开展的各种竞赛活动，小到班级之间，大到院系之间，也可以是全校性的运动会。校内体育竞赛能够培养学生团结协作、不断进取的精神，达到锻炼学生意志品质和社会交往的目的。校内体育竞赛为全校师生提供了公平竞争的机会。

（2）校际运动竞赛。校际运动竞赛一般有两个或两个以上学校参加，形式包括校际运动竞赛、体育俱乐部的比赛及地区比赛等，规格较高的运动竞赛有大运会等。校际运动竞赛有助于促进不同学校之间的交流，给学生提供更多的观赏体育竞赛的机会，有利于形成学生的集体意识、荣誉感和归属感。

4. 其他体育活动

（1）课余运动训练。课余运动训练是利用课余时间，对部分身体素质较好并有某项运动专长的学生进行系统训练的一种专门教育过程。它是高职院校体育教育的一种主要组织形式，也是认真贯彻执行普及和提高相结合的重要措施。

课余运动训练一方面肩负着提高学生运动技术水平、创造优异成绩、参与校际和国际交往、为校为国争光的光荣使命；另一方面承担着指导普及、促进学生体育运动蓬勃开展的艰巨任务。课余运动训练有着目标的双重性、对象的广泛性、时间的课余性、运动项目的专门性与训练手段的多样性等优点，并且拥有高科技、多学科及体能和智能优势。

（2）野外健身活动。野外是指山、河、湖、海、草原、天空等自然环境下开展的各种活动的总称，如郊游、野营、登山、攀岩等。野外活动的内容主要分为陆域、水域和空域。国内外的实践和研究表明，野外健身活动是一项具有陶冶情操、强身健体、消除疲劳等效能，深受青少年和广大人民群众喜爱，不能被其他运动所替代的有益活动。其活动特点决定了它对青少年的教育意义，因而成为很多国家学校教育的内容和终身体育锻炼不可缺少的部分。

实训时刻

野外健身运动近年来逐渐火热，出现了很多户外运动爱好者（徒步、登山爱好者）等，但野外健身运动对于安全意识和活动经验要求较高，你参与过团体或个体性的野外健身活动吗？请与大家分享你的经验。

一课一练

1. 简述体育锻炼的含义、作用、原则及方法。
2. 简述体育锻炼对于身心健康的影响。
3. 高职院校开展体育教育的途径有哪些？
4. 制订个人一周体育锻炼计划表。运动计划的前提是不能影响正常的学习生活和作息时间，合理有度地锻炼身体。制订计划表，并按照计划表实施体育锻炼，一周后总结锻炼情况。

第二章　健康基础知识

学习目标

1. 了解新时代的健康概念，熟悉影响身体健康的诸多因素。

2. 了解人体正常活动需要营养素的主要构成，认识到膳食营养与体育运动的配合对于人体健康至关重要的作用。

3. 自觉参与学校开展的健康教育主题活动，养成卫生、健康的生活习惯。

第一节　健康的基本概念

一、新时代的健康概念

“健康”是一个不断发展变化的概念，在不同的历史时期，人类对健康的理解不尽相同，但较为科学的观点当属世界卫生组织对健康做出的定义。1948 年，世界卫生组织成立，并向全世界发布了有关健康的重新认识：健康，不仅仅是没有疾病和身体的虚弱现象，而是一种在身体上、心理上和社会上的完满状态。这是对健康较为全面、科学、完整和系统的定义。现代健康观是指身体、心理和社会适应能力均处于良好状态。1990 年，世界卫生组织进一步丰富了健康的含义，提出健康还应包括道德健康的观点，也就是说，健康是指一个人在身体、心理、社会适应和道德四个方面皆健康。

科学的健康观改变了人们传统的没有疾病即健康的观念，使健康的范围扩大到躯体健康、心理健康、社会适应良好、道德健康四个方面，追求一种更积极的状态、更高层次的身心协调与发展。这个现代健康概念中的心理健康和社会性健康是对生物医学模式下健康观念的有力补充与发展，它既考虑到人的自然属性，又考虑到人的社会属性，从而摆脱了人们对于健康的片面认识。其具体含义如下。

(1) 躯体健康(生理健康)：身体结构和功能正常，具备生活自理能力。

(2) 心理健康：个体能够正确认识自己，及时调整自己的心态，使心理处于良好状态以适应外界的变化。心理健康有广义和狭义之分，狭义的心理健康主要是指无心理障碍等心理问题的状态，广义的心理健康还包括心理调节能力和心理发展效能。

(3) 社会适应良好：较强的适应能力是心理健康的重要特征。心理健康的大学生应能与社会保持良好的接触，对于社会现状有清晰、正确的认识，既有远大的理想和抱负，又不会沉湎于不切实际的幻想与奢望，注重现实与理想的统一。对于现实生活中遇到的各种困难和挑战，不怨天尤人，而是用切实有效的办法去解决。当发觉自己的理想、愿望与社会发展背道而驰时，能够迅速地进行自我调节，以求与社会发展一致，而不是逃避现实，更不能妄自尊大、一意孤行。

（4）道德健康：能够按照社会规范的细则和要求来支配自己的行为，能为人们的幸福做贡献，集中表现为思想高尚、有理想、有道德、守纪律。

很多的社会和环境因素都会对人的健康产生重要影响，而健康本身就是一种个人财富或社会财富的代表，它是人生幸福指数的决定因素之一。疾病与健康不是对立，而是彼此相互依存、相互转化的统一体。从疾病最严重状态到健康最顶峰状态是一个生命的连续过程，它处于经常变化而非绝对静止的状态。实际上，健康和疾病是人体生命过程中两种不同的状态，从健康到疾病是一个由量变到质变的过程，而且健康水平有不同的等级状态，如健康、亚健康和非健康。

亚　健　康

亚健康是指人体处于健康和疾病之间的一种健康低质状态及其体验。处于亚健康状态者不能达到健康的标准，表现为一定时间内的活力降低以及各种功能和适应能力不同程度的减退。亚健康状态的发病机制是很复杂的，目前认为亚健康的发生可能与个人的生理状况、心理状况、职业情况、居住环境、社会环境及不良生活和工作方式等多种因素有关，而导致机体的神经系统、内分泌系统和免疫系统整体协调失衡紊乱等。若亚健康状态被调理得当，会向健康发展；否则，将会导致疾病。因目前尚未明确有效的调治方法，防治亚健康主要靠个体保持乐观、平和的心态，做好自我调适，平衡膳食和睡眠，适当运动等。

资料来源：https://wiki.mbalib.com/wiki/%E4%BA%9A%E5%81%A5%E5%BA%B7，有改动

二、影响健康的因素

个体和群体的健康伴随生存时间的延长而逐渐改变，一个人从出生到死亡，表现出起伏不定的健康曲线，影响这一过程的因素是多方面的，如先天遗传、后天环境养成、营养卫生和体育锻炼等。

1. 先天遗传

遗传是指子代和亲代之间在形态结构与生理功能上的相似性，是一切生物共有的基本特征。人们是否能达到健康目标，在一定程度上取决于遗传控制。遗传是决定或限制健康状态表现的直接因素，许多人健康或不健康就是由各自的遗传潜力决定的。

2. 后天环境养成

（1）环境因素。环境因素可在不同程度上影响遗传所赋予的健康潜力的发挥，并最终决定健康可能达到的程度。环境分为自然环境和社会环境。许多环境因素对健康产生负面影响。例如，人体长时间暴露在被污染的空气、水质和土壤等危险的工作环境中，造成了许多致病微生物（病毒、细菌和病原体等）直接侵入机体，引发各种疾病。

(2) 机体的生物学因素。人类虽然与其他物质一样，主要由碳、氢、氮等元素构成，但这些元素以特定的方式构成了分子、细胞、组织、器官和系统，最后构成了高度复杂的人体。一方面，机体与外界环境不断进行种种物理的、化学的、信息的交换，以维持内外平衡；另一方面，机体本身产生一系列生命现象，如新陈代谢、生长发育、防御侵袭、免疫反应、修复愈合、再生代偿等，并严格按照亲体的遗传模式进行世代繁殖。

(3) 生活方式。合理的生活方式是指一个人根据自己的年龄特点和卫生要求，每天按一定的生活制度进行有规律的学习、工作、饮食、睡眠及参加各种课余活动和体育锻炼的生活方式。遵循合理的生活方式对增进健康、提高学习和工作的效率有重要意义。

3. 营养卫生

合理营养与体育锻炼都是维持和促进人体健康的主要因素，营养是保证人类正常生长发育、保持健康和增强体质的重要外界因素。合理的营养能促进生长发育、保证健康、预防疾病和提高工作能力。不合理的营养不仅影响生长发育、降低工作能力，而且使人衰弱，容易患各种疾病。

4. 体育锻炼

世间万物都处在不停的运动中，人体也是如此，机体时刻都在运动，通过有规律、不间断的适当运动就能维持人体良好的功能状态，精力充沛地从事学习和工作，达到健康长寿的目的。缺乏运动的人，其身体不同部位会产生不同的疾病，在体质方面会造成身体适应性差、免疫功能低、易患各种疾病。青少年正处于身体急剧变化的发育期，体育运动是青少年生长发育的催化剂，健康不仅对自己有益，还能够造福后代。如果青少年时期缺乏运动，不仅影响生长发育，而且对终身健康也是不利的。

第二节 运动营养与卫生保健

一、营养的生理需要量

营养的生理需要量是指机体能保持健康状态，达到应有的发育水平，并能充分发挥效率，完成各项生命活动所需要的热能和营养素的必需量。这是维持机体适宜营养状况在一定时期内必须摄入某种营养素的最低量。若低于这一水平，机体就难以维持健康。

1. 基础需要量

人类为了保持健康，每天必须从膳食中获取各种各样的营养物质。人体对营养素的需要量随年龄、性别和生理状况而异。正常人体需要的各种营养素要从饮食中获得，因此，必须科学地安排每日膳食，以提供数量及质量适宜的各种营养素，以保证营养素供给平衡。当满足基础需要时，机体能够正常生长，但体内几乎没有储备，若膳食供应不足，就可能造成营养缺乏。

2. 储备需要量

在短期的营养缺乏或疾病导致的过多消耗等条件下，人体组织中储存一定数量的某种营养素可以用来满足人体的基本需要，以避免造成不易察觉的机体功能损害。

(1) 全麦类食品。全麦类食品不仅是极好的碳水化合物来源,还富含维生素、纤维素等。

(2) 鸡肉与鸡蛋。鸡肉与鸡蛋是最好的蛋白质来源。在动物性食品中,它们含有的脂肪量较少。

(3) 鱼与水产品。鱼与水产品虽属动物性食品,但富含能使血液胆固醇降低的多种不饱和脂肪酸。

(4) 牛奶与奶制品。牛奶含有钙与磷。钙在保证人体骨骼系统发育方面,以及磷在一些新陈代谢中,都是必需的物质。

(5) 蘑菇。蘑菇中的香菇含有一定量的钾、磷等矿物质,是保健类食物之一。

(6) 柑橘。柑橘是常见的营养价值颇高的水果。它含有大量的维生素 C、钙、磷、维生素 A 及纤维素等,是恢复人体体力的最佳水果。

(7) 香蕉。香蕉在供给低热量、低脂肪方面是非常有益的水果。它还含有丰富的钾元素。

(8) 胡萝卜。胡萝卜中富含的胡萝卜素有"维生素 A 源"之称。维生素 A 在视力、骨骼的发育及免疫系统功能等方面均有不可低估的作用。

(9) 马铃薯。马铃薯俗称"土豆",它的营养价值曾被人们误解。它除含有丰富的淀粉外,还含有维生素 C 及镁、铁、磷、钾等物质。

(10) 矿泉水。优质的矿泉水能补充水和矿物质。特别对于运动中补水和微量元素,矿泉水是较为理想的运动饮料。

维生素的作用

维生素(vitamin)又名维他命,通俗来讲,即维持生命的物质,是维持人体生命活动必需的一类有机物质,也是保持人体健康的重要活性物质。是人和动物为维持正常的生理功能,而必须从食物中获得的一类微量的有机物质,在人体生长、代谢、发育过程中发挥着重要的作用。维生素神经体既不参与构成人体细胞,也不为人体提供能量。但是维生素是维持身体健康所必需的一类物质。虽然维生素在人体内的含量很少,但是不可或缺。这类物质在体内既不是构成身体组织和器官的原料,也不是身体能量的来源,而是一类微量的起调节作用的物质,在身体的物质代谢中起非常重要的作用。并且这类物质由于在体内不能合成或合成量不足,所以虽然需要量很少,但是大部分必须经常由食物供给才能满足机体的需要,也就是说,大部分的维生素必须靠吃才能获得,这就对我们的合理膳食安排、均衡营养提出了很高的要求。

资料来源:https://zhuanlan.zhihu.com/p/141680375,有改动

二、膳食营养对于体能的影响

膳食营养与体育运动是维持和促进健康的两个重要条件。以科学合理的营养为物质基础,以体育运动为手段,用锻炼的消耗过程换取锻炼后的超量恢复过程,使机体积聚更多的能源物质,提高了各器官系统的机能。此时获得的健康比单纯以营养获取的健康上升了一个新的高度。因为通过膳食营养和体育运动,个体在获得健康的同时,也获得了良好的身体素质。

在大学生的体育活动中,因各个项目对体能的需求不同,从而对膳食营养的需求也不同。

1. 速度型运动对膳食营养的需求

速度型运动有田径中的中短程跑、短距离速度滑雪、短距离自行车赛，篮球和足球运动中的快速奔跑，短距离游泳等。人参加速度性运动项目时，机体的能量代谢特点是运动过程中高度缺氧，而运动中的能量来源主要是糖原的无氧分解，由于短时间内形成的酸性代谢产物在体内堆积，因此，肌肉、血液和神经系统都受到很大影响。

根据速度型运动的能量代谢和机体反应的特点，营养的供给应该考虑含有较多易吸收的碳水化合物、维生素 B 和维生素 C。为了肌肉和神经代谢的需要，还应食用含较多蛋白质和磷的食物。蛋白质的供给量最好在 3.6 g/kg(体重)以上，优质蛋白质的比例在 1/3 以上。应吃蔬菜水果等碱性食物，以免运动过程中酸性物质堆积过多而使机体运动能力下降，同时可更好地维持神经系统的兴奋与抑制过程。

2. 耐力型运动对膳食营养的需求

耐力型运动主要有田径中的长跑、马拉松跑、长距离游泳、长距离骑自行车、长距离滑雪、篮球和足球等项目，这些项目具有持续时间长、运动中无间隙，以及物质代谢以有氧氧化为主、运动中能量消耗量大等特点，能量的主要来源是糖原的氧化。膳食应提供充足的热量，多餐次对提高运动能力有利。但加餐用的食物应考虑平衡营养及营养密度。饮食应提供足够的蛋白质及含钾、硫氨酸的食品，如牛奶、奶酪、牛肉、羊肉等。瘦肉、鸡蛋、猪肝、绿叶菜等含铁丰富的食物，有助于维持血红蛋白水平，防止缺铁性贫血，保证血液的输氧功能。运动前补液 40～700 mL，运动中及运动后少量多次补液对提高运动能力有利。副食中可适当增加一些盐渍食品。食物中应有充足的 B 族维生素和维生素 C，维生素的供给量应随热能消耗量的增加而相应提高。

3. 力量型运动对膳食营养的需求

力量型运动是指特定肌肉群参与、对抗一定阻力的重复用力过程。力量型运动可提高肌肉工作能力，改善全身各系统机能，对降低血压、延缓衰老是有用的。力量型运动需要肌肉有较大的力量和神经肌肉协调性，并且要在极短的时间内爆发力量。食物应提供丰富的蛋白质，蛋白质的供给量应达到 2.2～3.4 g/kg(体重)，其中优质蛋白质至少占 1/3。体内应有充足的碱储备，含丰富的碳水化合物、维生素和无机盐。食物中应含有丰富的钾、钠、钙、镁等电解质。

4. 灵巧型运动对膳食营养的需求

灵巧型运动是指一些动作复杂多样，要求有较强的力量、速度、素质、灵巧性与协调性的运动，对于神经系统有着较高的要求，如健美操、体操、击剑等。因此，膳食必须含有丰富的蛋白质、B 族维生素、钙和磷等营养。维生素 B_1 的供给量应达到每日 4 mg，维生素 C 应达到每日 140 mg，还应保证充足的维生素 A 摄取。

实训时刻

请根据你的日常运动习惯制定出一个适合自己的运动食谱，列出其中包含的主要营养素成分及每日需要摄取的营养素的配比。

三、体育运动的卫生保健

体育与卫生是一个问题的两个方面，体育运动是卫生保健最为积极的预防手段，而卫生保健是保证开展体育运动的重要条件，两者缺一不可。只有这样，才能不断提高自己的健康水平。体育卫生包括个人卫生、精神卫生和运动卫生。

1. 个人卫生

视频
影响健康的不良生活方式

个人卫生是体育卫生的重要组成部分。体育运动参加者的个人卫生状况，不仅对增进人体健康和预防疾病具有重要意义，而且能促进身体锻炼的效能和预防伤害事故。

(1) 建立科学的生活制度。生活制度是指对一天内的睡眠、饮食、工作(或学习)、体育运动等各项活动相对固定的时间安排。

① 睡眠时间要充足，睡姿要正确，睡前要刷牙、洗脚。睡眠是人的一种生理需求，约占人生 1/3 的时间，皮质细胞由于工作所消耗的能量、物质可在睡眠中得到恢复。一般来说，成年人每天应有 8 h 的睡眠，中学生约需 9 h，小学生则需 10 h 左右。身体活动量较大时，应适当增加睡眠时间。睡觉时向右侧卧较好，因为心脏位于胸腔偏左，这样可以使血液较多地流向身体右侧，减轻心脏负担，同时增加肝脏的血流，有利于新陈代谢和肝脏的健康。睡前要刷牙，清洁口腔，有利于防龋齿；睡前洗脚，既可除污臭，又可促进血液循环，预防冻疮，有利于缓解疲劳。

② 养成良好的饮食卫生习惯。良好的饮食卫生习惯对保证消化系统的正常生理活动和营养物质的吸收具有重要意义。对体育运动者来说，还应注意进餐与体育运动之间应有一定的时间间隔。

③ 科学地安排工作(学习)和休息时间。工作和学习是一天中最重要的活动，对此应做出科学的安排。成人每天的工作、学习时间以 6 h 为宜，在学习和工作中，尤其要注意张弛有度，劳逸结合。

④ 坚持参加体育锻炼。在每天的生活中，应保证一定的体育锻炼。每天安排适当的体育活动，对促进大学生的正常生长发育具有重要意义。

(2) 保护好皮肤。除了能保护机体免受外界侵害外，皮肤还是一个感觉器官。皮肤里分布着丰富的神经末梢、大量的汗腺及皮脂腺。当汗腺和皮脂腺的开口被封堵时，就有可能因细菌的繁殖发生疖肿和毛囊炎，所以，体育运动后应洗澡或擦身，以保持皮肤清洁。皮脂腺分泌的皮脂具有润滑皮肤的作用，故洗澡时以用碱性小的香皂为宜。

(3) 保护视力，预防近视。为了保护视力、预防近视，大学生应注意形成良好的用眼卫生习惯，经常参加体育运动，全面增强体质。读书写字时，姿势要端正，眼与书本的距离要保持在 30～35 cm，并尽可能使书本平面与视线成直角。切勿在躺着、走路时和在摇晃的车厢里看书读报，不要在昏暗和耀眼的光线下学习，玩手机、看电视时间不宜过长。

(4) 克服不良的生活嗜好。大学生身体各个器官的发育处于由量变到质变的复杂过程。吸烟和酗酒等不良的嗜好可导致许多疾病，会严重地影响身心健康，必须引起高度重视。在日常生活中，应提倡不吸烟、少饮酒，更应避免烟酒同进。

2. 精神卫生

精神卫生也称心理卫生。人体并不是孤立的、不受外界影响的生物有机体，而是不断地与自然环境和社会环境相互作用的精神及肉体的复合体。大量的医学实验和临床研究证明，心理因素与社会因素，以及遗传因素、免疫等因素一样，在疾病的发生、发展、治疗和预防上都具有一定的作用。异常激烈的情绪变化、过分的忧郁等负面心理都可能引起人体某些器官的活动失调。

3. 运动卫生

(1) 运动饮食卫生。在参加运动时，人体需要消耗较多的能量，因此必须进行合理、适度的营养补充。营养供给不足或过量，都不利于健康。运动饮食卫生应该从以下几个方面考虑。

① 平衡膳食，合理补充营养。

② 坚持科学的运动及饮食卫生习惯。合理安排一日三餐；运动后不宜立即进食，应在运动完至少 30 min 后进食；饭后不宜立即进行剧烈运动，否则不仅易导致消化不良，还会引起腹痛、恶心等症状，也可能引起胃下垂等疾病。

(2) 运动饮水卫生。运动中或运动后提倡少量、多次饮水。水是人体内含量最多的组织成分，它占成人体重的 60%～70%。有研究表明，人体若丢失水分 30%以上，生命将无法维持，因此水对人类的生存来说是最为重要的营养素之一。体育运动时由于大量出汗导致体内缺少水分，必须及时补充，否则会影响人体正常的生理活动机能。因此，为了维持机体正常的代谢循环、体温调节，运动前后应该合理补充水分。

(3) 运动着装卫生。运动时最好不要穿不吸汗、不透气的服装。运动衣和运动鞋应符合运动项目的要求，并具有透气性、吸湿性等功能。运动着装要轻便、舒适、美观大方，夏季以浅色运动服为佳，冬季应选择既保暖又不妨碍运动的运动服。运动服要勤换勤洗，运动鞋应具有一定的弹性和透气性。

(4) 运动环境卫生。空气是影响运动环境的主要因素之一，一定要选择空气质量好、绿化充分、环境幽雅的场地进行室外运动。如果在室内进行运动，要注意打开窗户通风。此外，还要注意光线、噪声等影响运动环境的因素。运动场地的卫生也应该受到重视，主要包括运动建筑设备的一般卫生要求、室内体育建筑设备的卫生要求和室外运动场地设备的卫生要求。每个人从出生开始，都会经历一个从健康到疾病的发展过程。这个过程周期漫长，不易察觉，它和遗传因素、环境因素、医疗条件及生活方式等息息相关。但是，健康管理通过系统检测和评估可能发生疾病的危险因素来帮助人们在疾病形成之前就进行有针对性的预防干预，并成功有效地阻断、延缓甚至可以逆转疾病的发生和发展进程，从而达到保护健康的作用与目的。

第三节　学校的健康教育

一、学校健康教育的目的和内容

学校推行健康教育的目的是通过健康教育活动，帮助学生维持、促进和改善学生个体及群体的健康状况。学校健康教育旨在以健康教育为手段，普及医药科学知识，鼓励学生合理膳食，使学生养成良好的卫生习惯和文明的生活方式，同时培养其健康的心理素质，提高其体质健康水平，从而为提高国民的整体素质打下坚实的基础。

学校开展健康教育的目的具体包括以下几点。

1. 提高学生的健康知识水平

学生的家庭背景、生活环境不尽相同，他们的健康知识水平也有高有低，还有不少人缺乏基本的健康知识，养成了不健康的生活习惯。例如，对自己的营养需求不了解，不按时吃早饭，习惯晚睡，等等。健康教育可以使学生了解健康知识，学会如何保持健康。

2. 保持学生心理健康

随着社会的高速发展及生活节奏的加快，学习问题、就业问题、情感问题等都给学生带来很大的心理压力。个人主观愿望与现实之间的差距、理想与实际生活的偏差都会引起紧张、失落、沮丧等不良情绪，甚至产生心理障碍和心理疾病。健康教育可以使学生了解什么是健康的心理，懂得如何及时调整自己的心理状态。

3. 远离疾病，珍爱生命

很多学生缺乏经常运动的习惯，一直保持着教室、食堂、宿舍三点一线的生活方式，导致其体质和心理素质得不到足够的锻炼，往往会出现肥胖、运动能力低下、心理脆弱等不健康的状况。健康教育可以增进学生对自身健康状况的了解，预防疾病，让他们从真正意义上认识到珍爱生命、强健体魄的重要性。

4. 养成良好的行为与生活习惯

学校是人员相对集中的地方，若不注意卫生习惯，很容易导致传染病在校园内流行。一些不健康的行为也出现在校园里，如赌博、酗酒、吸烟等。还有一些学生在压力面前不能保持良好心态，导致情绪失控，采取一些极端的手段来宣泄。学校健康教育可以改善学生对待个人和公共卫生的态度，提高其自我保健的意识和能力，使其养成有益于个人、集体和社会的健康行为与生活习惯。

高职院校学生处于从不成熟向成熟过渡的时期，也处于生活方式和行为习惯的定型期。该阶段健康教育的内容重点应包括健康常识、运动锻炼的知识和技能、心理健康的知识和技能、人际交往的知识、生活安全常识、急救知识等。

健康管理

健康管理是指一项对个人或人群的健康危害因素进行全面管理和控制的过程，其目的是调动个人和集体的积极性，有效地利用现有资源来达到最大的健康效果。在我国，健康管理服务是由具有相关执业资格的“健康管理师”提供的。

党的二十大报告强调，要推进“健康中国”“把保障人民健康放在优先发展的战略位置，完善人民健康促进政策”“坚持预防为主，加强重大慢性病健康管理，提高基层防病治病和健康管理能力”。这说明健康管理已经被放在国家战略的高度，群众健康从过去的以医疗为主转为如今的以预防为主，倡导文明健康的生活方式，能够不断提高人民的自我健康管理能力。

资料来源：作者整理

二、学校开展健康教育的意义

学校健康教育是素质教育的重要环节，是培养学生健康生活习惯的基本手段，也是提高学生学习效率的重要保证、奠定学生健康基础的根本措施。

1. 素质教育的重要环节

实施健康教育是配合素质教育大政方针的要求，也是深入贯彻落实《“健康中国2030”规划纲要》《教育部等五部门关于全面加强和改进新时代学校卫生与健康教育工作的意见》的要求，通过开展主题健康教育活动，培养师生健康意识、观念和生活方式，提高师生健康素养，为推进健康中国建设、教育强国建设提供有力支撑，让健康知识、行为和能力成为师生普遍具备的素质，全方位、全周期保障师生健康，培养德智体美劳全面发展的社会主义建设者和接班人。

2. 培养学生健康生活习惯的基本手段

健康教育主要通过传播健康知识来激励人们采取有益于健康的行为和生活方式，提高人的自我保健能力。学校健康教育的主要目的是改善青少年的卫生态度，帮助其培养健康的生活习惯。学生时期是养成各种良好习惯的最佳时期，好的卫生习惯和生活方式一旦形成，便可终身受益。

学校健康教育是联系健康知识和健康行为的桥梁，通过健康教育可增长学生的卫生知识，使其掌握用脑卫生、用眼卫生、睡眠卫生、心理卫生、运动卫生、膳食卫生的相关知识和技能，养成良好的习惯，从而增强学生的自我保健能力，促进其身心素质的提高。

3. 提高学生学习效率的重要保证

学生的学习活动主要是脑力活动。在学习活动中，其自身的健康状况与学习效率及学业成绩的关系非常密切。良好的性格特征和健康的身体能促进学生的观察、注意、记忆、判断、想象和思维等各方面的发展，进而保证学生学习能力、学业成绩的提高。

4. 奠定学生健康基础的根本措施

学校健康教育可以帮助学生保持乐观豁达的心情和积极的生活态度，使学生自觉树立“健康第一”的观念，自觉养成健康文明的生活方式和行为习惯，从而提高生活质量和生命质量，为终身健康奠定良好的基础。

1. 简述三种影响个人身体健康的因素，并结合个人经历讲述这些因素对你的影响。

2. 评估个人膳食营养摄入情况，统计一周的营养素摄入，做成数据可视化表格，并给出改善的方案。

3. 同学之间互相评价日常生活中的个人卫生情况，针对他人给出的评价进行自我批评和反思。

4. 在学校范围内依托“世界防治肥胖日”“世界脊柱健康日”“全国爱眼日”“世界艾滋病日”等重要时间节点，开展健康教育宣传活动，了解和掌握必备的健康知识，践行健康生活方式。

第三章　运动性损伤的处理与运动疗法

学习目标

1. 掌握应对运动过程中正常生理反应的技巧。

2. 了解并掌握突发性运动性损伤和疾病的急救处理办法，明确运动性损伤可能发生的原因，主动采取预防措施。

3. 了解职业病的定义，掌握常见职业病及相关症状的运动康复疗法。

4. 了解运动处方的原理，能够结合自身情况制定适合自己的运动处方。

第一节　运动中的生理反应和疾病

一、极点和第二次呼吸

在体育锻炼中，人体的生理平衡受到暂时性破坏，可能会出现某些生理反应，如极点和第二次呼吸是长距离运动中常见的生理现象。只要坚持运动和处理得当，极点现象是可以得到延缓和减轻的。

1. 极点

训练不足及体适能状态较差的人，通常在运动开始后不久（特别是中长跑）会有两腿发软、全身乏力、呼吸困难等感觉。在运动生理学中，这种现象被称为极点。

极点是一种正常的生理现象，主要是由内脏器官的生理惰性引起的，体内各器官及系统都需要一段时间来适应剧烈运动。人体从相对安静状态到剧烈运动时，四肢肌肉能迅速适应进入工作状态，而内脏器官，如呼吸、循环系统等，都不能很快发挥其最高的机能水平，造成体内缺氧，大量的乳酸和二氧化碳积聚使自主神经中枢和躯体性神经中枢之间的协调遭到暂时破坏，表现为极点现象。

极点出现与训练水平、运动前的准备活动有关。训练水平低或运动前准备活动不充分，都会出现极点反应。经常参加锻炼的人，极点出现较晚，持续时间较短，身体反应也较轻。

实训时刻

你在运动过程中遇到过极点现象吗？它一般在什么情况下出现？你又是如何应对的？

2. 第二次呼吸

极点出现后，若依靠意志力和调整运动节奏继续运动，不久不适应症状将消失或减轻，动作变得轻松有力，呼吸也均匀自如，这种状态称为第二次呼吸。

第二次呼吸产生的原因：内脏器官的功能惰性逐步得到缓解，氧供应量增加，乳酸得到逐步清除；同时，运动速度的下降使运动的每分钟需氧量下降，减少了乳酸的产生，从而改善了机体的内环境，使先前受到破坏的动力定型重新得到恢复。

二、过度训练综合征

过度训练综合征简称过度训练，是运动负荷与机体机能间过分不相适应，以致疲劳连续累积而引起的一系列功能紊乱或病理状态，也称为"过度疲劳"。造成过度训练的基本原因有以下几点。

(1) 训练安排不当。

(2) 带病参加训练或比赛，如伤病、手术后身体未完全恢复即投入正规训练或比赛。

(3) 比赛过多，比赛间缺乏足够的休息，赛后无适当调节即进行大运动量训练。

(4) 生活规律遭破坏，休息、睡眠不足，旅途劳累，营养不良，不良的环境，心理因素的作用等。

三、过度紧张

过度紧张是由于一时性运动负荷过大或运动过于剧烈，超过了机体负担能力而产生的急性病理现象，过度紧张多发生在运动后，以急性心血管损害为最多见，易发生在缺乏锻炼、训练不足、比赛经验少的运动员身上，在中长跑、马拉松、中长距离滑冰、自行车、划船、足球等项目中较为多见。造成过度紧张的原因有以下几点。

(1) 训练水平低和生理状态不良。

(2) 长期中断训练的运动员突然或过于迅速投入剧烈的训练或比赛中。

(3) 患有慢性疾病，特别是心脑血管疾病患者，或急性病初愈未完全康复者而勉强完成剧烈运动或比赛。

四、昏厥

昏厥是指突然发声的、暂时性的知觉和行动能力丧失的状态，大多是因为脑部供血供氧不足，它也可以是过度紧张的一种表现。造成昏厥的基本原因有以下几点。

(1) 精神和心理状态不佳。

(2) 直立性低血压过低。

(3) 重力性休克。

(4) 胸内和肺内压增加。

视频
运动性昏厥的急救

此外，损伤后剧烈疼痛，低血糖、中暑、心律不齐或心脏病，腹腔神经丛或颈动脉窦受打击等，也可能引起昏厥。

五、运动性腹痛

运动性腹痛是中长距离运动中常见的一种生理反应，是在运动过程中或运动结束时产生的腹部疼痛，经检查无其他疾病原因。

1. 运动性腹痛的症状

运动中出现腹痛，其特点为除腹痛外一般不伴随其他症状。多数人安静时不痛，运动时才痛。它与运动过程中肝脏淤血、呼吸肌痉挛或活动紊乱、胃肠道痉挛或功能紊乱有关。疼痛程度与运动量大小和运动强度成正比，一般运动量小、强度低时疼痛不明显，负荷量加大时疼痛才逐渐加剧；调整运动量和运动强度，做深呼吸或按压腹部疼痛处，疼痛会有所缓解。

2. 运动性腹痛的处理及预防

一旦运动中出现腹痛，则应减慢运动速度、降低运动速度，加深呼吸，调整呼吸与动作节奏，用手按压疼痛部位，一般疼痛即可减轻。若无效或疼痛感剧烈，则应立即停止运动，同时可针刺或点揉内关、足三里等穴位以缓解疼痛，必要时可以口服止痛药。

知识加油站

腹痛现场急救措施

(1) 松解患者衣服，让患者安静地躺下休息，保持舒服的姿势，同时注意一定不要在不明原因的情况下热敷腹部。

(2) 如果患者出现恶心、呕吐等症状，一定要使患者的头偏向一侧，以防呕吐物误吸入气道引起窒息或吸入性肺炎，同时不要马上给予患者食物。

(3) 严密观察患者的呼吸、体温、血压及脉搏情况。

(4) 可服用解痉止痛药来止痛。

资料来源：作者整理

以下几种现象称为急性腹痛，可以服用阿托品或颠茄片等常用药来止痛。但是一般的紧急处置只能暂时缓解症状，应该及时将患者送往医院，若耽搁 12 小时以上，可能会有生命危险。

(1) 腹痛剧烈，伴有出冷汗甚至痛到倒地乱滚，或捂住腹部屈膝蹲地、难以站立，或服用止痛药不能缓解。

(2) 腹痛剧烈，引起意识模糊、脸色苍白、出冷汗、脉搏变弱。

(3) 腹痛并伴有腹部坚硬如板。

(4) 反复呕吐而无排便、排气现象。

六、肌肉痉挛

肌肉痉挛俗称抽筋，是指肌肉不自主地突然强直性收缩，变得异常坚硬，引起局部疼痛和活动障碍的现象。运动中最容易发生痉挛的肌肉是小腿腓肠肌，其次是足拇长屈肌和趾屈肌等。

1. 肌肉痉挛的原因

发生肌肉痉挛的原因有下列几种。

(1) 肌肉受低温影响，兴奋性增强，易发生强直性收缩。因此，寒冷刺激或准备活动不充分易引发肌肉痉挛。

(2) 运动中大量排汗，特别是长时间的剧烈运动或高温季节运动时，人体内电解质易随汗液大量流失。电解质与肌肉的兴奋性有关，流失过多，肌肉兴奋性增高过快，可引发肌肉痉挛。

(3) 肌肉连续过快收缩而放松时间太短，以致收缩与放松不能协调、成比例地交替，从而引发肌肉痉挛。

(4) 身体疲劳会影响肌肉的正常生理功能,疲劳的肌肉,其血液循环和能量物质代谢往往有改变,肌肉中会有大量的乳酸堆积,乳酸不断地对肌肉的收缩物质起作用,致使痉挛产生。

2. 肌肉痉挛的处理及预防

对于轻微的肌肉痉挛,可以向相反方向用力牵引痉挛的肌肉,一般可缓解。牵引时用力需均匀、缓慢,以免造成肌肉拉伤,在处理过程中还要注意保暖。

运动前必须做好充分的准备活动,对容易发生痉挛的肌肉可事先做适当的按摩。冬季锻炼要注意保暖,夏季运动时,尤其是进行剧烈运动或长时间运动时,要注意电解质的补充和维生素 B_1 的摄入。疲劳和饥饿时不宜进行剧烈运动。在运动过程中,要学会掌握肌肉放松的方法和技巧。

跑步姿势注意事项

跑步姿势不当易伤身体。跑步时,上身应稍向前倾,这样做不仅能减轻关节负担和运动强度,还能延长运动时间。前倾的幅度应以自然、舒适为佳。但是应避免跑步步幅过大,因为步幅增大会造成腾空时间长、重心起伏大、落地力量重,这样对人体的震动也会增大。双脚落地时不要呈内、外八字,内“八”字和外“八”字都会使膝盖和脚尖不能保持在同一个方向上,从而加重膝关节的负担;也不要全脚掌着地,否则落地没有缓冲和过渡,很容易伤害腿脚,甚至伤害脊椎。

资料来源:https://www.163.com/sports/article/9NSD2AHH000509NH.html,有改动

七、肌肉酸痛

经过一次运动量较大的锻炼或停止锻炼很长一段时间之后,如果突然开始锻炼,往往也会出现肌肉酸痛的现象。这种酸痛一般发生在运动结束 1~2 天后,因此也称为延迟性肌肉酸痛。

1. 肌肉酸痛的症状及原因

肌肉酸痛常见的症状除了酸痛外,还有肌肉僵硬,轻者仅有压痛,重者可能会出现肌肉肿胀,妨碍正常的活动。任何骨骼肌在剧烈运动后均可发生延迟性肌肉酸痛,尤其是长距离跑步之后更容易出现。

引发肌肉酸痛的原因主要有以下几个。

(1) 肌肉的张力和弹性的急剧增加,引起肌肉结构的物理性损伤。

(2) 新陈代谢增加,代谢废物在组织内堆积导致毒性增加。

(3) 肌肉的神经调节发生改变,使肌肉发生痉挛而导致酸痛。

2. 肌肉酸痛的处理及预防

当发生肌肉酸痛症状时,可以对酸痛的肌肉进行静力牵拉练习;口服维生素 C 有助于促进结缔组织中胶原的合成,加速受损组织的修复和缓解肌肉酸痛。预防肌肉酸痛可以采取以下措施。

(1) 锻炼安排要合理,根据不同的体质和健康状况,科学地安排肌肉锻炼负荷。

(2) 做好准备活动和整理活动。准备活动中要注意让练习时负荷重的局部肌肉活动得

更加充分。整理活动除进行一般性放松练习之外，还应重视进行肌肉的伸展、牵拉练习，这有助于预防肌纤维痉挛。

(3) 锻炼时应尽量避免长时间集中练习身体的某一部位，以免局部肌肉负担过重。

八、运动性贫血

运动性贫血是指运动所引发的血液中血红蛋白含量减少的现象。

1. 运动性贫血的症状及原因

运动性贫血发病缓慢，其症状主要表现为头晕、恶心、呕吐、气喘、体力下降，以及运动后心悸、心率加快、面色苍白等。

长期进行高强度的耐力训练会导致血浆容量增加，高强度的运动会导致红细胞破坏加剧，大量出汗会加快铁的流失，再加上铁摄入量不足等原因，容易导致运动员发生运动性贫血。通常情况下，发生运动性贫血的女性多于男性，其中从事中长跑项目的运动员发生运动性贫血的概率较大。

2. 运动性贫血的处理及预防

如果运动中出现头晕、无力、恶心、呕吐等相关症状，应适当减少运动量，必要时需要停止训练，并适当补充富含蛋白质和铁的食物，口服硫酸亚铁、养血中药等，以期可以缓解。

预防运动性贫血需在运动训练后及时补充水分、电解质和维生素，也可饮用一些专业的运动饮料。另外，还要加强训练期间的营养补充。

第二节　运动性损伤的预防与处理

运动性损伤是指运动者在参与体育运动过程中发生的身体损伤。其发生多与运动训练安排、运动项目的技术动作、运动训练水平、运动环境和条件等因素有关。运动性损伤的种类有很多，不同的运动项目各有其发生损伤的症状特点。

一、运动性损伤的分类

运动性损伤的分类方法很多，常用的分类方法是将其分为软组织损伤、关节脱位和骨折三大类。此外，按照有无创口，运动性损伤可分为开放性软组织损伤、开放性关节脱位、开放性骨折和闭合性软组织损伤、闭合性关节脱位及闭合性骨折。此外，根据发病的缓急程度，运动性损伤还可以分为急性损伤和慢性损伤；根据病因，又可以分为原发性损伤和继发性损伤等。

二、运动性损伤发生的原因

造成运动性损伤的原因很多，既与锻炼者自身的体质状况、心理状态、运动锻炼方法有关，也与运动项目的战术特点、技术难度及运动环境有关系，同时还与运动内容的安排、运动量及运动强度、运动负荷(密度)等有一定的关系。

1. 主观因素

造成运动性损伤的主观因素有以下几个方面。

(1) 思想认识不足。面对危机情况缺乏必要的运动性损伤急救常识，不注意事先检查场地、器材设施是否到位。

(2) 准备活动不合理。运动前的准备活动过少，易导致肌肉弹性差、韧带和关节活动性小而出现肌肉、韧带拉伤；准备活动量过大，则容易导致运动性疲劳。

(3) 身体素质较差，身体状况不佳，运动负荷过大，缺乏运动经验和自我保护意识。

(4) 运动心理状态不良。伴有畏惧、害羞、过分紧张等情绪，注意力不能集中。

2. 客观因素

造成运动性损伤的客观因素主要是教学中存在的问题，如保护不当或不及时，场地设施老化、损坏，运动服装和设备不佳，不良的气候环境等。

三、运动性损伤的预防

运动性损伤的预防需要在思想、场地设施等多个方面进行强化，避免在运动当中出现运动性损伤。具体可以从以下几个方面着手。

(1) 牢固树立安全意识，克服麻痹大意的思想，提高预防损伤的危机意识。

(2) 认真做好准备活动。运动前要做好准备工作，充分活动关节，使肌体逐步适应运动过程，调动起全身的各个部位。

(3) 加强运动过程中的保护和帮助。对具有一定危险性、容易发生意外的运动项目，如体操中的杠上项目，要树立互相保护和帮助的意识并提高自我保护能力。

(4) 合理安排每次活动的运动量和运动内容。每次进行运动锻炼前要根据身体的整体状况合理安排好运动强度、休息间歇时间等，并在运动前、运动中、运动后补充适量的糖、水和无机盐等。

(5) 加强自我监督及医务监督。一段时间大负荷运动后，要适时检查机体的整体状况，如是否存在疲劳、生理机能下降等情况，对自己的健康状况进行合理评估。

四、运动性损伤的急救处理

1. 软组织损伤的急救

软组织损伤是运动性损伤中常见的一种情况。根据损伤组织是否有创口与外界相通，软组织挫伤可分为开放性损伤和闭合性损伤。前者主要有擦伤、撕裂伤、刺伤、切伤等；后者有挫伤、肌肉拉伤、关节和韧带损伤等。下面介绍几种常见损伤的处理方法。

(1) 擦伤的急救。擦伤是指皮肤受到外力急剧摩擦引起表面被擦破出血或者组织液渗出的现象。小面积擦伤可用生理盐水或冷开水洗净创伤口或用医用乙醇棉球(碘伏)消毒，然后涂抹红药水或紫药水即可；大面积擦伤需先消毒处理，再用消毒布遮盖，最后用纱布包扎。

(2) 撕裂伤、刺伤、切伤的急救。撕裂伤主要是剧烈运动中受到钝物击打引起皮肤和软组织撕裂的现象，伤口边缘不规则，常见损伤有眉际、跟腱撕裂等；刺伤是因尖细物件刺入体内所致的损伤；切伤是因锐器切入皮肤造成。对于这些伤口，轻者可用医用乙醇或碘伏涂抹伤口，创伤面较大者，需手术缝合，必要时注射破伤风疫苗(如生锈物体刺入体内)，如跟腱断裂，则需手术缝合治疗。

(3) 挫伤的急救。挫伤是与器械相互碰撞而造成的损伤。单纯挫伤损伤处出现红肿，皮下淤血，并伴有疼痛。但是当内脏器官出现损伤时，易导致面色苍白、心慌气短、四肢发凉、烦躁不安等症状，严重者甚至休克。遇到此种情况，需在 24 h 内冷敷或加压包扎，24 h 之后可进行按摩或物理治疗，恢复期内可进行一些功能性锻炼以促进康复。如果出现严重的内脏损伤，需在临时性处理后，立即送至医院做进一步检查和治疗。

(4) 肌肉拉伤的急救。肌肉拉伤通常是因外力作用导致肌肉过度收缩或被动拉长。尤其是准备活动不充分、动作不协调时更易拉伤。损伤后伤处出现肿胀、压痛、肌肉痉挛，触摸时会发现硬块。常见的拉伤部位是大腿后群肌、腰背肌、大腿内收肌等。严重的肌肉拉伤可导致肌肉断裂。轻者需立即进行冰袋冷敷或流水冲洗，局部加压包扎，抬高患肢，24 h 后再进行按摩理疗。如果肌肉出现断裂，在急救处理之后，需立即送往医院做进一步的处理。

(5) 关节、韧带损伤的急救。关节、韧带损伤是指在外力作用下，关节骤然向一侧活动而超过其正常活动范围时，引起关节周围软组织(如关节囊、韧带、肌腱等)发生撕裂的损伤。

① 肩关节扭伤的急救。肩关节扭伤一般是关节用力过猛及反复劳损所致，或训练时技术上的失误，违反解剖学规则而造成的，症状主要表现为压痛，急性期甚至出现肿胀、酸痛。对于单纯的韧带扭伤，可采取冷敷、加压包扎进行紧急处理。出现严重的韧带断裂时，需要在紧急处理之后，立即送往医院进行处理。当关节肿胀和疼痛适当减轻后，可适当进行功能性锻炼康复。

② 髌骨劳损的急救。髌骨劳损也称“髌骨软化”或“髌骨软骨病”，主要是膝关节长期负重或反复损伤累积导致的，如经常进行弹跳易导致髌骨损伤。髌骨劳损是膝关节常见的损伤。受伤初期应减少剧烈运动和下蹲以保护膝关节，另外，可采用中药外敷、针灸、按摩等手段进行康复理疗。

③ 踝关节扭伤的急救。踝关节扭伤主要是弹跳落地时失去平衡，使踝关节过度内翻或外翻所致，尤其是在准备活动不充分、场地不平的情况下容易发生，症状表现为伤处肿胀、疼痛、皮下淤血等。早期可抬高患肢，用冰袋冷敷或喷氯乙烷喷雾剂，包扎以缓解疼痛、肿胀和减少出血，24 h 后可用针灸、理疗等消肿、止痛；损伤严重者需要进行绷带包扎固定。

④ 腰闪伤的急救。腰闪伤主要是因重力超过躯干时所能承受的压力，腰部突然发力引起部分肌纤维撕裂，造成腰肌急性拉伤，或脊柱运动时超过正常的生理范围。腰部出现损伤后，伤者需要平卧，一般不能立即搬动或移动，如剧烈疼痛，需要用担架抬动，送往医院诊治；也可采用针灸、拔火罐、外敷伤药或按摩进行治疗。治疗期间避免体力劳动，要卧床休息，可选用跌打丸、三七片、紫金丹、三黄宝蜡丸等药物配合治疗。

⑤ 腕关节韧带损伤的急救。腕关节韧带损伤多有明显的外伤史，伤后出现腕部无力、关节活动不灵活等症状。轻者一般无明显肿胀，仅在大幅度活动时出现疼痛；严重损伤者，腕部会出现肿胀，疼痛较重。损伤处理同踝关节扭伤。

2. 骨折的急救

骨折是指骨或骨小梁发生断裂。体育运动中发生的骨折多为暴力作用引起的外力性骨折。骨折是较严重的损伤，常见的骨折有肱骨、前臂骨、手骨、大腿骨、小腿骨、肋骨、脊柱和头部等。骨折发生后，患处立即出现肿胀、皮下淤血，活动时剧烈疼痛，肢体失去正常功能，肌肉产生痉挛，有时骨折部位发生变形，甚至有骨摩擦声。严重骨折时，还会伴有出血和神经损伤、发热、口渴、休克等全身性症状。

一旦发生骨折，宜就地检查，紧急处理。若有休克或脏器损伤，应先予以抗休克治疗及脏器的修复处理。在送医院时宜临时固定骨折部位，可防止骨折端再次损伤软组织，有利于抗感染、止痛和抗休克。

对开放性骨折，可采用加压包扎法；对离断肢体，可用洁净的布包好，外面可加冰袋以降温，为断肢再植创造条件；若为闭合性骨折，畸形较明显，宜牵引伤肢远端纠正畸形，然后用夹板固定。经初步固定后疼痛可减轻，可立即给予吗啡等止痛药或针刺镇痛。

闭合性骨折的治疗原则是复位、固定和功能锻炼，开放性骨折在全身情况改善、纠正休克后尽早清洁创面，用正确手法使之成为闭合性骨折。复位时一般常用手法复位法、牵引复位法及手术切开复位加内固定法等。小夹板的应用提高了骨折疗效。固定后可辅以中药外敷、内服或熏洗，有助于骨折愈合和功能的恢复。

常见骨折的现场固定方法

(1) 上臂骨折：从肩部到肘部用加垫的夹板固定，腕部用窄带吊于颈部。

(2) 膝部骨折：如果伤腿僵直，可将夹板置于腿后，膝部加垫。如果有条件，用冰块冷敷膝部。如果伤腿弯曲，不要强行拉直，可将双腿并拢，腿之间加垫，用绷带扎牢。

(3) 大腿骨折：将一块夹板放于腿内侧，再将另一块更长的夹板放于伤肢外侧，由胯部至足踝部，用绷绳捆扎固定。如果没有夹板，在两腿之间夹上衬垫、折叠的毛毯或衣物都可以，伤肢绑扎固定于另一条腿上。

(4) 小腿骨折：从膝上部开始固定夹板，或者在双腿间加垫、捆绑。

(5) 足部或踝部骨折：抬高足部以缓解肿胀。用枕垫或折叠毛毯包裹踝部及足部。另外，如果没有出现伤口，可不必脱鞋，以起到固定作用。

(6) 脊椎骨折：如果颈背部疼痛，且下肢可能失去感觉，应判断为脊椎骨折。使伤者平卧在硬板床上，身两侧用枕头、砖头、衣物等塞紧，固定脊柱为正直位。

资料来源：作者整理

3. 脑震荡的急救

脑震荡主要是脑部受到外力打击后，脑意识和功能出现暂时性障碍，不久即可恢复，无明显的解剖病理的改变。受伤者会出现神志昏迷、脉搏徐缓、呼吸表浅、肌肉松弛、神经反射减弱或消失等症状。清醒后，伤者会有头痛、头晕、恶心、呕吐症状。急救时，应让伤者平卧、保持静态，不可坐或站立；头部冷敷，躯干保暖；若出现昏迷，可用手指掐人中、内关等穴位；呼吸障碍时，可进行人工呼吸。

如果昏迷时间超过 4 min，或者两侧瞳孔大小不对称，或者耳、鼻、口内出血及眼睛紫青，或者清醒后剧烈头痛、恶心、呕吐，说明损伤严重，应立即送往医院诊治。

第三节　常见职业病的预防与运动疗法

根据《中华人民共和国职业病防治法》的法律界定，所谓职业病，是指“企业、事业单位和个体经济组织等用人单位的劳动者在职业活动中，因接触粉尘、放射性物质和其他有毒、有害因素而引起的疾病”。这里主要介绍三种日常生活中常见的职业病——颈椎病、腰椎间盘突出症和肩周炎的发病原因、预防及运动康复的基本疗法。

一、颈椎病的预防与康复

颈椎病也称颈椎综合征，主要是因人体颈椎间盘逐渐发生退行性变化，颈椎骨质增生或颈椎正常生理曲线发生改变，刺激、压迫颈部脊髓、神经根、交感神经而造成其结构和功能损伤所引起的一组综合性病变。它可发生在任何年龄阶段，临床表现为颈、肩臂、肩胛及胸前区疼痛，手臂麻木，肌肉萎缩，甚至四肢瘫痪，严重者肢体酸软无力，甚至出现大小便失禁及瘫痪等症状。它是一种老年人的常见病和多发病，但是发病年龄却呈现出越来越年轻化的趋势。

1. 颈椎病的发病原因

颈椎病的发病主要是由于头部长期保持一种姿势或长期频繁活动，如身体前屈使肌肉、韧带、筋膜、关节囊等软组织长期处于紧张状态，颈椎间盘的退行性改变，骨质增生，椎间盘直接压迫相关的颈肩神经而引起疼痛。

图 3-1 和图 3-2 分别为正常的颈椎弯曲和颈椎生理曲度变直。图中实线代表颈椎的曲度，虚线代表重心线。图 3-1 中的颈椎曲度正常，颈椎能够牢固支撑头部。图 3-2 中的颈椎生理曲度变直，失去了正常的曲度，相比颈椎，头部稍向前倾。

视频

职业病

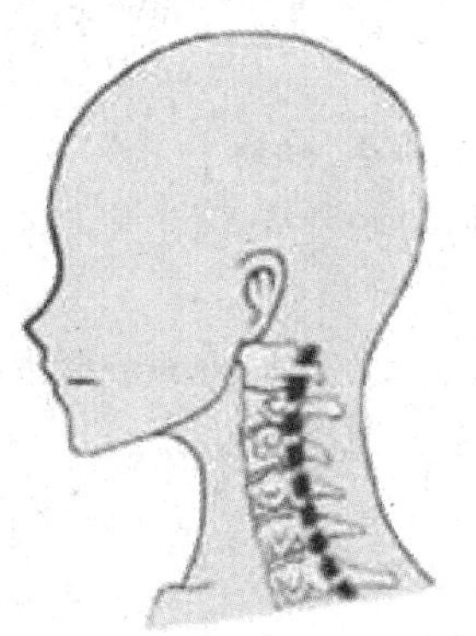

图 3-1　正常的颈椎弯曲

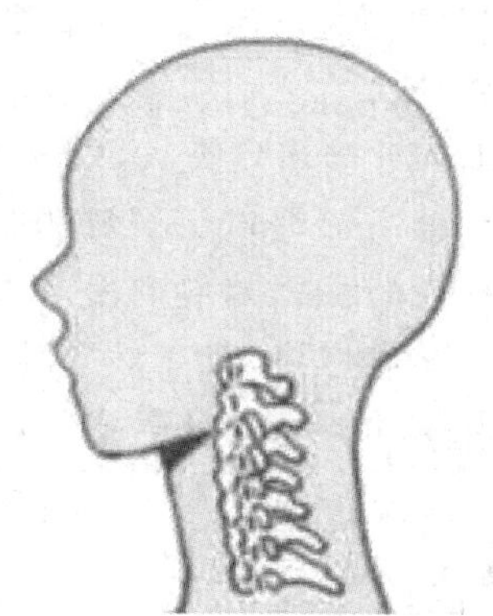

图 3-2　颈椎生理曲度变直

2. 颈椎病的预防

长期伏案是颈椎病的重要诱因，因此长期伏案作业人员需注意，工作和学习时要调整好座椅的高度，尽可能保持自然的端坐位，定时改变头部体位，不定时地抬头远眺，加强肩颈部的肌肉力量练习。平时保证有好的坐姿、站姿、走姿，使整个脊柱处在一个正常的活动范围内。另外，在平时的体育锻炼中，需要注意做好准备活动，避免颈部突然大幅度前屈后伸和左右旋转活动造成颈部意外伤害。工作和学习之余，可以做简单可行的颈部保健操，放松颈部肌肉。

3. 颈椎病的运动康复疗法

常见的颈椎病运动保健康复疗法有颈部自我保健操、颈部放松操、颈部康复操、颈部力量训练、颈部哑铃医疗体操等。患者可以根据自己的具体情况选择适合自己的疗法进行康复、保健理疗。下面列出几种常见且易于操作的治疗方法。

（1）太极拳练习法。练习太极拳时，须充分放松腕、臂、肩、胸、腹、背等全身各部位肌肉，使脊柱经常处在活动状态中，以缓解骨质疏松和骨刺的生成及椎间盘的变性退化、椎间孔变窄等症状。

(2) 原地数息跑练习法。原地跑步,大腿抬高,脚尖轻轻落地,提踵,利用反弹力量使动作有节奏地进行,两臂自然前后摆动,头稍稍抬起,挺胸收腹,按压胸。要注意,数息不是数呼吸次数,而是数跑步步数。

(3) 瑜伽练习法。常见的瑜伽练习可通过手臂伸展式、拜日式、屈肘旋肩式等基本姿势来进行肩颈部的肌肉和柔韧性练习。

(4) 探戈舞练习法。探戈舞步中有较多的转头、转髋练习,通过探戈舞步的练习,也可以缓解肩颈部的肌肉紧张情况,起到放松作用。

(5) 颈部运动练习法。颈部运动主要是颈部顺着不同的方向做前屈、后伸、左右侧屈、左右旋转等动作,使颈部尽可能在最大范围内活动,以增大颈椎活动范围。

(6) 胸锁乳突肌动作练习法。双手缓慢向前向下沿胸锁乳突肌(颈部两侧)进行缓慢按压至胸前,中间均匀呼吸。

(7) 旋颈拍肩动作练习法。两脚开立与肩同宽,两手自然下垂、含胸。右手向左上摆,掌心拍左肩背,同时头尽量转向左侧至最大限度;左手向后摆,掌背叩打背俞穴(背部中央下方第二腰椎处),伴随向左侧旋腰。

实训时刻>>>

婷婷在毕业后顺利进入一家企业做文秘工作,成为大家羡慕的白领一族。可是,由于在办公室里一直忙于整理文件、打报告、写策划、接打电话,婷婷时常觉得自己的脖子酸痛、僵硬,最近还出现了胃部不适、恶心等症状,到医院经过仔细检查后被确诊为颈椎病。

请你根据婷婷的实际情况,为其制订一份专属于她的运动康复训练计划。

二、腰椎间盘突出症的预防与康复

腰椎间盘突出症又称腰椎间盘纤维环破裂髓核突出症,是指始发于椎间盘的损伤、破裂,在突出或退行性病变的基础上,产生的椎间盘和相应椎间关节及其附属组织的一系列病理变化,由此引起腰伴随下肢放射性疼痛的临床症候群,如图 3-3 所示。90%以上的患者会出现腰背疼痛,主要是下腰部及腰骶部持久性的疼痛,严重者卧床不起,翻身困难。还有病人会有坐骨神经痛,疼痛部位由腰骶部、臀后部、大腿外侧部、小腿外侧至足跟部或足背部出现放射性刺痛。

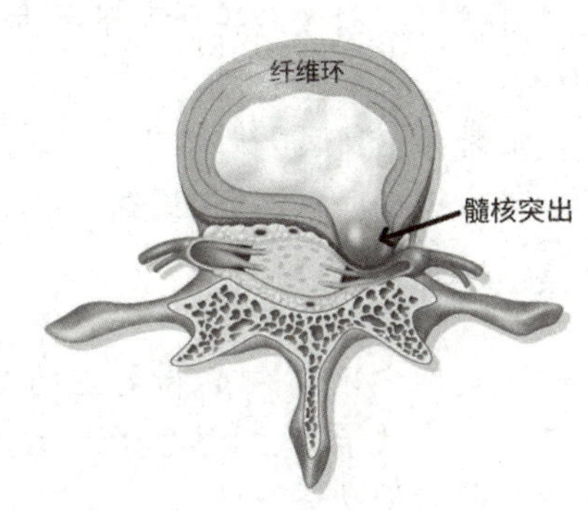

图 3-3 腰椎间盘突出病灶示意

1. 腰椎间盘突出症的发病原因

引发腰椎间盘突出症的原因分为内在因素和外在因素。内在因素是腰椎间盘的退行性病变,外在因素是外伤、劳损。内外因素的作用使椎间盘的纤维环破裂,髓核组织从破裂处突出,使周边的神经、骨髓等受刺激或压迫,产生腰疼、一侧或两侧下肢疼痛或麻木等症状。

2. 腰椎间盘突出症的预防

由于腰椎间盘突出症在短时间内难以根治,因此需要制订一个长期的预防保健方案,包括患者的生活起居、基本的身体姿态、运动锻炼、饮食宜忌等,如果能够持之以恒地实施这些预防保健方案,就可以预防疾病。

3. 腰椎间盘突出症的运动康复疗法

(1) 游泳练习法。游泳是所有体育项目中对身体各部位的锻炼最为全面的一种锻炼方法。腰椎间盘突出症患者首选的体育项目是游泳，对其预防和缓解腰疼有良好的保健作用。人在水中运动，水的浮力、阻力、压力是对人体非常好的一种按摩方式。

(2) 慢跑练习法。慢跑的正确姿势是两手微握拳，两臂自然下垂摆动，腿不宜抬得过高，身体重心要稳，步伐均匀有节奏，前脚掌着地。跑步时注意选择空气清新、道路平坦的路面，选择底部厚、软的鞋子，以便有效缓冲脚着地时的冲击力，减缓对腰椎间盘的震动。

(3) 跳绳练习法。跳绳可从两只脚同时跳(脚尖着地)过渡到两只脚轮流跳。后期可以变换跳绳的方式，如向后跳、交叉跳、挽花跳等。

(4) 爬楼梯练习法。爬楼梯是较省时的一种健身方法，可以增强腰背部和腿部的肌肉力量，尤其是下楼梯时重心后倾，腰部肌肉收缩舒张，对腰椎生理弯曲的保护很大。

(5) 交谊舞练习法。交谊舞可以增强腰腿部肌肉力量，协调腰部和腹部的紧张关系。跳舞使腰身扭摆，两腿轻弹滑动，加速周身的血液循环和新陈代谢，对全身的肌肉、肌腱、关节、腰背、四肢都具有很好的锻炼作用。

(6) 倒退走练习法。连续向后退着走路可以强化腰背部肌群的力量，增强腰椎的灵活性和稳定性，防止腰椎的生理曲度变直或后突；同时改善腰部血液循环，促进腰部组织的新陈代谢，对腰椎间盘突出症有一定的辅助治疗效果。

(7) 锻炼腰背部肌肉练习法。采用俯卧撑法、俯卧跷腿、俯卧前后摆腿等练习方法，可加强腰背部的肌肉力量。

(8) 瑜伽练习法。瑜伽练习中的骆驼式、直角式、三角伸展式、举肢脊柱式、脊柱扭动式等动作都可以有效改善腰背部的肌肉和韧带的柔韧性，经常练习可以起到良好的保健促进作用。

此外，选择鹅卵石、沙地赤脚走路可刺激足底肌肉、筋膜、韧带、穴位及末梢神经，从而调节人体各项功能，起到强身保健、康复、防病及辅助治疗的作用。

实训时刻>>>

早晨刷完牙后，可以做标准的站立姿势(站姿正确可使脊柱保持动态平衡，有效减轻脑疲劳)，做清嗓子干咳，并尽量深咳，反复几次；还可以配合着卡嗓子，发出重的“嗯”声，以脊柱整体合力带动全身使劲，头向后仰，提肛吸气，胸腹连动。同时还可以做提脚后跟动作，再配合双手反掌向上。这个动作可以较好地贯通人体末梢终端和脊柱，促进脉通、血通、气通、脊通。请自己体验这个动作给身体疲劳状态带来的改善，并与同学们交流练习的感受。

三、肩周炎的预防与康复

肩周炎的全称是肩关节周围炎，又称“五十肩”(常见50岁左右的人群)、漏肩风(风寒侵蚀肩部，气血运行不畅所致)、肩凝症(肩关节活动障碍，肩部像被冻结)。其主要临床特征为肩臂疼痛和活动受限。肩周炎是肩关节周围肌肉、肌腱、韧带和滑囊等软组织的慢性无菌性炎症，是一种多发性、进行性的病变。

1. 肩周炎的发病原因

造成肩周炎的原因复杂而多样，既有肩关节内在病变、外伤制动、姿势单调的影响，也有

邻近部位的疾病、内分泌紊乱、免疫功能方面的改变、神经系统疾病，以及受凉、心理因素等的影响。归结起来主要有：姿势单调，尤其是脑力劳动者长期伏案作业，易引起肩部筋膜劳损；运动锻炼前准备活动不充分或过度体力劳动，使肩、颈部的软组织出现不同程度的创伤性炎症，如突然的弹跳、挥臂等；长期缺乏体育锻炼使肩部的肌肉和肌腱耐受力差，尤其是遇到风寒、雨淋、晚间着凉、冷气吹拂等风寒侵袭时易发生。另外，睡姿不当、使用过高的枕头也会引起肩酸背痛。

有资料统计说明，肩周炎的发病与老、静、伤、寒四要素有关。“老”是指骨骼和软组织出现退行性改变，如骨质增生、骨赘生成，肌腱、韧带的变性老化等；“静”是静而少动，平时缺乏足够的肩臂肌肉锻炼；“伤”指急性扭挫伤等强外力的伤害性刺激、慢性疲劳损伤等；“寒”指外界的风、寒、湿等因素的侵袭。因此，肩周炎的预防也主要辩证性地考虑这四个因素，避免或延缓这些因素对肩颈部的侵袭、干扰。

2. 肩周炎的预防

肩周炎不是严重的病症，但其病程较长，会给患者的工作、生活、学习带来一定的影响。因此，除了积极的治疗外，还需采取积极主动的预防措施预防肩周炎，如平时积极参加体育锻炼，注意日常的饮食起居调理等。

积极参加体育锻炼，可使全身肌肉、骨骼得到充分伸展和锻炼，组织的耐受力和抗损伤能力得到提高和增强，常见的较好的锻炼方法有太极拳、跑步、广播体操、武术、健身操、划船、弓步扩胸等。日常生活中，应加强营养，增强体质，提高机体免疫功能，避免慢性损伤和注意防寒保暖；同时应注意量力而行，劳动强度不宜过大，防止或延缓退行性病变；在风、寒、湿、闷的环境中劳作，需注意保护肩关节，避免肩部受风着凉。

3. 肩周炎的运动康复疗法

适宜肩周炎患者的运动康复疗法有很多，患者需要根据自己的年龄、病情、体力等具体情况选择适宜的运动项目、康复疗法。当然，疗法的选择需要根据病情的不同因时而异。在肩周炎的疼痛期，除了采取必要的药物治疗、针灸理疗等方法治疗，也可同时自行选择运动幅度较小的锻炼方法，如肩关节的徒手运动等；患者慢慢适应后，可逐渐加大运动量，以达到舒筋通络、消除疼痛、预防功能障碍的目的。恢复期则应选择运动强度稍大的训练，如肩颈操、八段锦等，以缓解肩颈的肌肉、韧带粘连，发展肩带肌群力量，增强肩关节周围肌腱、韧带的弹性，恢复肩关节的活动度。下面列出几种常见、易于操作的治疗方法。

(1) 旋摩肩周练习法。用一侧的手掌旋摩对侧的肩部肌肉，使之产生温热感。

(2) 扩胸分肩练习法。两足站立与肩同宽，两手置于胸前，两肘与肩平直，手背在上，背心朝下。扩开胸怀，分开双肩，保持胸廓节律性地开与收。

(3) 两手抱头练习法。两脚站立与肩同宽，两手环绕抱紧后脑，两肘张开与身体平行；两肘收拢夹紧头颈，有节律性地开合、收拢。

(4) 前后摆臂练习法。两脚分开与肩同宽，两臂前后交叉交替摆动。

(5) 患肢画圆练习法。双脚站立，患肢以肩关节为轴心，做环转画圈运动。

(6) 背后拉毛巾练习法。两手拿一条毛巾置于背后，像搓澡动作一样左右回拉。

以上几种疗法都有舒筋活血、消肿止痛、强化肩关节功能的作用，患者可根据自己的病情进展有针对性地治疗。

第四节　运动处方的制定与实施

一、运动处方应用的历史

运动处方从字面上看，具有两层含义：一是运动，二是处方。“运动”指身体运动，“处方”指通过人体运动形式达到特定目标的方法。

虽然“运动处方”这个名词进入中国的时间不长，但运用不同的人体运动形式来达到健身目的的做法在人类远古时期就已经出现。数万年前的狩猎采集时代，除了老人和小孩外，其他人必须运动才能生存。《黄帝内经》的理论之一是人要与四时、季节、气候等“天时”环境相随，调气养生。由此可见，中国古人早已采用导引、吐故纳新术等各种形式的身体运动使身体在生理、心理诸方面保持健康。东汉末年(184—220 年)，中国著名的医学家华佗创立了一种保健体操(相当于今天的运动处方)“五禽戏”：虎寻食、鹿长跑、熊撼运、猿摘果、鹤飞翔。唐朝永徽三年(652 年)，名医孙思邈在《千金要方》中描述“大小劳”对健康的作用：“养性之道，常欲小劳，但莫大疲及强所不能堪耳。”

20 世纪初，西方的体育教育主要是由医生担任的。随后体育开始由受过体育专业培训的老师或教练来授课，体育和医学也因此开始分家。

如今，关于“运动处方”的相关概念明确了运动与健康、慢性疾病之间的关系，已发展成为指导群众体育锻炼和对运动员进行科学训练指导的方法。运动处方应用于体育教学中，将成为指导学生进行个体评价、自我练习的手段。

近年来，中国对运动处方的推广和应用成绩颇多。中国翻译出版了日本及美国的运动处方专著；应用运动处方治疗冠心病、肥胖病、糖尿病等已有临床报道；在医学院校和体育院校的运动医学与康复医学的教学中，运动处方已列入基础教学内容；在向广大群众宣传普及运动处方知识、指导群众进行科学锻炼方面，也做了大量的工作。

在未来，运动处方将朝大数据与智能化、个性化与精准化的方向发展。例如，以手机终端为基础的动态运动干预设备、相关课程及 App 应用的开发，运动处方的动态生成和智能化、生活化监控也正在逐步实现。

二、运动处方的基本原理

1. 运动处方的概念

1969 年，世界卫生组织采用运动处方(exercise precription)这个名词，从而在国际上得到了广泛应用。世界卫生组织将“运动处方”概括为：对从事体育锻炼者或患者，根据医学检查资料(包括运动试验及体力测验)，按其健康、体力及心血管功能的状况，结合生活环境条件和运动爱好等个体特点，用处方的形式规定适当的运动种类、强度、时间及频率，并指出运动中的注意事项，以便有计划地进行经常性锻炼、达到健身或治病的目的。也就是说，针对个人的身体状况而制订的一种科学的、定量化的周期性锻炼计划，是锻炼者进行有计划的周期性运动健身的指导性方案。有了合理科学的运动处方，能使体育运动处于一种健康科学的状态，这不仅是为了增强日后体育锻炼过程的目的性和计划性，也是为了增强体育锻炼的

长期性和持续性。

2. 运动处方的目的

运动处方是针对性强、目的明确的有选择、有控制的运动疗法。其目的有三：一是增进身体健康，预防疾病，改善身体状态，提高对环境的适应能力；二是提高身体机能，通过锻炼加强肌肉力量、耐力、爆发力及身体的灵敏性、技巧性、平衡性、柔韧性等组织和运动能力；三是治疗疾病，把运动当作康复疗法的一种手段，严格地按处方进行，可以大大提高运动中的安全感，尽可能少地出现意外危险。

实训时刻

结合个人实际情况，学习制定运动处方。

例如，如果是因肥胖而受困扰者，可制定针对减肥的运动处方；如果是体质虚弱者，可制定针对健身的运动处方。表 3-1 提供了一个模板，可根据实际情况进行调整。

表 3-1 运动处方

<table>
<tr><td>姓　名</td><td></td><td>年　龄</td><td></td></tr>
<tr><td>性　别</td><td></td><td>职　业</td><td></td></tr>
<tr><td>体育爱好</td><td colspan="3"></td></tr>
<tr><td rowspan="4">健康检查</td><td>病史</td><td>台阶试验</td><td></td></tr>
<tr><td rowspan="3">运动负荷测定</td><td>安静脉搏</td><td></td></tr>
<tr><td>血压</td><td></td></tr>
<tr><td>肺活量</td><td></td></tr>
<tr><td rowspan="3">体能测定</td><td>力量</td><td colspan="2"></td></tr>
<tr><td>耐力</td><td colspan="2"></td></tr>
<tr><td>柔韧</td><td colspan="2"></td></tr>
<tr><td>体质评定</td><td colspan="3"></td></tr>
<tr><td>运动目标</td><td colspan="3"></td></tr>
<tr><td>运动项目</td><td colspan="3"></td></tr>
<tr><td>运动强度</td><td colspan="3"></td></tr>
<tr><td>运动时间</td><td colspan="3"></td></tr>
<tr><td>运动频率</td><td colspan="3"></td></tr>
<tr><td>注意事项</td><td colspan="3"></td></tr>
<tr><td>自我监督</td><td colspan="3"></td></tr>
</table>

处方制定者：

年　月　日

三、运动处方的内容

运动处方的基本内容包括运动目的、运动项目、运动强度、运动时间、运动时间带、运动频率和注意事项等。

1. 运动目的

运动目的即是根据体育运动参与者的运动需要确定的目标。对大多数人来说，运动的目的一是满足其情绪需要，即对运动的意向、愿望、兴趣；二是满足其对健康的需求，即祛病、健体。

2. 运动项目

运动项目是确定运动处方的性质的重要因素，必须根据体育运动参加者的目的有针对性地选择运动项目。例如，为了健身或改善心脏功能和代谢，或者为了预防肥胖、延缓衰老，宜选择中等强度的有氧代谢项目，如快走、定量步行及竞走、慢跑（或健身跑）、骑自行车、跑步机上跑步、有氧舞蹈、健美操和不剧烈的球类运动等；为了增强肌肉力量，宜选择力量性项目，如利用哑铃、杠铃、弹簧、橡皮筋等负重法或阻抗法进行的力量练习；为了放松精神、预防高血压和神经衰弱，可选择运动量强度较小的有氧代谢项目，如太极拳和医疗体操等。

3. 运动强度

运动强度是指在运动中，个体单位时间内移动的距离，或单位时间肌肉所做的功。运动强度可用梅脱（MET）进行定量。机体的耗氧量与身体活动时的能耗量成正比，静息状态下耗氧量绝对值约为 250 mL，相对值约为每分钟每千克体重 3.5 mL，这一安静状态下的值规定为 1 MET。依据活动的需氧量大小可对运动进行强度的划分，一项活动如需要安静状态下 2 倍的需氧量（即静息状态下 2 倍的代谢率），则运动强度为 2 MET。运动强度是运动处方中决定运动量最主要的因素，可根据心率、主观运动感觉等级来确定。

（1）心率。心率是确定和监控运动处方强度最常用的指标，实践表明，除去环境、心理刺激和疾病影响等因素，心率和运动强度之间存在线性关系。通常用最大心率百分比法和靶心率范围法来确定运动强度。

① 最大心率百分比法。最大心率不容易测定，通常以（220－年龄）这一公式来推算，用最大心率百分比来确定运动强度，通常认为以采用 55%～77%为宜。

② 靶心率范围法。靶心率是指运动中能获得最佳效果并可以确保安全的心率，在实际应用当中是用贮备心率和安静心率来确定运动时的心率，称为靶心。贮备心率为最大心率与安静时心率之差。计算公式为：

靶心率＝（最大心率－安静心率）×（0.6～0.8）＋ 安静心率

（2）主观运动强度等级。瑞典生理学家布罗格首次提出主观运动感觉等级，以此来评定运动的困难或运动的疲劳程度。主观运动强度（RPE）测定如表 3-2 所示。

表 3-2　主观运动强度（RPE）测定

RPE	强度感觉	相对强度/%	相应心率/次				
			20 岁	30 岁	40 岁	50 岁	60 岁
6	安静 非常轻松	30 40	90 105	90 100	90 100	90 111	90 111
7 8 9	很轻松	50	115	110	110	125	120

（续表）

RPE	强度感觉	相对强度/%	相应心率/次				
			20岁	30岁	40岁	50岁	60岁
10 11	轻松	60	130	125	120	135	135
12 13 14	有点吃力	70	140	135	125	150	145
15 16	吃力	80	150	145	135	165	160
17 18	非常吃力	90	165	155	145	175	170
19 20	精疲力竭	100	175	165	155	190	185

在表 3-2 的"强度感觉"栏内，6～20 的 15 个主观感觉等级上，每单数等级各有不同的负荷强度感觉描述。这 7 个负荷强度感觉描述都具有相应的分值，如果各等级的等级数值乘以 10，其数值常与达到该等级的心率大体一致。运动者的运动感觉等级为 12～16 级，说明负荷强度是合理的，中老年人运动时的运动感觉等级也应以达到 10～14 级为宜。确定运动强度的最好方法是将靶心率和 RPE 两种方法进行结合，即先按适宜的心率范围进行运动，然后在运动中结合 RPE 评价表来掌握负荷强度。这样，体育运动参与者在运动中不用停下来测心率便可知道自己的负荷强度是否合理。

4. 运动时间

运动时间指每次运动持续的时间，运动时间乘以负荷强度就是运动量。在制定运动处方时，有时采取较低的负荷强度和较长的运动时间，而有时则采用短时间高强度的重复运动。负荷强度确定之后，持续该强度运动时间的就是关系到锻炼效果的重要因素。

5. 运动时间带

运动时间带是指一天中进行健身运动的时机，应根据人的生物节律周期及每日节律来合理安排进行运动的时间带。例如，高血压患者运动的时间带，白天运动比早、晚运动要好，其理由是脑出血的发病有早晚多而白天少的倾向。特别是冬天，由于气温低，血压也容易升高，在早晚进行健身运动存在潜在的危险。

心血管病患者或中老年人运动的时间带应避免在清晨 8 点以前，特别是跑步和爬山。清晨在空气清新的环境中做一些轻松的活动，如散步、练气功、打太极拳、做柔韧体操等，对增进健康是有益的。

空腹时进行体育运动会产生不良影响，甚至导致低血糖，清晨空腹时进行运动必须加以注意。由于运动会影响到胃肠道的消化和吸收，所以饭后不宜立即运动。

6. 运动频率

运动频率指每周运动的次数。运动频率在制定运动处方中的作用是非常重要的，设定运动频率要根据运动目的的不同、身体情况的不同区别对待。如果以健身或康复为目的，一般人的运动频率应以每周三次以上为宜，同时还应结合每次运动的强度、持续的时间、个人的身体恢复情况及对运动的适应能力等因素综合考虑。

7. 注意事项

（1）运动处方中应指出不宜参加的运动项目。

（2）运动处方中应指出健身运动中自我观察指征和停止运动的指征。

（3）体育运动参与者应掌握、了解一些必要的体育卫生知识。

（4）运动处方实施一个时期后，要再进行医学检查或体力诊断，不断地对运动处方进行修改及调整。

四、运动处方的制定

制定运动处方，首先，要对体育运动的参与者进行比较系统的身体检查，对其健康状况进行初步评定，在此基础上选择运动试验进行测试，对身体机能进行评定。制定健身运动处方，尤其要对体育运动参与者进行心血管机能评定，以发现潜在的心血管疾病，确定其是否能够进行运动锻炼。其次，进行体质测试，以评定身体素质和体力等级，确定其运动的强度范围。通过以上程序，获得制定运动处方所必需的全面资料和信息，为运动处方制定的科学性提供依据。最后，在此基础上制定出运动处方，在实施过程中还要不断进行反馈和调整。

1. 制定运动处方的步骤

（1）健康调查与评价。通过询问、观察和本人填写调查表等方法全面了解受试者的病史、运动史、运动爱好、饮食情况、生活方式、运动目的和居住环境等情况，并进行一般体检、人体测量及身体成分测定，其目的是对受试者的生理健康状况做出初步评价，并对体育运动参与者本人的精神、心理状态、道德行为及社会适应能力等方面做出初步的定性评价。

（2）运动试验。运动试验是评定心脏功能、制定运动处方的主要依据之一，根据试验的条件、检查的目的及受试者的健康状况、年龄、运动经历等选择适当的试验方法。目前较普遍采用的方法是“多级负荷试验”，在试验中逐级递增运动负荷。对于运动能力较高的运动员、青年运动爱好者等可采用多级负荷试验中的极量试验；对于一般无运动经历的健康者、亚健康受试者，运动试验也可采用亚极量试验和症状限制试验，但要求有较完善的监护及急救设施。

已确诊有心血管疾病者，通过相关医学检查排除运动试验的禁忌证，方可进行运动试验。采用低负荷试验或症状限制试验，试验过程中要求有密切监护及必要的应急设施。心血管病患者不宜进行最大摄氧量和最大心率的测定，可根据定量负荷时的心率或吸氧量间接推算最大摄氧量。

（3）肢体围度、径度及皮褶厚度测量。肢体围度在一定程度上可反映肌肉发达程度，测量常用的部位有上臂围度、前臂围度、小腿围度、腰围、臀围等。肌体的径度可以反映骨骼的发育程度，测试包括肩宽和骨盆宽。皮褶厚度可以反映身体成分，测量部位主要包括肩胛下部、肱三头肌、腹部、大腿部、小腿后部等。

（4）体力测试、最大摄氧量是评定人体有氧运动能力的主要指标，是指人体在进行大量肌肉群参加的长时间剧烈运动中，当心肺功能和肌肉利用氧的能力达到本人极限水平时，单位时间内（通常以每分钟为计算单位）所能摄取的氧量。它反映了机体吸入氧、运输氧和利用氧的最大能力。常用于测定最大摄氧量的方法有直接测定法和间接推算法两种，直接测定法通常在实验室条件下，让受试者在一定的运动器械上进行逐级递增负荷运动试验测定其摄氧量，常用的运动方式为跑台跑步、蹬踏功率自行车或一定高度的台阶试验，当然也可以采用 12 min 跑等耐力测试。

要注意，进行上述测试时，健康情况欠佳的人以及很久没有从事体育活动的人一定要谨慎，不能强度过大。对于没有运动经历的人，至少要用一个月的时间进行系统的训练，先走后跑，经过一番准备之后才能经受住各种耐力水平测试的考验。

(5) 制定运动处方。通过以上几个步骤的工作，可以对受试者健康状况、体力水平、运动能力等有较全面的了解，根据以上检查结果便可制定运动处方。制定运动处方时，要按照处方的内容逐项决定运动目的、运动类型、负荷强度、运动时间及时间带、运动频次、注意事项等。

2. 制定运动处方的原则

(1) 运动处方制定的目的是增进健康、治疗疾病，并能确保运动的安全性。

(2) 运动处方应该根据个体的兴趣、健康的需要来制定。

(3) 选择适合处方对象的运动类型，并确定适宜的运动强度和运动时间。

(4) 通过测定处方对象对运动产生的心率和自觉运动强度等反应来计划运动进展的速度。

(5) 运动处方实施一段时间后，要根据处方对象的反应及体质状况及时进行调整。

五、运动处方的实施

实施运动处方就是按照运动处方规定的各项运动内容进行体育锻炼。

1. 实施过程的阶段性

一次有目的的锻炼主要由三个阶段组成，即准备阶段、训练阶段和整理阶段。

(1) 准备阶段。准备活动使身体机能由相对安静状态过渡到适宜强度的运动状态。

准备阶段的任务：通过准备活动提高神经中枢和肌肉的兴奋性；加强心脏活动和呼吸机能；增加肌肉的血流量和供氧量，使体温适当升高，肌肉黏滞性下降、弹性增强，防止受伤；提高酶的活性，加快生化反应过程，加强体内物质代谢过程，为机体进行正式锻炼做好准备。准备阶段的时间一般在 10 min 以上，根据年龄、季节、运动水平等情况可适当增减。寒冷季节准备活动时间可多一些；运动水平低的体弱者，准备活动的运动强度和运动量不能过大，时间也可短一些；高水平的耐力性项目运动员准备活动时间可多一些。准备活动的运动强度与运动量应低于正式活动，准备活动的运动形式通常先做一些伸展性的运动，依次活动身体各部位关节，再做一些轻松的节律性运动，逐渐增大运动幅度和速度，直至接近正式活动的强度。适宜准备活动的标志是身体发热，微微出汗，呼吸明显增加。

准备活动后应有短时间的休息间歇，然后开始正式的运动，间歇不宜过长，约 3 min 为宜。

(2) 训练阶段。训练阶段是指通过实施运动处方的运动项目，使身体维持在相对较高机能状态下持续运动锻炼的过程。健身运动处方中该阶段的主要任务：达到和保持适宜的负荷强度，使机体在稳定状态下持续运动所需要的时间，促使心血管呼吸系统和有氧代谢系统等持续高效率工作，从而锻炼其机能适应能力，提高机能潜力。

适宜的负荷强度即运动处方中设定的负荷强度。在实际运用中须通过一定时间的自我反复调适、校正，才能达到较为准确的程度。持续运动所需要的时间即运动处方中设定的时间，一般至少应在 10 min 以上，若是采取间歇训练法，整个持续运动的时间可更长一些。

(3) 整理阶段。整理阶段是指通过做整理活动，使身体机能由剧烈或相对剧烈的运动状态逐渐恢复到相对安静状态的过程。在正式运动以后，逐渐降低负荷强度，做一些较为轻松的身体运动，使人体紧张的肌肉活动逐渐得到松弛，心脑血管呼吸系统紧张的机能活动逐渐缓解，加强代谢废物的清除，促进体力恢复。

整理活动的内容和准备活动的内容基本相似，但是顺序可以颠倒，动作应较缓和，尽量使肌肉放松，最后还可以做一些拉长肌肉的运动。整理活动的时间一般应持续 5 min 以上。

2. 实施过程中的自我监测

运动处方的实施过程中，体育运动参与者根据运动过程中和运动后身体的反应，进行运动量的自我监测和调节。

(1) 心率的自我监测。心率监测包括基础心率、安静心率和运动后即刻的心率。基础心率是指清晨起床前静卧时的心率；身体健康状况良好时，基础心率稳定，并随着身体机能状态的提高而平稳下降；身体状况不良时，基础心率会有一定程度的波动。安静心率是空腹不运动状态下的心率，与体育锻炼前后自身安静心率进行比较，运动后即刻的心率恢复的速度和程度可以衡量机体对运动负荷的适应水平。

(2) 运动强度的判定。前面学过的主观强度感觉判定法是被广泛应用的一种简易而有效的评价运动量的方法。心率监测结合主观感觉判定法是判定运动强度最为常用的方法。

(3) 自我感觉。在自我感觉方面，运动量适宜的标志：睡眠良好，次日晨起疲劳感完全消除，感觉轻松愉快，体力充沛，有运动的兴趣和欲望等。

运动量过大的感觉：锻炼后大汗淋漓，头晕，气喘，感到十分疲劳；脉搏在运动结束 20 min 后还未平复；第二天仍然全身无力，无继续锻炼的欲望，食欲减退，睡眠欠佳。出现以上感觉就说明运动量过大，应加以调整。

运动量不足的感觉：运动后没有发热、无汗，脉搏无明显增加，且在几分钟内恢复。有以上的感觉就说明运动量不足，对身体缺乏有效的刺激，难以产生锻炼效果。

1. 如果在运动过程中出现肌肉痉挛现象，应该如何及时处理？
2. 常见的运动性损伤有哪些？在进行体育锻炼时应当如何处理和预防？
3. 结合运动处方的制定和执行情况，对个人的运动处方进行评价和调整。

第四章 大学生体质健康测试

学习目标

1. 了解体质的概念，明确体质作为评价指标与健康之间的关系。
2. 熟悉体质测试项目及其评分标准，掌握大学生体质健康测试的操作方法。
3. 能够正确、科学地评估自己的体质健康水平。

第一节 大学生体质健康标准概述

一、体质的概念和评价指标

体质健康评价的目的是掌握个体和群体的体质健康状况，以便更有效地实现增进健康、增强体质这一目标。结合世界卫生组织对健康含义的概括，可形成体质的概念，即机体在遗传变异与后天获得的基础上所表现出来的人体形态结构、生理功能和心理素质综合的相对稳定的特征。

1. 体质的概念

体质包括体格、体能和适应能力几个方面。

(1) 体格。体格是指人体的形态结构方面，包括人体生长发育的水平、身体的整体指数与比例（体型）及身体的姿态。

(2) 体能。体能是指人体各器官、系统的机能在肌肉活动中表现出来的能力。它包括身体素质（力量、速度、灵敏度、柔韧性、耐力等）和身体基本活动能力（走、跑、跳、投、攀登、爬越、举起重物等）。

(3) 适应能力。如对外界环境条件变化的抗热、抗寒能力，对疾病的抵抗力等。

体质是人的生命活动和劳动工作能力的物质基础。简要地说，体质是人体在形态、生理、生化和行为上相对稳定的特征。体质可以反映人体的生命活动、运动能力的水平，是选择健身运动的依据。

2. 体质的综合评价指标

体质和健康的概念不同。同样是健康的人，其体质却千差万别，一个人的体质强弱要从多方面进行综合评价。

体质的综合评价指标包括以下几个方面。

(1) 身体形态发育水平，即体格、体型、姿势、营养状况及身体组成成分等。

(2) 生理生化功能水平，即机体的新陈代谢功能及各器官、系统的工作效能。

(3) 身体素质和运动能力水平，即身体在运动中表现出来的力量、速度、耐力、灵敏性、柔韧性等素质及走、跑、跳、投掷、攀登等身体运动能力。

(4) 心理发展状态，包括本体感知能力、个体意志力、判断能力。

(5) 适应能力，如对外界环境条件的抗寒、抗热能力，对疾病的抵抗力等。

影响体质的因素是多方面的，它与遗传、环境、营养、体育锻炼等有着密切的关系。遗传只对体质的状况和发展提供了可能性或前提条件，体质的强弱更有赖于后天环境、营养、卫生和身体锻炼等因素。因此，有计划、有目的地进行体育锻炼是增强体质较积极有效的手段。

肌肉力量测试

肌肉力量不仅能提高运动的成绩，而且对普通人的日常工作也很有用。评价肌肉力量可采用一次重复最大量测试，即测试一次能举起的最大重量。虽然一次重复最大量测试这种测试肌肉力量的方法被广泛应用，但对上了年纪的或身体条件较差的人是不适宜的。因为这种测试会导致损伤，受试者应在经过肌肉力量练习并在技术和力量方面都有所提高的情况下进行测试，以免受伤。年纪较大或脑力劳动者需进行 6 周的力量练习，而大学生只需 1～2 周的力量练习便可参加一次重复最大量测试。

一次重复最大量测试旨在测试被选定的局部肌肉群的力量，测试方法如下：

(1) 先做 5～10 min 有关肌肉群的准备活动。

(2) 选择能毫不费力举起的重量进行练习，并逐渐增加重量直到只能举起一次。

计算测试成绩（肌肉力量分数）的公式为

肌肉力量分数＝[一次重复最大量重量(kg)÷体重(kg)]×100

资料来源：作者整理

视频《国家学生体质健康标准》

二、大学生体质与健康的现状及改善措施

教育部、国家体育总局、国家卫健委、国家民族事务委员会和科技部每年都会对全国各个省、区、市的部分学校学生的体质健康状况进行结构抽调。从历年上报结果的统计情况来看，由于生活水平的提高和生活习惯的改变，目前在校学生中存在的问题有：肺活量水平普遍呈下降的趋势，跑步速度、爆发力、耐力水平也相对下降，肥胖检出率持续上升，视力不良检出率仍然居高不下，等等。

综合以上学生体质健康方面出现的一些问题，学校需要在今后的工作中不断开拓思维，进一步改善学生的体质健康现状，使学生的体质水平向更优良的方向稳步发展。当然，学生体质健康水平的改善不是单一部门、单一集体的任务，而是需要从多方面综合进行完善，具体可从以下几方面着手。

(1) 教育部门应进一步加强与重视学生体质测试的组织、宣传和指导工作。学生的体质测试工作将对学生正确形成终身体育意识和健康意识产生深远的影响。

(2) 学校要进一步加强学生的健康教育和健康促进工作。在现实生活中，需要进行多种渠道的宣传、教育，引导学生养成正确的生活方式。

(3) 在教学过程中，体育教师要具备教学改革意识。在体育教学过程中，不仅要重视“三基”(基础知识、基本技术、基本技能)的教学，更需要探索适合大学生提高身体素质的教

育内容和教学方法。在教学中渗透、贯穿“健康第一”的同时,培养学生的健康体质观和健康自我意识。

(4) 不断加大体育场地、设施、器材的投入和开放力度。为学生进行健身锻炼提供足够的场所和场地设施,是保证学生能够积极主动地进行健身锻炼的前提和基础。在此过程中,体育教师或体育爱好者也可适当地参与其中,对正确的健身方法和健身效用进行知识的宣传、普及。

(5) 加强校园体育文化建设,构建健康和谐的锻炼氛围。学校要充分发挥学生社团的体育宣传、普及功能,广泛开展学生喜闻乐见的健身活动;定期举办各种体能比赛、趣味运动赛、健康知识竞赛等。营造积极向上的校园体育文化氛围,有加强学生主动、自觉参与体育锻炼的意识。

第二节 大学生体质健康测评的实施

一、测试项目

由教育部和国家体育总局联合颁布的《国家学生体质健康标准》规定了从身体形态、身体机能、身体素质等方面综合评定学生的体质健康水平,并按百分制计分。大学组设置项目为身高、体重、肺活量、50 m跑、坐位体前屈、立定跳远、引体向上(男)/1 min仰卧起坐(女)、1000 m跑(男)/800 m跑(女)。大学生体质健康测评内容及各项指标所占权重如表4-1所示。

表4-1 大学生体质健康测评内容及各项指标所占权重

测试对象	单项测试指标	权重/%
大学生	体重指数(BMI)	15
	肺活量	15
	50 m跑	20
	坐位体前屈	10
	立定跳远	10
	引体向上(男)/1 min仰卧起坐(女)	10
	1000 m跑(男)/800 m跑(女)	20

注:体重指数(BMI)=体重(kg)/身高的平方(m^2)

二、评价标准

根据《国家学生体质健康标准》的要求,学生可以查阅相关测试项目的得分情况来对自己的体质健康进行评价。

1. 大学男生体重指数评分标准

大学男生体重指数评分标准如表4-2所示。

表4-2 大学男生体重指数评分标准

等级	单项得分	体重指数/($kg \cdot m^{-2}$)
正常	100分	17.9~23.9
低体重	80分	≤17.8
超重		24.0~27.9
肥胖	60分	≥28.0

2. 大学女生体重指数评分标准

大学女生体重指数评分标准如表 4-3 所示。

表 4-3 大学女生体重指数评分标准

等　级	单项得分	体重指数/(kg·m^{-2})
正常	100 分	17.2～23.9
低体重	80 分	≤17.1
超重		24.0～27.9
肥胖	60 分	≥28.0

3. 大学男生身体素质评分标准

大学男生身体素质评分标准如表 4-4 所示。

表 4-4 大学男生身体素质评分标准

等级	得分	测试项目											
		肺活量/mL		50 m 跑/s		坐位体前屈/cm		立定跳远/cm		引体向上/次		1 000 m 跑/(min·s)	
	单项得分	大一、大二	大三、大四	大一、大二	大三、大四	大一、大二	大三、大四	大一、大二	大三、大四	大一、大二	大三、大四	大一、大二	大三、大四
优秀	100	5 040	5 140	6.7	6.6	24.9	25.1	273	275	19	20	3′17″	3′15″
	95	4 920	5 020	6.8	6.7	23.1	23.3	268	270	18	19	3′22″	3′20″
	90	4 800	4 900	6.9	6.8	21.3	21.5	263	265	17	18	3′27″	3′25″
良好	85	4 550	4 650	7.0	6.9	19.5	19.9	256	258	16	17	3′34″	3′32″
	80	4 300	4 400	7.1	7.0	17.7	18.2	248	250	15	16	3′42″	3′40″
及格	78	4 180	4 280	7.3	7.2	16.3	16.8	244	246			3′47″	3′45″
	76	4 060	4 160	7.5	7.4	14.9	15.4	240	242	14	15	3′52″	3′50″
	74	3 940	4 040	7.7	7.6	13.5	14.0	236	238			3′57″	3′55″
	72	3 820	3 920	7.9	7.8	12.1	12.6	232	234	13	14	4′02″	4′00″
	70	3 700	3 800	8.1	8.0	10.7	11.2	228	230			4′07″	4′05″
	68	3 580	3 680	8.3	8.2	9..3	9.8	224	226	12	13	4′12″	4′10″
	66	3 460	3 560	8.5	8.4	7.9	8.4	220	222			4′17″	4′15″
	64	3 340	3 440	8.7	8.6	6.5	7.0	216	218	11	12	4′22″	4′20″
	62	3 220	3 320	8.9	8.8	5.1	5.6	212	214			4′27″	4′25″
	60	3 100	3 200	9.1	9.0	3.7	4.2	208	210	10	11	4′32″	4′30″
不及格	50	2 940	3 030	9.3	9.2	2.7	3.2	203	205	9	10	4′52″	4′50″
	40	2 780	2 860	9.5	9.4	1.7	2.2	198	200	8	9	5′12″	5′10″
	30	2 620	2 690	9.7	9.6	0.7	1.2	193	195	7	8	5′32″	5′30″
	20	2 460	2 520	9.9	9.8	−0.3	0.2	188	190	6	7	5′52″	5′50″
	10	2 300	2 350	10.1	10.0	−1.3	−0.8	183	185	5	6	6′12″	6′10″

4. 大学女生评分标准

大学女生身体素质评分标准如表 4-5 所示。

表 4-5 大学女生身体素质评分标准

等级	得分	测试项目											
		肺活量/mL		50 m 跑/s		坐位体前屈/cm		立定跳远/cm		1 min 仰卧起坐/次		800 m 跑/(min·s)	
	单项得分	大一、大二	大三、大四	大一、大二	大三、大四	大一、大二	大三、大四	大一、大二	大三、大四	大一、大二	大三、大四	大一、大二	大三、大四
优秀	100	3 400	3 450	7.5	7.4	25.8	26.3	207	208	56	57	3′18″	3′16″
	95	3 350	3 400	7.6	7.5	24.0	24.4	201	202	54	55	3′24″	3′22″
	90	3 300	3 350	7.7	7.6	22.2	22.4	195	196	52	53	3′30″	3′28″
良好	85	3 150	3 200	8.0	7.9	20.6	21.0	188	189	49	50	3′37″	3′35″
	80	3 000	3 050	8.3	8.2	19.0	19.5	181	182	46	47	3′44″	3′42″
及格	78	2 900	2 950	8.5	8.4	17.7	18.2	178	179	44	45	3′49″	3′47″
	76	2 800	2 850	8.7	8.6	16.4	16.9	175	176	42	43	3′54″	3′52″
	74	2 700	2 750	8.9	8.8	15.1	15.6	172	173	40	41	3′59″	3′57″
	72	2 600	2 650	9.1	9.0	13.8	14.3	169	170	38	39	4′04″	4′02″
	70	2 500	2 550	9.3	9.2	12.5	13.0	166	167	36	37	4′09″	4′07″
	68	2 400	2 450	9.5	9.4	11.2	11.7	163	164	34	35	4′14″	4′12″
	66	2 300	2 350	9.7	9.6	9.9	10.4	160	161	32	33	4′19″	4′17″
	64	2 200	2 250	9.9	9.8	8.6	9.1	157	158	30	31	4′24″	4′22″
	62	2 100	2 150	10.1	10.0	7.3	7.8	154	155	28	29	4′29″	4′27″
	60	2 000	2 050	10.3	10.2	6.0	6.5	151	152	26	27	4′34″	4′32″
不及格	50	1 960	2 010	10.5	10.4	5.2	5.7	146	147	24	25	4′44″	4′42″
	40	1 920	1 970	10.7	10.6	4.4	4.9	141	142	22	23	4′54″	4′52″
	30	1 880	1 930	10.9	10.8	3.6	4.1	136	137	20	21	5′04″	5′02″
	20	1 840	1 890	11.1	11.0	2.8	3.3	131	132	18	19	5′14″	5′12″
	10	1 800	1 850	11.3	11.2	2.0	2.5	126	127	16	17	5′24″	5′22″

5. 加分指标评价表

引体向上、1 min 仰卧起坐均为高优指标，学生成绩超过单项评分 100 分后，应以超过的次数所对应的应加分数进行加分，具体如表 4-6 和表 4-7 所示；1 000 m 跑、800 m 跑均为低优指标，学生成绩低于单项评分 100 分后，应以减少的秒数所对应的分数进行加分，具体如表 4-8 和表 4-9所示。

表 4-6　男生引体向上评分表

超过的次数/次	大一、大二	1	2	3	4	5	6	7	8	9	10
	大三、大四	1	2	3	4	5	6	7	8	9	10
应加的分数		1	2	3	4	5	6	7	8	9	10

表 4-7　女生 1 min 仰卧起坐评分表

超过的次数/次	大一、大二	2	4	6	7	8	9	10	11	12	13
	大三、大四	2	4	6	7	8	9	10	11	12	13
应加的分数		1	2	3	4	5	6	7	8	9	10

表 4-8　男生 1 000 m 跑评分表

减少的时间/(min·s)	大一、大二	4″	8″	12″	16″	20″	23″	26″	29″	32″	35″
	大三、大四	4″	8″	12″	16″	20″	23″	26″	29″	32″	35″
应加的分数		1	2	3	4	5	6	7	8	9	10

表 4-9　女生 800 m 跑评分表

减少的时间/(min·s)	大一、大二	5″	10″	15″	20″	25″	30″	35″	40″	45″	50″
	大三、大四	5″	10″	15″	20″	25″	30″	35″	40″	45″	50″
应加的分数		1	2	3	4	5	6	7	8	9	10

实训时刻

积极参与学校组织的体质健康测试活动，将自己取得的成绩对照表格中的数据标准，评估个人的体质健康情况。

一课一练

1. 个人体质的综合评价指标有哪些？

2. 大学生体质健康测试项目包括哪些？

3. 根据个人的体质健康测试数据，评估自己需要锻炼的短板项目，对照合格的测试指标进行练习。

第五章　田径运动

学习目标

1. 了解田径运动的概念和分类。

2. 明确田赛和径赛各自包含哪些项目，在参加体育课程的过程中选择部分项目进行实训。

3. 了解田径运动的基本常识和主要竞赛规则。

第一节　田径运动概述

一、田径运动的概念

田径(track and field)是指人类从走、跑、跳、投等自然运动发展起来的身体练习运动和竞技项目，可分为竞走、跑、跳跃、投掷和全能五部分内容。其中，以时间计算成绩的竞走和跑的项目称为径赛(track events)，以高度、远度计算成绩的跳跃、投掷类项目称为田赛(field events)，而由跑、跳、投掷等部分项目组合成的综合项目称为全能运动(all-round sports)。

二、田径运动的分类

田径比赛的项目可以划分为五个大类，如表 5-1 至表 5-5 所示。

表 5-1　成人竞走类项目

项　　目	场地赛	公路赛
距离/km	5 或 10	20 或 50

表 5-2　成人跑类项目

项目	短距离跑/m	中距离跑/m	长距离跑/m	超长距离跑马拉松/m	跨栏跑项目栏高/m		障碍跑/m	接力跑/m	公路赛和越野赛
					110 m 栏	400 m 栏			
男子	100 200 400	800 1 500 3 000	5 000 10 000	42 195	1.0	0.9	3 000	4×100 4×400	包括马拉松在内的公路赛及由大会决定的各种距离不等的公路赛和越野赛
女子	100 200 400	800 1 500 3 000	5 000 10 000	42 195	0.8	0.7	3 000	4×100 4×400	

表 5-3　成人跳跃类项目

类　别	男　子	女　子	类　别	男　子	女　子
高度项目	跳高 撑竿跳高	跳高 撑竿跳高	远度项目	跳远 三级跳远	跳远 三级跳远

表 5-4　成人投掷类项目

项　目	铅球/kg	标枪/kg	铁饼/kg	链球/kg
男子	7.26	0.8	2	7.26
女子	4	0.6	1	4

表 5-5　成人全能运动类项目

组　别	项　目	内容和比赛顺序
成人男子	十项全能	第一天：100 m 跑、跳远、铅球、跳高、400 m 跑 第二天：110 m 跨栏、铁饼、撑竿跳高、标枪、1 500 m 跑
成人女子	七项全能	第一天：100 m 栏、铅球、跳高、200 m 跑 第二天：跳远、标枪、800 m 跑

三、田径运动的起源与发展

1. 田径运动的起源

在生存环境严酷的原始社会，人类为了生存与繁衍，不得不长途迁徙以躲避各种灾害或奔跑追赶猎物，途中还会越过各种障碍，人类通过投掷石块或锐器等各种捕猎工具获取生活原料。由于在劳动中不断重复这些动作，人类便逐步形成了走、跑、跳跃和投掷等各种技能。随着社会发展和进步，人们将走、跑、跳跃、投掷等作为基本的游戏、锻炼和比赛形式；军事训练中的跑、跳、投掷等身体技能方面的练习，也是促成田径运动诞生的重要因素。

2. 田径运动的发展

古希腊是古代奥林匹克运动会的发祥地。公元前 776 年，古希腊举办了首次真正意义上的有组织、有章程的古代田径运动竞赛。直至 1896 年，在法国社会活动家、教育家顾拜旦(Coubertin)的奔走倡议下，以田径运动为主要比赛项目的首届现代奥林匹克运动会得以召开。此后，田径运动赛事的影响力与日俱增。进入 20 世纪以后，田径运动赛事更是得以在全球各地普遍开展。时至今日，世界田径运动的水平不断提高，新的世界纪录不断被刷新。

现代田径运动直到 20 世纪初才被中国正式引入。1910 年，中国举办了第一届全运会，但其组织、规则制定、裁判员及工作人员等皆由外籍传教士安排。1924 年，中国成功举行了由中国人自己主办的第三届全运会。1930 年，在第四届全运会上，女子田径比赛项目正式设立。中国短跑运动员刘长春分别于 1932 年和 1936 年代表中国参加了洛杉矶和柏林奥运会，其 10.7 s 的男子 100 m 跑全国纪录保持长达 25 年之久，到 1958 年才被梁建勋打破。中华人民共和国成立后，田径运动得到较快发展，运动员成绩大幅度提升，涌现出了众多优秀的田径运动员，如郑凤荣、朱建华、王军霞、刘翔、苏炳添等，他们在世界田坛享有盛誉，为中国田径运动发展起了重要的宣传和推动作用。

知识加油站

“亚洲飞人”苏炳添

苏炳添是男子 60 m、100 m 短跑项目的亚洲纪录保持者。2021 年 8 月 1 日，在东京奥运会上，男子 100 m 半决赛中，苏炳添跑出 9.83 s 的成绩，成功闯入决赛并创造亚洲纪录，成为中国首位闯入奥运会男子百米决赛的运动员。这种突破振奋人心，而苏炳添坚持“进步”的体育精神，更加值得我们学习。他曾说，自己从 9.99 s 到 9.91 s(提高 0.08 s)用了 3 年时间。此后，他又为自己制定接下来的 0.01 s 的目标：“听起来 0.01 s 很少，但是提高 0.01 s 要付出很多的努力，我愿意去尝试。”他以 9.83 s 打破亚洲纪录的成绩成功闯入奥运会决赛，这背后是他锲而不舍的努力、始终如一的坚持。“进步一点点就好”不仅是苏炳添的追求，更应该成为我们每个人的人生座右铭。

资料来源：http://zqb.cyol.com/html/2021-08/02/nw.D110000zgqnb_20210802_1-04.htm，有改动

四、田径运动的特点

视频
“亚洲飞人”苏炳添

1. 参与广泛

田径运动中的走、跑、跳、投是与人类生活和劳动相关的重要技能，也是田径运动中最为基本的活动形式之一，对于提高人体健康水平和发展人的身体素质起着重要的作用。田径运动项目众多，人们可根据自身情况选择不同的项目进行锻炼。学校体育教学当中，田径项目的教学是全面发展学生身体素质的基本途径，也是教学的基本和重点。

2. 竞争激烈

田径运动竞赛是素质、技战术、心理的多重较量，在高水平的比赛中，这些要素的表现水平尤为重要。径赛运动员在同一起跑线上进行同等距离的较量，田赛运动员依靠瞬间的发挥取得的成绩，公路赛和越野赛中对于运动员意志力的考验等，都充分体现了田径比赛激烈的竞争性。

3. 户外运动为主

田径运动的大部分项目以在户外运动为主，在与运动场地接触的过程中进行身体活动，对于平日忙碌且缺乏锻炼的现代人而言是非常难得的体验。

4. 能力要求多样化

田径运动的基本运动形式走、跑、跳、投等综合反映了人在速度、力量、耐力、灵敏度和柔韧性等方面的能力。由于田径运动的每个项目都较为突出地反映了人体某一方面的能力，因此，对于个人的身体素质也提出了不同的要求。

5. 技术性强

虽然田径运动各个项目的动作都较为简单，但对结果的评比要求非常精准。要想取得优异成绩，必须使个人练习技术既符合人体生物学结构的基本特点，又符合个人的运动习

惯。例如,田径比赛中的运动员时常会因为一个小细节的偏差而导致成绩下降,甚至动作犯规或失败。

五、田径运动的功能

田径运动不仅能够有效提高人全面的身体素质和心理素质,还能实现其教育、培养、塑造人等多重价值。

1. 健身功能

跑步锻炼可增强心血管系统、呼吸系统及其他系统的工作能力,同时有助于提高中枢神经系统的调节能力;还能有效地发展速度、耐力、力量等基本身体素质,提高心肺功能及无氧与有氧代谢水平。

人体在做跳跃类动作时必须进行高强度的神经活动,肌肉须用力克服重力障碍,这些动作可提高身体控制和集中用力能力,是发展弹跳力、爆发力及协调性、灵敏性的首选。

投掷项目的健身价值主要体现在对力量的训练上,可保持并增强肌肉力量,提高人体灵活性。投掷练习能有效发展肩、躯干、臀部和腿部等肌肉力量,使身体线条更完美。

2. 教育功能

田径运动对于培养学生坚强的意志品格,养成不断战胜自我的性格和促进独立个性完善等方面有着十分重要的作用。主要表现在田径运动严格的规章制度有利于培养人的独立性和自我调控能力,田径项目的持久性和重复性有利于培养人坚忍的意志品格与高度集中的注意力等。

3. 竞技和观赏功能

国际综合性运动比赛中常有"得田径者得天下"的说法,田径运动项目众多,参设的金牌数目相对也较多,因此人们对其关注度也较高。尤其是一些综合性大赛尾声阶段,往往是悬念重重,不到最后一刻很难决出胜负。

目前,国际上重要的田径赛事主要有夏季奥林匹克运动会田径比赛、世界杯田径赛、世界田径锦标赛和世界田径赛系列赛(黄金大奖赛、钻石大奖赛)等;国内重要的田径赛事主要有全国运动会田径比赛、全国田径冠军赛和全国青年田径锦标赛。

第二节　田赛与径赛

一、田赛

田赛项目分为跳跃类项目和投掷类项目。跳跃类项目包括跳高、跳远、三级跳远、撑竿跳高等,投掷类项目包括铅球、铁饼、标枪、链球等。田赛以高度或距离计算成绩,决定名次。因田赛项目众多,这里重点介绍跳远、跳高、铅球、标枪等的基本动作要领及练习方法。

(一) 跳远

跳远是田径运动中最为古老的项目之一,据考证,在公元前 708 年第十八届古代奥运会上就设有跳远项目的比赛。近代的跳远比赛则发端于英国,1800 年,苏格兰运动会就已经设置了跳远比赛；1814 年 10 月 19 日，德国体操日的竞赛项目亦设有跳远项目；1851 年，跳远被列为英国牛津大学的体育比赛项目；此后它便成了田径运动家族中的重要成员。跳远在 1896 年第一届现代奥运会上即为比赛项目之一，但直至 1948 年女子才被允许参加奥运会的跳远比赛。

1. 跳远的技术动作要领

跳远运动员沿直线助跑，在起跳板前沿线后用单足起跳，经腾空阶段，然后用双足在沙坑落地，比赛时以跳的远度决定名次。跳远的完整技术可分为助跑、起跳、腾空和落地四个环节，如图 5-1 所示。

图 5-1　跳远连续动作

（1）助跑。跳远助跑是站立式起跑逐渐加速的过程，理想而稳定的助跑方式是由逐渐并持续加速跑实现的。一般助跑距离为 30～50 m，从助跑至起跳前，跑的步幅和步频不断增加，上体逐渐直立；在最后 3～5 步的助跑中，将由水平速度转换为垂直速度，因此需尽可能保持已获得的最大速度。尤其是下肢膝关节应比短跑摆腿时离地更高，以确保上体呈正直姿势；在最后三步助跑中，步幅和节奏应调整为“短-长-短”形式，倒数第二步的步幅稍长，适当降低身体重心，以利于在起跳时增大垂直分力的加速度距离。

（2）起跳。起跳由踏板、缓冲和蹬伸三个阶段完成。在踏板阶段，需全脚掌快速着地，同时起跳腿充分伸直，起跳脚快速向下、向后扒地；在缓冲阶段，起跳腿应适当弯曲约 165°，摆动腿快速前摆；在蹬伸阶段，起跳离地时，运动员将摆动腿前摆至大腿几乎呈水平，小腿自然下垂，上体保持前倾。其中，在最后一步时，摆动腿蹬地送髋要积极，起跳腿迈步放脚要迅速。起跳时，抬头挺胸，上体正直，髋、膝、踝三个关节充分蹬直伸展；蹬摆配合要协调，摆动动作要积极快速，幅度要大。

（3）腾空。跳远有三种腾空式技术类型，本书主要介绍常见的蹲踞式。起跳腾空后，摆动腿充分前摆，尽可能保持长时间的腾空步姿势。在腾空初期，躯干要保持前倾，手臂完成由前上向下绕至身体后方的半圆动作；准备落地时，起跳腿向前摆动，摆动腿的膝关节充分打开，躯干向前倾。

（4）落地。在脚跟触及沙面后迅速屈膝缓冲，将臀部顺势前移，两臂由后向前摆动，双脚自然、协调、平稳地落在沙坑里。

2. 跳远的常用练习方法

（1）连续跑 3～5 步起跳练习。跑 3～5 步后，做跳远、起跳、腾空步的动作后，摆动腿或双腿落地。腾空时，上体保持正直，抬头挺胸，摆动腿的摆动幅度要大。

（2）原地或行进间空中技术模仿练习。原地或行进间可按照节拍做摆动起跳、空中展体、收腹举腿落地动作，注意动作间的协调。

(3) 全程助跑跳跃练习。全程助跑 16～18 步，进行跳远完整技术练习，尽量体现跑得快、上板节奏快、起跳快的技术特点。

3. 跳远的易犯错误与纠正方法

(1) 助跑垫步上踏跳板。纠正方法：练习时由教练、教师或同伴指出垫步现象，并按正确步法练习。

(2) 助跑步点不准。纠正方法：固定开始助跑姿势和加速距离，预先做好标志或固定加速步数，并注意场地、天气和练习者身体状态的实时状况。

(3) 助跑最后几步降速。纠正方法：克服怕犯规的心理因素，在前程助跑时要慢一些，放松一些，最后跨出去之时保持速度、不要降速。

(4) 起跳腿蹬不直，起跳向前不向上。纠正方法：手扶栏杆等物侧向站立，做起跳腿蹬伸送髋动作；多做短距离助跑，起跳时头触高悬物，并发展腿部力量。

(5) 蹲踞式跳远腾空时身体向前旋转。纠正方法：连续做助跑起跳练习，着重改进摆腿和摆臂动作。

(6) 挺身式跳远中以挺腹代替挺身。纠正方法：在两臂悬垂或支撑状态下做挺身式模仿动作。要求头部正直，下放摆动腿时应先向下伸展髋部，然后腿稍向后摆，而起跳腿屈膝稍向前提，形成摆动腿较直、起跳腿稍屈膝的姿势。

(二) 跳高

跳高起源于古代人类在生活和劳动过程中越过垂直障碍的活动。现代跳高运动始于欧洲。在 1896 年第一届现代奥运会上，男子跳高就被列为比赛项目，女子跳高则在 1928 年被列为奥运会比赛项目。跳高有跨越式、剪式、俯卧式和背越式等多种跳高姿势，最流行的是背越式，即人体通过助跑、起跳，以背对横杆的姿势越过横杆并以背先着垫的跳高方法。背越式跳高是用特定的弧线助跑，起跳后背对横杆并背跃过杆的跳高技术，由助跑、起跳、过杆和落地环节构成，如图 5-2 所示。

图 5-2　背越式跳高的连续动作

1. 背越式跳高的技术动作要领

(1) 助跑。助跑步数通常是 8～12 步，助跑时采取先直线后弧线的助跑路线。在助跑的后三步身体向助跑弧线圆心的倾斜度逐渐增加。在倒数第二步，用前倾的身体适度后倾来降低身体重心，延长身体重心的加速路线。在最后一步，起跳脚着地时，身体稍后倾，身体转为伸展姿势，身体重心顺势提高，产生在腾空阶段身体转动所需的角动量。

(2) 起跳。起跳脚沿助跑弧线的切线方向，距横杆近 1 m 处以全脚掌着地，且积极有力和伸展性地着地，产生强大的反应弹应力。起跳动作特点是身体正直、起跳腿用力蹬伸、弯曲摆动腿向上摆动和手臂提起。

(3) 过杆和落地。起跳结束时，充分伸展身体，向上腾空，利用摆动腿的力量尽量抬高髋部位置，然后以摆动腿同侧的臂、肩先过杆，顺势仰头，倒肩，挺髋；在横杆上，髋部超过两膝时形成背弓的拱形结构，使头、肩、背、腰、髋、腿依次越过横杆。当髋和大腿越过横杆后，屈髋，小腿积极上举，收下颌靠近胸部。落地时保持一定的肌紧张，以背部落垫，顺势缓冲。

2. 背越式跳高的常用练习方法

(1) 走 1～2 步的迈步起跳摆动练习。在横杆前自然走动 1～2 步，摆动腿积极蹬伸送髋，起跳脚迅速迈步放脚支撑跳起，摆动腿、摆动臂用力向上摆动。

(2) 弧线上跑 2～3 步，迈步起跳摆动向外转体 90°练习。在弧线上跑 2～3 步，迈步放脚起跳，摆动腿和摆动臂积极摆动，顺势向外转体 90°，背向圆心。

(3) 原地双脚起跳背跃过杆练习。背对垫子，两脚蹬地起跳，顺势向后上方仰头、倒肩、送髋，做出背弓姿势越过横杆后，背肩部继续下潜，顺势收腹、甩小腿，以背部落垫。

(4) 全程助跑背跃式过杆练习。全程助跑 8～10 步，充分向上跳起，顺势向后上方仰头、倒肩、送髋，做出背弓姿势越过横杆后，背肩部继续下潜，顺势收腹、甩小腿，以背部落垫。

3. 背越式跳高的易犯错误与纠正方法

(1) 助跑节奏混乱，助跑与起跳结合不好。纠正方法：改进直线进入弧线的助跑技术，调整适合自身特点的助跑步点，按画好的每步标志反复练习；做跳跃跨栏架的练习，采用栏间跑 3、5、7 步的训练方法，培养节奏感和目测距离的能力。

(2) 起跳时向前冲力太大而跳不起来。纠正方法：多做短、中程助跑起跳的结合练习，改进起跳脚快速着地，摆动腿和摆臂有力上摆、提肩、拔腰技术，提高助跑结合起跳的速度。另外，可多做弧线助跑结合起跳后身体落在高垫上的练习，强调身体从内倾迅速转成垂直和正确完成起跳后再做过杆动作。

(3) 起跳时制动大，减弱水平速度，做过杆动作时，身体压杆。纠正方法：多做弧线助跑起跳的模仿练习。弧线助跑起跳后用头触高物，强调起跳要积极，上体要正直。

(4) "坐"着过杆，臀部及大腿碰落横杆。纠正方法：利用跳板或跳箱做立定背越式跳高练习，注意延长挺髋时间；逐渐增加高度，克服害怕心理，用肩背落垫。

(5) 斜交叉过杆。纠正方法：结合摆臂动作多做原地蹬摆起跳模仿练习；弧线助跑起跳后触高物转体 90°；做短程助跑起跳过杆练习，在垫上画出落垫点，使肩背朝落垫点着垫。

(6) 杆上动作僵直。纠正方法：加强柔韧性、灵敏性和协调性的练习，提高动作和放松能力。在跳箱上做仰卧背弓、顺势屈小腿举小腿练习，做立定背越式跳跃橡皮筋练习，做倒肩、抬臀、挺髋，屈小腿过杆后小腿自然上甩，肩背落垫的动作。还可以做中短距离助跑起跳过杆练习。降低横杆高度，用橡皮筋代替横杆，消除心里害怕因素。

跳高姿势的学问

跳高主要有跨越式、剪式、滚式、俯卧式和背越式等几种技术。跨越式跳高身体是直立的，人的重心位置较高，就造成臀部以上的身体都必须远远高于横杆才行，但动作简单容易掌握。剪式跳高采取尽量压低身体的方法，与跨越式相比，重心高度有所降低，但是重心下降仍然不够。滚式跳高的重心也比跨越式有所降低，但仍不理想，而且此姿势不利于向上发力。俯卧式和背越式是最先进的技术，通过连续的动作使头、肩、背、腰、臀、腿"分期分批，化整为零"依次滑过横杆，不需要像其他跳高形式中身体必须在瞬间"一揽子"过杆，此时运动员身体一部分处在杆上，其他部分却可以顺势下垂，使总重心的位置始终低于横杆。因此，有人形容这是"从横杆下钻过去"的跳高。不过，由于人体腿部具有特定的弯曲方向，所以俯卧式过杆必须对整个腿部的过杆进行比较复杂的处理，而背越式只需要对小腿的过杆进行处理就够了。因此，背越式成为顶级选手的主流选项，目前的世界级比赛上，除了极个别运动员会采用俯卧式之外，一般其他运动员会选择背越式。

资料来源：https://zhuanlan.zhihu.com/p/113662336，有改动

（三）铅球

铅球是田径运动的投掷项目之一，它对增强体质，特别是发展躯干和上下肢力量有显著作用。铅球项目可分为侧向原地推铅球、背向滑步推铅球、旋转式推铅球等。其中，侧向原地推铅球多用于普通体育考试中，而背向滑步推铅球、旋转式推铅球常用于比赛和竞技体育中。这里重点讲解背向滑步推铅球。

1. 推铅球的技术动作要领

背向滑步推铅球可分为握持铅球、预备姿势、滑步、用力推出和缓冲五个环节，具体的连续动作如图 5-3 所示。

图 5-3　背向滑步推铅球连续动作

（1）握持铅球。以右手投掷为例，五指自然分开，将球放在食指、中指、无名指指根处，拇指和小指夹在球的两侧，手腕背屈。握好球后，将铅球放在肩上锁骨窝处并贴着颈部，右臂屈肘，掌心向前，握持臂的大臂和身体夹角保持约 45°。

（2）预备姿势。双脚平行站立在投掷圈的后沿内，上体前倾呈水平，左腿轻轻弯曲，靠近支撑腿，在动作无停顿的情况下滑步（低姿势）或摆动腿向后上方抬起，当支撑腿弯曲大约成 140°时，摆动腿弯曲并靠近支撑腿（高姿势）。

（3）滑步。滑步（以背向滑步为例）由摆动腿向投掷方向的摆动开始，右脚蹬离地面，身体重心向投掷方向移动。左腿向斜下方滑动，使身体向投掷方向运动。当身体重心移过支撑腿时，右腿开始向投掷方向用力。右腿积极回收，右脚以前脚掌着地，并逐渐转向投掷方向，此时，下肢动作领先于身体，上体和铅球留在后面，头和左臂转向投掷方向，髋与肩约成 90°。

（4）用力推出。由右腿开始用力，遵循右腿、右髋、躯干的用力顺序。右髋积极转向投

掷方向，形成肩与髋的扭紧姿势，上体逐渐抬起并移向推球方向。在身体左侧移至与地面垂直的瞬间，固定左肩，右腿快速蹬直，形成以身体左侧为支撑的支撑轴。上体、头转向推球方向，右肩前送，抬头挺胸，以胸带肩，右臂迅速、积极地将球推出，当球要离手时，右手屈腕，手指有弹性地拨球，加快球出手的速度，将球从右肩上方沿 35°～40°的角度推出。

(5) 缓冲。在铅球出手后，紧接一个换步，右腿的支撑可以缓冲身体前倾的动作，左腿后摆，同时降低身体重心防止踩上抵趾板。

2. 铅球技术的常用练习方法

(1) 双手正向推铅球练习。两脚前后开立，左脚在前，右脚在后，右膝微屈，上体稍后仰，身体重心在右腿上，双手持球于胸前，右腿快速蹬伸，结合躯干及手臂的力量将球向前上方推出。

(2) 原地背向推铅球练习。两脚左右开立，左腿稍向右，躯干右转且前倾，使身体重心位于弯曲的右腿上，左臂横于胸前，右腿蹬转，在上体逐渐转向投掷方向后，两腿充分蹬伸，右臂迅速将球掷出。

(3) 上步推铅球练习。两腿前后开立，左脚在前，躯干保持正直且稍向右扭转。右腿向前跨出，使上体形成一定的后倾，随后左脚前跨着地时迅速将球掷出。

3. 推铅球的易犯错误与纠正方法

(1) 持球时将球用手指包裹起来，手指与铅球完全是包与被包的关系，从侧面看就形成了拿铅球的手形。纠正方法：辅导投掷者多做一些发展手指力量的练习，如指卧撑，连续抓提放铅球(抓提放动作都在空中完成)；要求投掷者持球时手指紧张并竖直分开。

(2) 滑步距离太短。滑步重心上下起伏过大；滑步时没有摆腿只有蹬伸，变成跳滑；滑步后不能保持正确的姿势，上体过早抬起，重心在两腿之间。纠正方法：在地面上画出两脚落地标志，进行有针对性的练习；做徒手或持球连续滑步练习，体会蹬摆；要求学生在滑步前重心先后移。加强摆动腿的练习，在摆动方向设置标志物；多做摆、蹬、收、压的练习；徒手或持轻球连续做滑步收腿练习；教师或同伴在练习者的右侧偏后拉住其左手，进行滑步练习。

(3) 推球时手腕、手指用不上力，或挫伤手指；推球时身体向右倒；推球时出手角度过低。纠正方法：通过器械练习来加强手腕、手指的力量；手腕、手指适当紧张，做向下对地推球练习；多体会由下而上的用力顺序，滑步后保持上体正确姿势和左臂用力方向；投之前在一定距离处和高处悬挂标志物，要求推出的球触及标志物，推球时体会两腿充分蹬直。

(4) 用力推出时左肩后撤。纠正方法：推球时强调身体左侧的支撑轴，同伴在后面用手抵住练习者的左肩。

(四) 标枪

掷标枪是一个比较复杂的多轴性旋转项目。掷标枪者于肩上持枪，经过一段预先助跑连接投掷步获得动量，再通过爆发式的最后用力作用于标枪纵轴的方向上，将标枪经肩上投出去。掷标枪的完整技术由握持枪、助跑、最后用力、用力推出和缓冲构成。

1. 掷标枪的技术动作要领

(1) 握持枪。以右手持标枪为例。将标枪斜放在右手掌心，拇指和中指握在标枪把手末端上沿，食指自然弯曲斜握在标枪上，无名指和小指握在把手上。握好标枪后，右手持标枪于右肩上，持标枪在头侧，枪尖稍低于枪尾。

(2) 助跑。助跑的距离应根据投掷者发挥速度的快慢而定，一般为 25～35 m，可分为两个阶段，即预跑阶段和投掷步阶段。

① 预跑阶段。预跑阶段主要是加速，持标枪于头部高度，枪尖微低，手背朝外。跑进中上体需稍微前倾，以前脚掌着地，将大腿稍抬高，加强后蹬力量，动作轻快而富有弹性，持枪臂随着跑步节奏与左臂配合，前后自然摆动，并与下肢动作协调一致，在加速中进入投掷步。预跑路线呈直线，步数可根据自身的运动能力选择 8～12 步不同的步数。

② 投掷步阶段。第一步，左脚踏上第二标志线，右脚积极前迈，同时右肩后撤并开始向后引枪，左肩逐渐向标枪靠近，左臂自然摆至胸前，眼向前看，髋部正对投掷方向，持枪臂尚未完全伸直。第二步，当右脚落地后，左脚离地前迈。左脚前迈时，髋稍向右转，右肩继续后撤并完成引枪动作，右手接近肩的高度，枪身与前臂夹角较小，枪尖靠近右肩，保证标枪横轴方向和投掷方向一致。第三步，由左脚落地开始。左脚一落地，右腿膝关节自然弯曲，大腿带动小腿积极有力地向前摆出，当右腿靠近左腿时，左腿快速有力地蹬伸，促使右腿加快前迈。此时，髋轴转向投掷方向，并与肩轴形成交叉姿势。左臂自然摆至胸前，有助于左肩继续向右转动，加大躯干向右扭转的幅度。右脚脚尖外转，用脚跟外侧先落地，然后过渡到全脚掌着地，与投掷方向约成 45°。躯干和右腿成一条直线，整个身体向后倾斜与地面形成一定的夹角。第四步，交叉步时在右脚落地之前，左腿积极前迈。右腿落地，将身体重心落在弯曲的右腿上，右腿继续积极蹬地，加快髋部水平方向移动，同时加快左腿的前迈。左腿前迈时，大腿不宜抬得过高，左脚用内侧或脚跟先着地，做出强有力的制动和支撑，左脚落地的位置应在右脚落地前投掷方向线的左侧 20～30 cm 处。

(3) 最后用力。在投掷步的第四步，右脚着地后，由于惯性，髋部迅速向前运动，在超越右腿支撑点之后，右脚开始最后用力。第五步时，左脚着地，便形成了以左脚到左肩的左侧支撑，为右腿继续蹬地转髋创造条件。右腿继续蹬地，推动右髋加速向投掷方向运动，使髋轴超过肩轴，同时髋部牵引肩轴向投掷方向转动，在肩轴向投掷方向转动的同时，投掷臂向上转动，带动前臂、手腕向上翻转，在上体转为正对投掷方向时形成“满弓”姿势。此时，投掷臂处于身后，约与肩高，与躯干几乎成直角。弯曲的左腿做迅速有弹性的蹬伸，同时胸部尽量前送，并带动小臂向前做“鞭打”动作，使全身的力量通过手臂和手指作用于标枪。标枪出手的适宜角度为 30°～35°，如图 5-4 所示。

图 5-4　投掷步最后用力动作示意

最后用力的动作技术要点如下。

① 助跑与最后用力之间的衔接要快，要有用力意识，鞭打动作放松有力，标枪飞行正

常，落地有效，步点准确。

② 在翻肩鞭打的同时要有送髋动作，形成腿、髋、腰、胸、肩、臂和手的链状鞭打动作，体会自上而下、以大带小的鞭打用力姿势。投掷步要低，协调滚动向前。

(4) 缓冲。标枪出手后，右腿应及时向前跨出一大步，以降低身体重心，保持平衡。

2. 标枪技术的常用练习方法

(1) 单手投轻器械。采用投掷标枪的动作，原地投、上步投、各种距离的助跑投、对投掷墙或投掷网投掷各种器械，如垒球、胶球、石子、胶管子等。

(2) 单手投重器械。练习方法同投轻器械，只是改为投小铁球、小铅球和橡皮实心球等重器械。

(3) 原地和上步掷标枪。在原地练习插枪，待熟练后进行原地侧向投枪，最后练习上步投枪。

(4) 投掷步与掷枪动作结合。将投掷步与掷枪动作结合，进行完整技术动作练习，注意动作应放松、自然，并保持标枪的稳定性。

3. 掷标枪的易犯错误与纠正方法

(1) 引枪时标枪离身体太远。纠正方法：辅导投掷者多做一些发展手指力量的练习，如指卧撑，连续抓提放铅球(抓提放动作都在空中完成)；要求投掷者持球时手指紧张并竖直分开。

(2) 第三、四步投掷步明显减速。纠正方法：多做慢跑和加速跑中引枪，保持上体正直；反复练习第三、第四步动作，强调动作节奏；在第三步右脚着地前左腿应积极向前迈出。

(3) 超越器械不充分。纠正方法：反复练习交叉步动作，要求有较大步幅；在跑道上连续做投掷步练习，强调第四步动作要快。

(4) 满弓动作不充分。纠正方法：原地做满弓动作，左脚上前一步后结合做满弓动作。

(5) 只用投掷臂的力量掷枪，没有利用好下肢和躯干力量。纠正方法：多做徒手和持器械的专门练习，如单手投掷实心球、沙袋等，体会用力顺序；多做上前两步、三步掷枪练习；摆动好投掷前的预备姿势，右臂后伸拉住橡皮筋，反复做最后用力动作；慢速短距离助跑，接投掷步，重点体会超越器械，而后掷出标枪。

(6) 最后用力时臀部下坐或收腹。纠正方法：多做第三、第四步的练习(或做出各步记号)改正两脚着地的位置，多做右腿蹬、送右髋的动作。

(7) 最后用力不能沿着标枪纵轴方向。纠正方法：多做原地引枪和慢跑中引枪练习，持枪臂保持伸直并向上抬起约与肩高；多做徒手挥臂练习，或打击前上方目标，保持肘略高于肩；反复进行"插枪"练习；发展肩关节的柔韧性。

二、径赛

径赛项目主要包括竞走和跑步项目，如常见的短路、中长跑、长跑、跨栏跑、接力跑、竞走等运动项目。径赛项目划分较细，项目数量较多，本书中主要介绍高校体育活动中常见的短跑、中长跑、跨栏、接力跑、竞走等动作技术的基本要领和练习方法。

(一) 跑类项目

跑步是周期性的运动项目，一个跑步周期包括人体的左、右腿各支撑一次地面，身体出现两次腾空。在体育竞赛中，跑类项目可分为短跑、中长跑、跨栏跑等。

1. 跑类项目的技术原理

跑步的技术为支撑阶段和腾空阶段。从单腿的动作分析来看，跑步分为连续不断且互相衔接的下落着地、支撑缓冲、蹬伸离地和折叠前摆四个技术阶段。决定跑速的因素主要有步长和步频，两者的乘积即为跑步速度。

步长的大小受身体形态、下肢运动幅度、跑步动作协调性、关节灵活性、蹬地力量大小和方向、蹬伸动作质量及跑道弹性.风向及风力等众多因素影响。步频主要受人体神经系统灵活性的支配，还受下肢运动关节比例、髋部和腿部肌肉力量及协调性等因素的影响。步长和步频二者互相依存、互相制约，在实践中需保证适宜的步长和协调的步频才能达到理想的跑步速度。

2. 短跑项目

(1) 短跑技术动作。短跑项目包括 100 m、200 m 和 400 m 跑，距离越短，快速跑的可能性越大，技术要求越高。短跑一般可分为起跑、起跑后的加速跑、途中跑、终点跑、弯道跑等若干部分。

① 起跑。起跑是为了使身体迅速摆脱静止状态，获得向前的最大初速度，为之后的加速跑创造条件。在正规田径短跑比赛中，运动员必须在起跑器上采取蹲踞式姿势起跑，目的是使脚有更加稳定的支撑并形成良好的用力姿势，利于起跑时获得更大的前冲力，为加速跑创造更有利的条件。起跑过程包括“各就位”“预备”和“鸣枪”三个阶段。

听到“各就位”口令后，运动员可连续做几次深呼吸，适当放松来稳定情绪，到起跑器前俯身，两手撑地，两脚依次蹬在起跑器的抵足板上，后膝跪地。之后将双臂收回至起跑线后支撑并伸直，两手间的距离与肩同宽或比肩稍宽，双手虎口向前，四指并拢或稍分开与拇指成“人”字形支撑。身体重心稍前移，肩与起跑线基本平行，头与躯干在一条直线上，颈部自然放松，两眼目视前方半米处，注意听“预备”口令，如图 5-5 所示。

听到“预备”口令后，将臀部抬起至与肩同高或比肩稍高，将身体重心前移，使身体重量落在两臂和前腿上。前腿的大小腿夹角为 90°～100°，后腿的大小腿夹角为 110°～130°，两脚紧贴抵足板，保持整体动作的稳定性，注意力集中，准备听枪声，如图 5-6 所示。

听到枪声后，两腿迅速蹬离起跑器，两臂屈肘用力做前后摆动，使身体向前上方运动，躯干尽量前倾，躯干与水平线夹角 25°左右，如图 5-7 所示。

图 5-5　各就位后姿势

图 5-6　预备后姿势

图 5-7　鸣枪后姿势

② 起跑后的加速跑。起跑后的加速跑是从蹬离起跑器到途中跑之间使身体达到最高速度的一个阶段，这个阶段的长度为 20～25 m，目的是在最短时间内使身体获得最高

速度。两腿蹬离起跑器后，躯干尽量保持前倾，使身体获得更多的加速力量，还须加快手臂的摆动和脚的蹬地动作。身体的前倾角度随步长和跑速的增加逐渐减小，最后接近途中跑的动作姿势。起跑后的加速跑，前面几步步长不宜过大，第一步为 2～2.5 脚长，第二步为 4～4.5 脚长，之后逐渐加大步长。

③ 途中跑。途中跑是短跑过程中跑动距离较长、从起跑后约 20 m 到距离终点约 10 m 的一个阶段，百米跑中的途中跑全长为 65～70 m，目的是使身体保持最高跑速。途中跑时，以脚前掌落地，做出向下、向后的扒地动作，在支撑腿的膝关节缓冲过程中，支撑腿只做最小幅度的弯曲，支撑腿的髋、膝、踝关节在蹬离地面时充分伸展，摆动腿迅速将大腿摆至水平位置。腾空阶段可分为前摆阶段和回收阶段。在前摆阶段，摆动腿的膝向前、向上摆动；在回收阶段，支撑腿的膝关节明显弯曲，以形成小的摆动半径，摆臂积极放松。支撑腿在即将落地时主动向后用力，尽最大可能避免落地时发生的减速动作。

④ 终点跑。终点跑是短跑的最后阶段，其目的是尽力以途中跑的高速度跑过终点线。终点跑要求在身体已疲劳的情况下，保持途中跑的正确技术，运用全部力量以最快速度冲过终点。终点跑在技术上要求上体稍微前倾，并注意加强后蹬和两臂的用力摆动，到离终点 1～2 步时，上体前倾，用躯干撞击终点线。注意，跑过终点后要逐渐减速，不要急停以免跌倒受伤。

⑤ 弯道跑。在 200 m 和 400 m 项目中，有一半以上距离在弯道上进行，因此，其起跑、起跑后的加速跑和弯道阶段的跑在技术上与直道跑略有不同。弯道跑时，为克服直线性向前跑进的惯性，需改变身体姿势和后蹬、摆动的方向以产生向心力，能顺势沿弯道跑进。跑进时身体稍向圆心方向倾斜；后蹬时，右脚用前脚掌的内侧着地，左脚用前脚掌的外侧着地；右膝膝关节稍向内，左膝膝关节稍向外；右臂后摆时肘关节稍偏向右后方，前摆时肘关节稍向左前方，左臂靠近体侧，右臂的摆动幅度大于左臂。

(2) 短跑技术要点分析。

① 起跑后的加速跑。上体要保持较大前倾姿势，随速度、步长的逐渐增加，上体逐渐抬起。

② 途中跑。动作要轻松，上体和两腿的蹬摆配合协调。注意摆动时幅度要大，动作积极迅速；小腿回摆后积极迅速扒地。

③ 终点跑。注意高速度，上体以较大的前倾度做撞线动作。

(3) 短跑技术练习方法。

① 小步跑练习。上臂正直，肩放松，两臂自然摆动。髋、膝、踝关节放松，迈步时膝向前摆出，髋关节稍有转动；当摆腿的膝向前摆出时，另一侧的大腿积极下压，足前掌积极扒地，着地时膝关节伸直，足跟提起。

② 高抬腿跑练习。上体正直或稍前倾，两臂自然摆动。大腿积极向前上方摆动，并高抬到水平位置，稍微带动同侧髋向前，大小腿尽量折叠，脚跟接近臀部。抬腿的同时，另一腿积极下压，用足的前脚掌着地，重心提起，踝关节缓冲。

③ 后蹬跑练习。上体正直或稍前倾，两臂自然摆动。摆动腿积极向前上方摆出，摆动腿前摆时，另一腿积极下压，前脚掌扒地着地，膝、踝关节缓冲后迅速转入后蹬。

④ 车轮跑练习。在高抬大腿的基础上，加大大腿的摆动幅度，大腿下压的同时，小腿主动回摆扒地，前脚掌扒地式着地。

知识加油站

短跑抬腿的技巧

在跑步时，每个人都用了差不多同样的时间完成迈步和抬腿这两个动作，但短跑运动员与其他人不一样的是，他们能够在每一次向前奔跑的时候让自己跑得更远，秘密就在于他们脚底的用力技巧。优秀的短跑运动员把膝盖抬得足够高，好让腿部拥有一定的速度，这样在向前迈步时就能够从地面获得更多的支持力。

所以要想跑得更快，需要做到这两点：第一，让后腿用更快的速度离开地面，等到前脚着地时，这时后面的一条腿的膝盖就要抬到和前腿膝盖相对水平的位置；第二，在脚着地时要保持身体各部分直立，不要弯曲，这样才不会让力量流失。

资料来源：https://sports.sohu.com/a/590819675_120581371，有改动

3. 中长跑项目

（1）中长跑技术动作。中长跑项目是耐力性较强的运动项目，主要靠糖酵解的有氧分解供能，也辅有无氧呼吸供能。一般将 800～10 000 m 统称为中长跑项目。中长跑项目的完整技术可分为起跑、起跑后的加速跑、途中跑和终点跑四个环节。

① 起跑。中长跑采用站立式起跑。当听到“各就位”口令后，先做几次深呼吸，然后走到起跑线后，两脚前后开立，用力脚在前且紧靠起跑线后沿，前脚的脚跟和后脚的脚尖之间的距离约为一脚长，两脚左右间隔约半脚长，身体重心落在前脚上，后脚用前脚掌支撑站立。眼睛看前下方，身体保持稳定，集中注意力听枪声或“跑”的口令。

听到枪声或“跑”的口令后，两腿用力蹬地。后腿蹬地后迅速前摆，前腿迅速蹬直，两臂配合两腿动作做快而有力的摆动，使身体快速向前冲出，在短时间内获得较快的跑速。

② 起跑后的加速跑。加速跑时，两腿迅速用力蹬地，配合两臂积极摆动，力争在较短时间内达到预定速度。一般来说，中距离跑的加速距离稍长。无论是在直道上起跑还是在弯道上起跑，都应尽量沿跑道内侧切线方向跑进，以抢占有利位置。

③ 途中跑。途中跑是中长跑的关键环节，直接影响最终成绩，且其距离较长，因此要调整好途中跑节奏，使动作轻松合理。上体正直或稍前倾，两臂稍微离开躯干，肘关节自然弯曲，以肩为轴前后自然摆动，摆幅适当。当摆动腿通过身体垂直部位向前摆动时，支撑腿的各关节要迅速蹬伸，首先伸展髋关节，然后迅速伸展膝关节和踝关节，后蹬结束时腿几乎伸直。后蹬腿蹬离地面后，身体进入腾空阶段。当后蹬腿的大腿开始向前摆动时，小腿顺惯性自然摆起，膝关节弯曲，形成大小腿折叠的姿势。当摆动腿的大腿开始下落时，膝关节亦随之自然伸直，并用前脚掌着地。

④ 终点跑。终点跑是临近终点的一段加速跑，进入最后直道时要尽全力进行冲刺跑。其在技术上的要求类似于短跑的终点跑。中长跑途中会出现极点现象，对此，一方面要加深呼吸，调整跑速；另一方面要发扬拼搏精神，坚持到底。全程跑时注意力要集中，还应合理调节跑速，有计划地分配体力以充分发挥身体潜能。

（2）中长跑的战术分析。中长跑由于距离较远，对运动员身体耐力素质要求较高，因此

在运动过程中需要掌握一定的战术技巧。

① 匀速跑战术：除了起跑后的加速跑和重点的冲刺跑外，全程采取高速的匀速跑。

② 变速跑战术：可采取突然加速或减速的方法，打乱对手的跑步节奏。

③ 领先跑战术：起跑后一段距离，尽力保持高速度直至终点。

④ 跟随跑战术：起跑后始终跟随在领先者后面，力争在最后冲刺阶段超越对手。

(3) 中长跑技术练习方法。

① 匀速跑练习：在规定时间内反复跑一定距离，并估算时间。

② 定时跑练习：在规定时间和距离之内必须到达。

③ 变速跑练习：做弯道加速、直道匀速或者弯道匀速、直道加速跑练习。

④ 越野跑练习：在草地或公路上跑一定距离。

实训时刻

请你根据身体素质状况选择适合自己的中长跑项目，尝试运用以上练习技巧，通过亲身实践分析不同练习方法的实际作用，找到最适合自己的中长跑方式。

4. 跨栏跑项目

跨越障碍物是人类在长期与自然做斗争的过程中所形成的一种基本的生活技能。田径运动的跨栏跑是由跨越障碍物的基本技能发展演变而来的。跨栏跑是途中设有固定数量、固定距离、固定高度栏架的短跑项目，也是田径运动中技术比较复杂、节奏性比较强、锻炼价值比较高的项目，其基本技术可分为起跑至第一栏、过栏和栏间跑，如图 5-8 所示。

图 5-8 跨栏跑连续动作

(1) 跨栏跑技术动作。

① 起跑至第一栏。起跑的过程与短跑基本相同，一般采用 8 步起跨，起跑时应把起跨脚放在前起跑器上，起跑后上体抬起要比短跑时来得快。

② 过栏。过栏是跨栏技术的关键部分，它由起跨、腾空过栏和下栏着地等动作组成。

a. 起跨。起跨前应保持较高跑速，最后一步的步长比前一步小，当起跨腿脚掌着地时，摆动腿由体后向前摆动，大小腿开始折叠，膝关节摆至超过腰部高度。在两腿蹬摆配合完成起跨运动过程中，上体随之加大前倾幅度，摆动腿异侧臂往前上方摆出，另一臂屈肘摆至体侧，形成“攻栏”姿势。

b. 腾空过栏。腾空后，身体重心沿起跨形成的腾空轨迹向前运行。起跨腿蹬离地面后，摆动腿的大腿继续向前上方摆至膝关节超过栏架高度，小腿迅速前摆，当脚掌接近栏架时，摆动腿几乎伸直，脚尖稍微上翘。摆动腿的异侧肩臂一起伸向栏架上方。上体加大前倾幅度，使头部接近摆动腿。

c. 下栏着地。摆动腿积极下压，起跨腿加速向前提拉，以髋为轴完成两腿剪绞动作；在摆动腿脚掌移过栏架的同时，起跨腿屈膝外展，小腿收紧抬平，脚尖勾起，脚跟靠臀，以膝领先经腋下加速前拉，当脚掌过栏后，膝继续收紧向身体中线高抬，脚掌沿最短路线向前摆出，身体呈高抬腿跑的姿势；当伸直下压的摆动腿接触地面时，其前脚掌积极扒地。

③ 栏间跑。栏间跑第一步的水平速度因过栏有所降低，蹬地起步时膝关节始终伸直，因而第一步短于后面两步。第二步的动作结构和支撑及腾空时间的关系大致与短跑的途中跑相同。第三步因准备起跨形成一个快速短步，动作特点与跨第一栏的最后一步相同。

(2) 跨栏跑动作技术要点。

① 掌握好栏间跑节奏，跑步轻松自然，节奏合适。

② 全程跑分配好体力，尽量用匀速跑，控制好节奏。

(3) 跨栏跑技术练习方法。

① 原地支撑栏架外侧起跨腿过栏练习。距肋木 1 m 处横放一栏架，起跨腿靠近栏架一侧站立，做起跨腿提拉练习。

② 走或慢跑起跨腿栏侧过栏练习。栏间距设为 7～8 m，中间走或慢跑，摆动腿抬高迈步过栏，起跨腿提拉过栏练习。

③ 慢跑中跨栏步练习。徒手跨栏步练习，不用支架。慢跑中摆动腿屈膝向前上方摆出，接着大腿下压用前脚掌着地。同时起跨腿蹬离地面，屈膝外展经体侧向前提拉到身体正前方，两臂协调配合摆动。

④ 全程跨栏跑完整技术练习。站立式起跑跨过 8～10 栏，然后蹲踞式起跑跨栏，最后逐渐将栏间距离拉大，接近正式比赛距离。

5. 接力跑项目

接力跑是一种需要队员之间相互配合的集体径赛项目。练习接力跑能培养团结协作的集体主义精神和发展快速奔跑的能力。正式比赛的接力跑有男子、女子的 4×100 m、4×400 m，有时女子还有 4×200 m。接力跑的技术基本同短跑，只是要在跑的过程中传递接力棒，要求队员之间协调配合，保证在快速跑中完成传、接棒动作。

(1) 接力跑技术动作。

① 起跑。起跑可分为持棒起跑和接棒起跑两种。

a. 持棒起跑。第一棒采用蹲踞式起跑，右手持棒，用右手的中指、无名指和小指握住棒的下端，拇指和食指分开，虎口朝前呈“人”字形撑地，起跑的基本技术与短跑相同。

b. 接棒起跑。接棒起跑一般采用半蹲踞式或站立式起跑姿势进行起跑。第二棒、第四棒选手站于跑道外侧，第三棒选手站于跑道内侧。起跑时，接棒人眼看传棒人并进入加速跑状态。

② 传接棒。传接棒技术可分为预备、加速和传接棒三个阶段。在预备阶段，传棒人需尽可能保持最大跑速，接棒人准确掌握起跑时机。在加速阶段，传棒人需继续保持跑进速度，接棒人则尽最大能力加速，使两人的速度尽量保持一致。在传接棒阶段，两人运用专门的技术在最短时间内完成接力棒的传接。这里主要介绍传接棒方法。

传接棒一般采用不看棒的传接方式，分为上挑式和下压式两种。

a. 上挑式。接棒人的手臂自然后伸，手臂和躯干成 40°～45°，掌心向后，虎口朝下。传棒人将棒由下向前上方挑送到接棒人手中，如图 5-9 所示。

b. 下压式。接棒人手臂后伸，与躯干成 50°～60°，掌心向上，虎口向后，拇指向内。传棒人将棒的前端由上向下压送到接棒人手中，如图 5-10 所示。

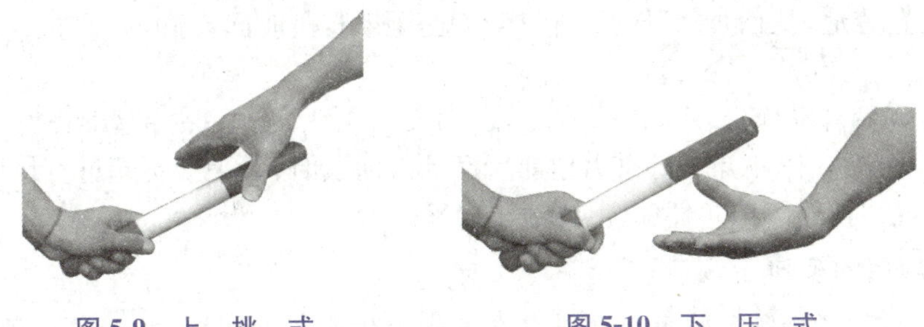

图 5-9 上 挑 式　　图 5-10 下 压 式

传接棒的时机是在 20 m 接力区和 10 m 预跑区的 30 m 内，传接棒双方都发挥自己最高跑速时，为传接棒的最佳时机。

一般来说，当传棒人距离接棒人 1.5～2.0 m 时，传接棒双方在高速情况下顺利完成传接棒动作的瞬间，身体重心相隔的最大水平距离为获益距离。

③ 各棒人员的配合。4×100 m 接力跑成绩主要取决于各队员的短跑速度和传接棒技术。在棒次安排上，一般第一棒选择善于起跑和弯道跑的选手；第二棒则是传接棒技术熟练且速度耐力较好的选手；第三棒选手除具备与第二棒选手相同的长处外，还应善于跑弯道；第四棒应选用短跑成绩最好、冲刺能力最强的选手。

4×400 m 接力跑传接棒技术相对简单。接棒运动员背向传棒运动员，左手后伸等待传棒运动员；接棒运动员根据传棒运动员的跑进速度进行加速跑；传棒运动员右手持棒将接力棒传给接棒运动员；接棒运动员接棒以后迅速将接力棒交换至右手。在棒次安排上，一般将实力较强的选手放在第一棒，以便在第一棒过后成为领先者。第四棒选择实力最强的选手。第二、第三棒选手实力大概相同。

(2) 接力跑技术练习方法。

① 持棒原地摆臂，走步或慢跑中做传接棒练习。

② 中速或快速跑，在接力区内做传接棒练习。

③ 进行全程跑的接力跑比赛练习。

(二) 竞走

竞走是在日常行走的基础上发展出来的长距离体育运动，虽然竞走也是由单脚支撑和双脚支撑交替反复进行，但其有特殊的规定性要求，即运动员支撑腿必须伸直，从单脚支撑过渡到双脚支撑，在摆动腿的脚跟接触地面前，后蹬腿的脚尖不得离开地面。

1. 竞走技术的基本要求

竞走时，运动员的步幅自然、宽大、频率快、身体重心轨迹波动小，移动速度快，实效性高；运动员的动作自然、协调、节奏感强、轻松省力；运动员的双脚不能同时离地。

2. 竞走项目的动作分析

(1) 腿部动作。腿部动作是竞走技术的主要环节。竞走可分为单脚支撑和双脚支撑两个时期，单脚支撑又有前蹬和后蹬两个阶段。当身体处于垂直时，支撑腿完全伸直，全脚着地，摆动腿还在摆动，其膝关节比支撑腿的膝关节略低，大小腿间的角度略大于直角，骨盆的横轴稍有倾斜。当身体重心前移超过垂面时，摆动腿开始后蹬。摆动腿屈膝向前摆动，带动骨盆沿上下轴向前转动，小腿依靠大腿向前摆动的惯性而前摆，逐渐伸直膝关节，并用脚跟先着地，从而加大步幅。在摆动腿的脚跟和地面接触时，形成了刹那间的双脚支撑。

(2) 躯干和两臂动作。在竞走过程中，运动员需抬头挺胸，保持躯干正直，两臂屈肘约成 90°，两手半握拳在体侧并轻松有力地前后摆动。前摆时，拳一般不超过身体中线，高度不超过下颌。后摆时，肘部稍向外偏，上臂约与肩平。

3. 竞走项目的规则

竞走分为场地竞走和公路竞走两种。在竞走过程中，运动员两脚必须与地面保持不间断接触，不准同时腾空，着地的支撑腿膝关节应有一瞬间的伸直，不得弯曲。在竞走比赛时，运动员出现腾空或膝关节弯曲，均给予严重警告，受 3 次严重警告即取消比赛资格。

实训时刻

根据竞走项目的规则，模仿专业运动员的竞走动作进行竞走比赛，感受竞走运动对运动员行进动作和身体姿态的严格要求。

第三节　田径运动常识及竞赛规则

本节将向大家介绍田径运动相关的常识及主要的竞赛规则，希望大家通过本节的学习对于田径运动及其规则有所了解。

一、田径运动常识

田径运动常识由场地规格、器材参数及气象条件限制等内容构成。

1. 场地规格

田径运动的场地包括田径场地、跳远场地、跳高场地、铅球场地、标枪场地等。各种场地规格如下。

(1) 田径场地规格。半圆式田径场地是目前国内外普遍采用的竞赛场地，国际田径联合会刊发的《田径场地设施标准手册》中认为，最好的弯道半径为 36.5 m。

半圆式田径场地是由两个 180°的半圆(弯道或曲段)和两个对等的直段组成，如图 5-11 所示。第一分道线的周长为 400 m，故被称为 400 m 场地；直道应有 8～10 条分道，弯道为 8 条分道；每一分道宽 1.22～1.25 m，所有分道线宽均为 5 cm；跑道左右倾斜度不得超过 1∶100，跑进方向的前后倾斜度不得超过 1∶1 000。

(2) 跳远场地规格。跳远场地由助跑道、起跳板、起跳显示板、橡皮泥显示板和落地区组成。助跑道长 40～45 m，用 5 cm 宽的白线标明，左右倾斜度不超过 1∶100，向跑进方向的总倾斜度不超过 1∶1 000。落地区为沙坑，长 6～9 m，宽约 2.7～3 m。在助跑道上距落地区近端 1～3 m 处设置起跳板。距起跳板两侧 0.3 m 处设置起跳显示板。在起跳板前沿凹槽内放置橡皮泥显示板，若无此装置，可用沙台代替。

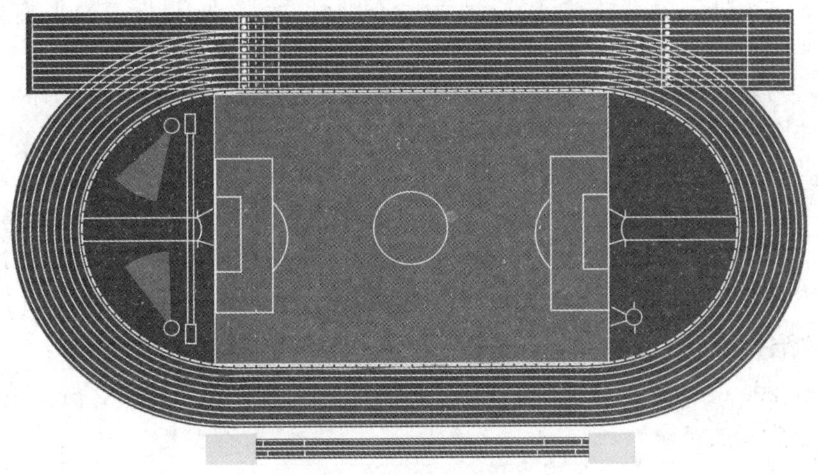

图 5-11　标准田径场地

起跳板用木料制成。板长 121～122 cm，宽 19.8～20.2 cm，厚 10 cm。板面涂成白色，与地面齐平。

（3）跳高场地规格。跳高场地是田赛场地设施之一，由起跳区、跳高架、横杆和落地区组成。起跳区为扇形助跑道，长 15～25 m，朝横杆中心的倾斜度不超过 1∶250；落地区用海绵垫铺成，一般性比赛或练习可用沙坑代替，面积为 3～5 m^2。跳高架置于起跳区与落地区之间的中央地段，立柱离海绵垫至少有 10 cm 的间隙，两立柱相距 4～4.04 m。横杆置于立柱的横杆托上，与海绵垫保持在同一垂直面上。沿横杆在地面的投影线向两端各画 5 m 长的延长线。

（4）铅球场地规格。铅球场地也是田赛场地设施之一，由投掷圈、限制线、抵趾板和落地区组成。投掷圈用 0.6 cm 厚的铁板、钢板或其他材料围成直径约为 2.1 m 的圆圈，漆成白色。圈内地面用混凝土、沥青或其他坚硬、不滑的材料铺成。限制线在投掷圈的两侧，长 75 cm、宽 5 cm、白色，后沿通过圆心的延长线并与落地区中心线垂直。抵趾板用木材或其他材料制成，漆成白色，安装在落地区两条白线之间的正中位置，固定在地面，其内沿与投掷圈内沿重合。落地区用煤渣、草地或能留下铅球落地痕迹的其他材料铺成，用宽 5 cm 的两条白色角度线标明，线宽不包括在落地区有效面积内，角度线的内沿延长线通过投掷圈圆心夹角为 40°。落地区地面沿投掷方向的向下倾斜度不得超过 1∶1 000。在两角度线的外侧每隔 1 m 放置距离标志牌。

（5）标枪场地规格。标枪场地也是田赛场地设施之一，由助跑道、投掷弧、限制线和落地区组成。助跑道长 30～36.5 m，宽 4 m，用 5 cm 宽的两条平行白线标明，左右倾斜度不超过 1∶100。投掷弧用木料或金属制成（亦可用油漆画出），漆成白色，宽 7 cm，与助跑道的靠落地区端相接。圆弧半径 8 m，圆心在助跑道正中线上，限制线宽 7 cm，长 75 cm，与投掷弧相连，并与助跑道成 90°。落地区用宽 5 cm 的两条白色角度线标出，线宽不包括在落地区有效面积之内，内沿延长线通过投掷弧两端交汇于圆心，两角度线上任意一点的弦长等于半径的一半。在两角度线的外侧每隔 5 m 放置距离标志牌。

2. 器材参数

以下主要介绍接力棒和跨栏栏架的参数。

(1) 接力棒相关参数。接力棒用木料、圆竹、金属或其他适宜材料制成；棒长 28～30 cm，横截面周长 12～13 cm，重量不少于 50 g；为空心圆管，两端要密封，表面平整光滑，并漆上颜色。

(2) 跨栏栏架相关参数。跨栏栏架用金属、木料或其他适宜材料制成。两根 70 cm 长的座脚和两根立柱构成两个“L”形，其间用横梁加固，座脚与跑进方向相反。底座装重量调整器。立柱可调整高度。两立柱顶端固定横木(栏板)，最大长度为 12 cm，宽 7 cm，厚 1.0～2.5 cm，漆成黑白相间条纹，两端为白色，条纹宽 22.5 cm，两端顶角修圆。栏架高度：男子 110 m 栏为 106.7 cm，400 m 栏为 91.4 cm；女子 100 m 栏为 84 cm，400 m 栏为 76.2 cm。合格的栏架应是不论什么高度，在栏板中部施加 35.3～39.2 N 的力即能将其推倒，可通过重量调整器进行调整。

3. 气象条件限制

在 100 m、200 m 和 100 m 栏、110 m 栏比赛中，如果顺风风速超过 2 m/s，运动员创造的成绩就不能成为新的纪录。

二、主要竞赛规则

1. 田径比赛通则

(1) 参加比赛的运动员必须佩戴号码牌参加比赛，否则不得参加相关项目。

(2) 径赛项目运动员须沿跑道逆时针方向跑进。

(3) 径赛运动员挤撞或阻挡别人而妨碍别人走或跑进时，应取消其该项比赛资格。

(4) 如果一名运动员参加一个径赛项目，又参加一个田赛项目，或者参加一个以上的田赛项目，而这些项目又同时举行比赛，有关主裁判可以允许运动员只在某一轮次(高度项目以一个高度为一个轮次，一个高度有 3 次试跳机会；远度项目以所有运动员按顺序试跳或试掷完一次为一个轮次)的比赛中以不同于赛前抽签确定的顺序先进行一次试跳(试掷)。回来后已错过的试跳(试掷)顺序一律不补。

(5) 名次和成绩相等时判定名次的方法。径赛项目中，判定运动员到达终点的名次顺序，是以运动员躯干的任何部位到达终点线内沿的垂直面的先后为准。以决赛的成绩作为个人的最高成绩，而不以预、复赛的成绩判定最后名次。

2. 径赛主要规则

(1) 400 m 及 400 m 以下包括 4×100 m 接力的项目，运动员应采用蹲踞式起跑。犯规 2 次以上者，取消比赛资格，全能运动员 3 次。

(2) 在分道跑项目中，运动员跑出自己的分道，如没有获得利益，也未阻挡他人，一般不应取消比赛资格，否则应取消比赛资格。

(3) 在中长跑时，运动员擅自离开跑道后，不得继续比赛。

(4) 跨栏跑时，运动员手脚低于栏顶面、跨越他人栏架、有意用脚碰倒栏架，均属犯规。

(5) 接力跑时，在接力区外完成接棒、捡棒时阻挡他人或空手跑过终点，均属犯规。

(6) 如果用 3 只秒表计成绩，应以 2 只表所示成绩为准；如果各不相同，则以中间成绩为准。如果用 2 只表，应以成绩较差者为准。

3. 跳高项目主要规则

跳高比赛时，应抽签排定运动员的试跳顺序。运动员必须用单脚起跳。

比赛开始前，主裁判应向运动员宣布起跳高度和每轮结束后横杆的提升高度，直至比赛中只剩下 1 名运动员。除非比赛中只剩下 1 名运动员，并且他已获得该项目比赛的冠军，否则，每轮之后横杆升高不得少于 2 cm；横杆升高的幅度不得增大。

一旦比赛开始，运动员不得使用助跑道或起跳区进行练习。如果有下列情况之一者，则判为试跳失败。

（1）试跳后，由于运动员的试跳动作，致使横杆未能留在横杆托上。

（2）在越过横杆之前，运动员身体的任何部位触及立柱以外的地面或落地区。如果运动员在试跳中一只脚触及落地区，而裁判员认为其并未从中获得利益，则不应判为试跳失败。

运动员可以在主裁判事先宣布的横杆升高计划中的任何一个高度开始试跳，也可以在以后任何一个高度根据自己的意愿决定是否试跳。但在任何高度上，只要运动员连续 3 次试跳失败，即失去继续比赛的资格，因第一名成绩相等而进行的排名赛的试跳除外。允许运动员在某一高度上第一次或第二次试跳失败后，在其第二次或第三次试跳时请求免跳，并在后继的高度上继续试跳。运动员在某一高度上请求免跳后，不准在该高度上恢复试跳，除非出现第一名成绩相同的情况。

每名运动员应以其最好的一次试跳成绩，包括因第一名成绩相同而进行的排名赛的试跳成绩，作为其最后的决定成绩。在比赛过程中不得移动跳高架或立柱，除非有关主裁判认为该起跳区或落地区已变得不适于比赛。如果需移动跳高架或立柱，应在试跳完一轮之后进行。

4. 跳远项目主要规则

跳远项目比赛中，参加比赛的运动员若超过 8 人，成绩较好的前 8 名运动员进入决赛，若第八名成绩相等的有 2 人或 2 人以上，则成绩相等的运动员均可再试跳 3 次；若参加比赛的运动员不足 8 人，则均有 6 次试跳的机会。

一旦比赛开始，运动员不得使用比赛助跑道进行练习。若有下列情况之一，则判为试跳失败。

（1）在未做起跳的助跑中或在跳跃中，运动员以身体任何部位触及起跳线以外地面。

（2）从起跳板两端之外的起跳线的延长线前面或后面起跳。

（3）在落地过程中触及落地区以外地面，而落地区外触地点较区内最近触地点更靠近起跳线。

（4）完成试跳后向后走出落地区。

（5）采用任何空翻姿势。

实训时刻>>>

跳跃练习：进行由下向上的跳低台阶练习，双腿屈膝向上跳高度为 30～40 cm 的低台阶。要求：跳上时两臂屈肘配合上摆，上下频率要快，跳跃 30 次为一组，共练习 3～4 组。练习完毕后放松腿部。

测量成绩时，应从运动员身体任何部位触地的最近点量至起跳线或起跳线的延长线，测量线应与起跳线或其延长线垂直。应以每名运动员最好的 1 次试跳成绩，包括因第一名成绩相等而进行的决名次赛的试跳成绩，作为其最后的成绩。为了助跑和起跳，运动员可在助跑道旁放置 1～2 个标志物（由组委会批准或提供，如果不提供此类标志物，运动员可以使用胶布，但禁用粉笔或其他任何擦不掉痕迹的类似物质）。

5. 投掷项目主要规则

（1）试掷次数的确定。推铅球比赛应抽签决定运动员试掷顺序。运动员超过 8 人，应允许每人试掷 3 次，有效成绩最好的前 8 名运动员可再试掷 3 次，试掷顺序与前 3 次试掷后的排名相反。若在第三次试掷结束后出现第八名成绩相等，应以其次优成绩判定名次；若次优成绩相等，则以第三较优成绩判定，其余类推。

当比赛人数只有 8 人或少于 8 人时，每人均可试掷 6 次。

(2) 比赛时的练习规定。比赛开始前，运动员可在比赛场地试掷，练习组应按抽签排定的顺序进行，并始终处于裁判员的监督之下。一旦比赛开始，运动员就不得持器械练习，无论持器械与否，均不得使用投掷或落地区以内地面练习投掷。

(3) 投掷时的具体规定。

① 投掷前的规定。应从投掷圈内将铅球推出。运动员必须从静止姿势开始试掷。允许运动员触及铁圈和抵趾板的内侧。应用单手从肩部将铅球推出。当运动员进入圈内开始试掷时，铅球应抵住或靠近颈部或下颌，在推球过程中持球手不得降到此部位以下。不得将铅球置于肩轴线后方。不允许使用任何装置对投掷时的运动员进行任何帮助，如使用带子将两个或更多的手指捆在一起。除了开放性损伤需要包扎以外，不得在手上使用绷带或胶布。不允许使用手套。为了能更好地持握铅球，运动员可使用滑石粉涂抹双手，但仅限于双手。为了防止手腕受伤，运动员可在手腕处缠绕绷带。为防止脊柱受伤，运动员可系一条皮带或其他适宜材料制成的带子。不允许运动员向圈内或鞋底喷洒任何物质。

② 投掷中的规定。运动员进入圈内开始投掷后，如果运动员身体的任何部位触及圈外地面，或触及铁圈和抵趾板上面，或以不符合规定的方式将铅球推出，均判为一次投掷失败。如果在投掷中运动员未将投掷物投出或者把脚踏出投掷圈以外，运动员可以在动作中途放弃并重新开始投掷。若运动员在投掷过程中受阻，裁判应判阻碍并给予第二次投掷机会。完成投掷后，运动员必须从投掷圈后面退出。

③ 投掷后有效成绩的确定。铅球必须完全落在落地区角度线内沿以内，试掷方为有效。每次有效试掷后，应立即测量成绩。从铅球落地痕迹的最近点取直线量至投掷圈内沿，测量线应通过投掷圈圆心。

④ 最终成绩的确定。运动员在器械落地后方可离开投掷圈。离开投掷圈时首先触及的铁圈上沿或圈外地面必须完全在圈外白线的后面，白线后沿的延长线应能通过投掷圈圆心。应以每名运动员最好的一次投掷成绩，包括因第一名成绩相等而进行的决名次赛的试掷成绩，以此作为其最后的决定成绩。

其他投掷项目比赛，除场地、器械和投掷方法与铅球有差异外，比赛规则与铅球基本相同。

1. 简述田径运动的特点和功能。
2. 田赛类的运动项目包括哪些？
3. 中长跑的技术练习方法有哪些？
4. 跨栏跑的动作技术要点有哪些？
5. 组织班级同学参加长跑或半程马拉松活动。

第六章 篮球运动

学习目标

1. 了解篮球运动的基础知识，针对篮球运动的基本技战术进行集中教学和训练。

2. 熟悉掌握篮球比赛的相关规则与裁判方法，组织同学开展正式的篮球比赛，轮流担任裁判进行判罚。

第一节 篮球运动概述

篮球运动是一项由两队参与的同场对抗的集体运动项目。它是运用多种技战术手段力求将球投进对方篮筐，并极力阻止对方投篮，而展开激烈攻守的对抗性的体育项目。

一、篮球运动的起源与发展

篮球运动起源于美国，在1891年由马萨诸塞州斯普林菲尔德市体育教师詹姆士·奈史密斯发明。最初篮球游戏比较简单，场地大小和参加游戏的人数没有限制。最初的篮筐是有底的，球投中以后就留在篮子里，人必须登上专设的梯子才能将球从篮筐里取出。随着场地设施的不断改进，后来将篮筐改为活底的铁篮，再改为铁圈下面挂网，经过长时间的斟酌，奈史密斯和他的同事们才将这种游戏定名为"篮球"。现今，篮球已成为世界上最普及的球类运动之一，深受大众尤其是青少年的喜爱。

目前，国际上的重大篮球竞赛活动主要有奥运会篮球赛、世界篮球锦标赛、各大洲（欧洲、亚洲、非洲、南美洲等）篮球赛等。

知识加油站

NBA

美国职业篮球联赛（National Basketball Association，NBA），简称美职篮，是由北美30支职业球队组成的男子职业篮球联盟，是美国四大职业体育联盟之一。其中诞生了迈克尔·乔丹、比尔·拉塞尔、科比·布莱恩特、卡尔·马龙、查尔斯·巴克利、勒布朗·詹姆斯、斯蒂芬·库里、克里斯·保罗、詹姆斯·哈登、姚明等传奇球星。NBA分为东部联盟和西部联盟，每个联盟又被划分为3个赛区，各赛区由5支球队组成。NBA每年赛季结束后，下赛季开始前会举行NBA选秀，选秀后有各球队新秀夏季联赛，每年10月新赛季常规赛开始前举行若干场季前赛(包括NBA海外赛和NBA中国赛)。其中，在2月有一项特殊的表演赛事NBA全明星赛，NBA常规赛结束后，东、西部联盟分别由前8名进入季后赛，决出东西部冠军，晋级NBA总决赛，表现最优秀球员获比尔·拉塞尔NBA总决赛最有价值球员奖(FMVP)荣誉。

资料来源：https://shidian.baike.com/wikiid/7223203359716245508? from=wiki_content&prd=innerlink&anchor=doc_title_catalog_anchor，有改动

二、篮球运动的特点

篮球具有对抗性、观赏性强，参与人数多，身智合一，与他人配合默契等特点，同时要求参与者具有良好的身体素质、心理素质和坚强的意志力。因此，经常参与篮球运动可使人的身体素质平衡发展，还能提高人体感受器官的功能、中枢神经的灵活性，以及协调、支配各器官的能力。篮球运动能为参与者提供良好的心理体验，培养人的意志力与团队精神，促进个体社会化发展。

1. 游戏娱乐性

篮球运动最初是为解决冬季室内体育锻炼问题而作为一项游戏开展的，伴随篮球运动的不断发展，其日益呈现出职业化、社会化、生活化和娱乐化的多元特色。

2. 集体协同性

篮球运动是一项5人制集体活动，整个活动需要前锋、中锋、后卫集体协同作战，共同发挥篮球运动的传、接、运、投、移动、防守等基本技战术，才能呈现一场精彩的比赛。

3. 激烈对抗性

篮球运动是一项对抗性很强的集体项目，在篮球场上很容易为了争夺控制权、抢占有利位置、有效控制时间而形成激烈的时间和空间立体对抗的格局，比赛过程中也包含着集智慧、谋略、技战术、体能、心理素质等于一体的综合性攻防对抗，其魅力恰恰表现为在特殊的时空内双方短兵相接的激战场景。

4. 技战术灵活多元性

篮球运动以手控球，围绕投篮展开双方的激烈应战，因此对战过程对双方的技战术要求非常严格。赛场上的情况瞬息万变，机会稍纵即逝，双方需要围绕时空的万千变化开展空间与地面、单兵与集体、攻守与突防、内线与外围、点与面之间的立体、综合、协调对抗。

第二节　篮球运动的基本技战术

一、球感练习

球感(又称手感)是运动员在训练和比赛中发展起来的专门化知觉，其特点在于能对球的形状、重量、空间运动的速度和方向的变化等有较为精确的感知。可以说，球感练习是各球类运动训练的敲门砖，篮球运动也不例外。下面是一些最常见的篮球球感练习方法。

1. 两手体前相互拨球

两脚开立约与肩宽，双手持球，前臂上举，用两手的手指向两侧拨球。练习时可按口令节奏，也可自己调整速度，熟练后可边拨球边变换手臂的位置。

2. 颈、腰、腿部绕球

两脚并立，双手持球置于面前，围绕颈、腰和腿部绕球，方向从上到下，再从下至上，环绕数次后交换方向。注意在绕球过程中球不能掉，速度越快越好。

3. 原地胯下“8”字换手交接球

原地两脚左右张开，弓身，目视前方。若球在左手，则左臂由体前向右腿胯下直臂摆动，于右小腿后方将球交于右手，右手得球后，右臂绕过右腿前方向左腿胯下摆动，于左小腿后方将球交于左手，如此左右循环连续地做。熟练后可换方向，由体后向前绕。

4. 直臂对墙拍球

右手持球于头上右前方，利用指腕力量对墙进行拍按球，可先慢后快，或在墙面上画图形按轨迹拍球，熟练后可换左手进行练习。

5. 原地双手交替拍按球

两脚开立略比肩宽，屈膝，双手交替拍按球的外侧上方，使球向两侧弹起，反复练习，熟练后可加快拍按球的速度。

二、基本移动步法

带球移动是篮球运动的基础，没有快速敏捷的移动步法，将无法很好地施展各个单项技术。下面介绍几种基本的篮球移动步法。

1. 起动

起动是队员在球场上由静止状态变为运动状态的一种脚步动作，在进攻中突然快速地起动，是摆脱防守的有效手段；防守时迅速地起动是保持或抢占有利位置、防住对手的首要环节。

动作要领：从基本站立姿势开始，起动时，以后脚或异侧脚掌短促有力蹬地，同时上体迅速前倾或侧转，向跑动方向移动重心，手臂协调摆动，两脚连续交替蹬地，充分利用蹬地的反作用力，在最短的距离内把速度充分发挥出来。

2. 跑

篮球比赛中的跑不仅要求速度快，而且要求经常变换速度，改变方向，做出急停、转身、起跳和在跑的过程中完成控制球的动作。

动作要领：篮球比赛中的跑要求两膝自然弯曲，重心略下降，用前脚掌或全脚掌着地，上体微向前倾，两臂自然摆动，眼睛注意观察场上情况，随时准备接球。在篮球比赛中，使用频率最高的跑有变速跑、变向跑、侧身跑和后退跑。

(1) 变速跑。加速时，蹬地突然且短促有力，上体前倾。减速时，上体直立，步幅放大并缓冲抵地。

(2) 变向跑。右脚蹬地、屈膝内扣，转移重心，左脚快迈，上体前倾，加速跑动。

(3) 侧身跑。上体侧身转肩，脚尖向前，看球跑动。

(4) 后退跑。用两脚的前脚掌交替蹬地，小腿积极后收，向后跑动，同时提踵，两臂屈肘相应摆动，保持身体平衡，并抬头注意场上情况，慢跑时稍向后倾，随着速度的加大而加大后倾度。

3. 转身

转身是篮球比赛中运用较广泛，经常与其他技术动作组合运用的改变身体方向的一种动作方法，包括前转身和后转身。

(1) 前转身。由移动脚向中枢脚前方跨出以改变身体位置与方向。

(2) 后转身。由移动脚向中枢脚后方撤步以改变身体位置与方向。

4. 滑步

滑步可分为侧滑步、前滑步和后滑步三种，它属于防守的基本步法。

(1) 侧滑步。两脚平行站立，向左侧滑步时，左脚向左(移动方向)迈出的同时，右脚蹬地滑动，跟随左脚移动，并保持屈膝降低重心的姿势，上体微向前倾，两臂张开(根据进攻者的情况)，抬头注视对手。注意身体不要来回晃动，两脚不要交叉，重心要保持在两脚之间。

(2) 前滑步。由前后站立姿势开始，向前滑步时，前脚向前迈出一步，着地的同时，后脚紧随着向前滑动，保持开立姿势，注意屈膝以降低身体重心。

(3) 后滑步。后滑步动作方法与侧滑步相同，只是向后滑动。在滑步练习时，应谨记脚的蹬跨要协同用力，滑动时身体要平稳，两臂尽量伸展。

5. 急停

急停是队员在跑动中突然制动的一种动作方法，也是各种脚步动作衔接和变化的过渡动作。急停包括跨步急停和跳步急停。

(1) 跨步急停。跨步急停又称两步急停，在快速跑动中采用急停时，先向前跨出一大步，用全脚掌抵住地面，迅速屈膝，同时身体稍后倾，转移重心，减缓向前的冲力，然后连贯地跨出第二步。脚着地时，脚尖稍向内转，用前脚掌内侧蹬地，两膝弯曲，身体侧转(右脚跨出第一步，身体右转)，微向前倾，重心落在两脚之间，两臂自然张开，协助维持身体平衡。

(2) 跳步急停。跳步急停又称一步急停，在跑动中，用单脚或双脚起跳(离地不高)，上体稍后仰，两臂自然摆动，两脚同时平行(略比肩宽)落地。落地时用全脚掌着地(或先用脚跟着地，然后迅速过渡到全脚掌着地)，两膝弯曲，两臂屈肘微张，保持身体平衡。

三、传接球

传球技术是篮球比赛中进攻队员之间有目的地转移球的方法。接球则是获得球的动作，亦是抢篮板球和抢断球的基础。传球技术和接球技术又可细分为多种，本书简要介绍几种主要的传接球方法。

1. 传球

传球动作有双手传球和单手传球两种。双手传球以双手胸前传球为基本的动作方法，而单手传球则以单手肩上传球为基本动作方法，此处介绍双手胸前传球和单手肩上传球的动作要领与练习方法。

(1) 双手胸前传球。持球时，两手五指自然分开，拇指相对呈“八”字形，用指根以上部位控制住球的侧后方，掌心空出，两肘自然弯曲于体侧，将球置于胸前。肩、臂、腕肌肉放松，两眼注视传球目标，身体呈基本姿势。传球时，后脚蹬地，身体重心前移，同时两臂前伸，手腕由下向上翻转，同时拇指用力下压，食指、中指用力弹拨，将球传出，出球后，手心和拇指向下，如图 6-1 所示。以上动作要领可概括为蹬(地)、伸(臂)、翻(腕)、抖(腕)和拨(指)。注意动作应协调连贯，双手用力均匀。

图 6-1　双手胸前传球动作

(2) 单手肩上传球(以右手持球为例)。持球方法同双手胸前传球，两脚平行开立，右手传球时，左脚向传球方向跨出半步，同时双手将球引至右肩侧上方，右手上臂与地面近似平行，前臂手腕后屈，右手持球的后下方，身体重心落在右脚尖上。出球时，右脚蹬地的同时转体带动上臂，前臂迅速前甩，手腕前扣，最后通过食指、中指、无名指的弹拨下压动作将球传出，如图 6-2 所示。

图 6-2　单手肩上传球动作

2. 接球

接球是篮球运动中转移球的主要方法之一，主要分为双手接球和单手接球两种。

(1) 双手接球。双手接球是篮球运动中最基本和最常用的接球方法。双手接球时，双眼注视来球，两臂伸出迎球，手指自然分开，拇指相对呈“八”字形，手指向前上方，两手呈一个半圆形；当手指触球后，两臂顺势屈肘随球后引，缓冲来球力量，两手握球于胸腹间，呈基本站立姿势。注意动作应协调连贯，伸出手主动迎球，收臂后引缓冲。双手前伸的高度应与来球高度相适应，有所变化。

(2) 单手接球。单手接球控制的范围较大，可接不同方向的来球，但稳定性不如双手接球。以右手接球为例，当使用右手接球时，右脚向来球方向迈出，双眼注视来球；接球时，手掌呈勺形，手指自然分开，右臂向来球方向伸出；当手指触球时，手臂顺势将球向后引，左手立即握住球，双手将球握于胸腹间，呈基本站立姿势。

3. 传接球常用练习方法

以下向学生简单介绍一些常用的传接球练习方法，学生可根据自身的实际情况灵活选用。

（1）两人面对面原地传接球练习。两人一组一球，相距 3～5 m，进行单手、双手传接球练习，传球高度可自行调整。要求保持基本站立姿势，持球、传球、接球的手法正确，配合下肢力量协调练习；传接球速度由慢到快，距离由近至远，练习单手传球时应左右手交替进行。

（2）多人原地接不同方向来球，向不同方向传球练习。多人一组站成多边形，向不同方向传球，同时接不同方向的来球。要求传接球速度由慢到快，用眼的余光观察传球目标和来球，相互之间配合默契。

（3）迎面上步接传球练习。练习者排成纵队，一人持球（代号“A”）面向纵队站立，相距 5～7 m。纵队排头者接 A 传来的球，做急停后将球再次传回给 A，然后跑至纵队队伍的后面，接着第二人上步接传球，依次反复练习，传一定次数后轮流替换 A。在练习过程中，要求上步接球手法正确，接球平稳，A 传球的力量适中。

（4）横向移动传接球练习。两人一组，相距 3～5 m 站立，一人持球向左右方向传球，另一人则接球，接球后迅速将球再传回给同伴，循环进行练习，传接一定次数后，两人交换。在练习过程中，要求传接球手法正确，反应迅速，移动敏捷。

（5）对墙传接球练习。距墙 3 m 左右持球站立。练习时，用双手或单手对墙做胸前传球，待球反弹回后即迅速接球，传球速度由慢到快，距离由近至远，熟练后可在球传出后原地转身一圈再接球。

4. 传接球易犯错误与纠正方法

（1）双手胸前传球易犯错误。用手掌握球，指端未贴住球；肩、腕关节紧张，传球时两肘外展；伸臂和翻腕动作脱节形成挤球；两臂用力不均匀；全身动作配合不协调。

纠正方法：练习者做好持球准备姿势后，让练习者做传球时腕翻转和指拨球的动作，使练习者体会动作方法。

（2）单手肩上传球易犯错误。传球时手臂、肘外展，或传球时不以肘带动前臂摆甩和扣腕，无指拨动作，形成推铅球式传球；腕、指控制球能力较差，传球落点不准。

纠正方法：教练或教师重复示范单手肩上传球的动作顺序，并配合教学视频进行讲解，强调传球时肘关节领先。针对传球时前臂和腕、指动作的错误，可采用各种单手传球的徒手练习和利用小球的练习体会动作，以及其他腕、指专门性练习，提高腕、指灵活性和力量，增强控制球的能力。

（3）双手接球易犯错误。接球手型不正确，手指朝前，拇指向上，形成由两侧或上下去捂球或夹球；伸臂迎球时臂、腕、指紧张，引球动作不及时，两手掌心触球。

纠正方法：多做自抛自接球练习，养成张手、伸臂迎球和及时屈肘引臂的习惯。

四、运球

运球是篮球运动中非常重要的个人进攻技术之一，也是篮球比赛中携带球在场上移动的方法。它是持球队员在原地或行进中用单手连续按拍由地面反弹起来的球的一类动作方法。运球有高运球、低运球、运球急停急起、体前变速变向运球、背后运球。通过运用不同运球动作的交替组合与变化，可使运球更加具有突然性、攻击性和实效性，从而为得分创造良好的条件。下面主要介绍高运球、低运球、运球转身和体前变向换手运球。

（一）运球的种类

1. 高运球

抬头，目视前方，上体稍前倾，以肘关节为轴，用手按拍球的后侧上方，球的落点在身体侧前方，球反弹的高度在胸、腰之间，一般拍一次球跑两步，如图 6-3 所示。

图 6-3　高运球动作

2. 低运球

抬头，目视前方，两腿迅速弯曲，降低身体重心，上体前倾，靠近防守队员的一侧，用身体和腿保护球。同时，用手短促地按拍球，控制球从地面反弹的高度在膝部以下，以便摆脱防守继续前进，如图 6-4 所示。

图 6-4　低运球动作

3. 运球转身

以右手运球为例，当对手堵截运球路线时，运球队员将球控制在身体右侧，左脚向前跨出一步为中枢脚，置于对手两脚之间，然后右脚用力蹬地后撤，顺势做后转身动作；在转身的同时，右手按拍球的右前方，将球拉引至身体的侧后方落地，转身后换用左手推拍球，从对手的身体右侧突破。为减小球的转动半径，需使上臂紧贴躯干，同时使运球手臂提拉球的动作和脚的蹬地、跨步、转身动作紧密结合。转身时应加力运球，以加大球的反作用力，延长手触球的时间，有利于拉引球动作的顺利完成。

4. 体前变向换手运球

运球队员要从对手右侧突破时，先向对手左侧快速运球，当对手向左侧转移身体重心准备堵截时，运球队员突然变换运球的方向，用右手按拍球的右侧上方，并靠近身体向左侧送拍球，使球的落点靠近左脚，向身体左侧反弹，同时右脚向左前方跨步，上体左转侧肩，以臂、腿、上体保护球，换左手按拍于左侧上方，从对手右侧运球突破。若要从对手左侧突破，则方向相反。

(二) 运球常用练习方法

1. 原地运球

原地运球的练习可以按四个步骤进行。

(1) 原地运球模仿练习,体会手臂、手腕动作。

(2) 原地高运球或低运球练习,体会手指、手腕上吸下按的动作和控制球的感觉,以及熟悉手触球的部位,熟练后可将高运球和低运球混合进行练习,进一步提高运球能力和控制球的能力。

(3) 原地体前左、右交替运球,体会换手时推拨球的动作,熟悉按拍球的部位。

(4) 原地体侧前后运球,体会前推、后拉运球动作,熟悉手按拍球的部位和用力。

在原地运球练习过程中,应始终保持正确的身体姿态,体会手按拍和迎引球的动作,抬头,用眼余光看球。

2. 行进间运球

行进间运球包括的内容有三个方面。

第一,直线运球。一人持球沿直线进行行进间的高运球练习,熟练后可加快跑动速度,或者多人进行直线运球接力练习。开始时可练单手运球,以后逐渐变为体前左、右交替运球。

第二,弧线运球。沿罚球圈、中圈做弧形运球到对面的端线,再换手变向将球运回。注意要用远离圆圈的手运球,做左右手换手运球练习。弧线运球时,内侧腿深屈膝,外侧脚用力蹬地,身体向内倾,幅度越大越好,球要始终控制在体侧。

第三,运球急起急停。每个队员一球,根据教练或同伴的信号练习急起急停或变速运球。注意急起急停时要停得稳,起动快。变速运球时,要掌握好高、低运球的节奏,加速应突然。

(三) 运球易犯错误和纠正方法

(1) 用手掌拍击球。纠正方法:强调运球手法,徒手做模仿练习,反复练习手、臂迎送动作;单手举球到头前侧上方,用手腕前屈、后仰和手指拨球动作连续做对墙运球练习。

(2) 控制不好球。纠正方法:教师或教练多讲解和示范正确动作,反复进行按拍球的动作练习。

(3) 行进间高运球时按拍球与行进配合不协调。纠正方法:多做原地碎步跑运球和采用慢速行进运球的练习,熟练后再提高移动速度。

(4) 低头运球。纠正方法:可目视同伴或教师、教练进行运球。

五、投篮

投篮是将球投进篮圈的一种专门动作,它是篮球比赛中唯一的得分手段,是所有进攻技战术的最终目的和攻守矛盾的焦点所在。没有精准的投篮技术便无法得分,也无法获得比赛的最终胜利。投篮的基本方法有原地单手投篮、双手胸前投篮、行进间单手投篮、跳起单手投篮、反手投篮和勾手投篮等。这里介绍原地单手投篮、原地双手胸前投篮、行进间单手投篮和跳起单手投篮。

(一) 投篮的基本方法

1. 原地单手投篮

以右手持球为例,右脚在前,左脚稍后,两膝微屈,重心落在两脚掌上;右手五指自然分开，翻腕持球的后部稍下部位，左手扶在球的侧下面，将球举到头部右侧上方位置，目视球篮，上臂与肩关节平行，上臂、前臂约成90°角，肘关节内收。投篮时，由下肢蹬腿发力，身体随之向前上方伸展，同时抬肘向投篮方向伸臂，用手腕前屈和手指拨球动作，使球顺势从食指、中指指端投出。球离手时，手臂要随球自然跟送，脚跟提起，如图6-5所示。

图6-5 原地单手投篮动作

2. 原地双手胸前投篮

投篮的准备姿势与双手胸前传球的准备姿势基本一致，投篮前将球置于胸前，目视篮圈，两肘自然下垂，两脚前后或左右开立，两膝微屈，重心落在两脚掌上。投篮时，两脚蹬地，腰腹伸展，两臂向前上方伸出，两手腕同时外翻，拇指稍用力压球，使球通过拇指、食指、中指指端投出。球出手后，脚跟提起，腿、腰、臂随出球方向自然伸展。

3. 行进间单手投篮

行进间单手投篮又称三步上篮，是篮球比赛中常采用的投篮方法之一，它可分为行进间单手肩上投篮和行进间单手低手投篮。

(1) 行进间单手肩上投篮。以右手持球为例，右脚向前跨出时接球，接着迅速左脚起跳，右腿屈膝上抬，同时举球至头右侧，腾空后，上体稍后仰，当身体跳到最高点时，右手臂伸直，用手腕前屈和手指力量将球投出，如图6-6所示。此动作有一句口诀：一跨大步接球牢，二跨小步用力跳，三要翻腕托球举球高，四要指腕柔和用力巧。

图6-6 行进间单手肩上投篮

(2) 行进间单手低手投篮。以右手持球为例，行进间单手低手投篮的跑动步法与行进间单手肩上投篮基本相同，只是在接球后的第二步要继续加快速度，用力蹬地向前上方起跳，腾空时间要短。投篮手的五指自然分开，托球的下部，手心朝上，手臂向上伸展，接近篮圈时，用指腕上挑的力量，使球向前旋转投向篮圈。注意第二步投篮出手前保持单手低手托球的稳定性，如图 6-7 所示。

图 6-7 行进间单手低手投篮

4. 跳起单手投篮

以右手持球为例，双手持球于胸腹之间，两脚前后（或左右）开立，两膝微屈，身体重心落在两脚间，上体放松，眼睛注视篮圈；起跳时两膝适当弯曲，接着脚掌蹬地发力，提腹伸腰，向上迅速摆臂举球并起跳，球高度为肩上或头上，持球方法同原地单手肩上投篮；当身体升至最高点或接近最高点时，用爆发性力量屈腕、压指，将球投出，球离手后身体自然落地，屈膝缓冲，如图 6-8 所示。

图 6-8 跳起单手投篮

（二）投篮常用练习方法

（1）原地练习持球投篮的准备姿势和出手动作。

（2）徒手做原地投篮动作的模仿练习，体会全身的协调配合和出手时的指腕动作。

（3）面对墙、篮板或同伴，相距 2～3 m，持球做投篮动作练习。

（4）站在篮圈下面，原地练习投篮出手，体会投篮出手时的指腕动作。

(5) 两人一组,相对站立,相距3～4 m,用原地单手、双手投篮方法进行有弧度地传球,熟练后逐渐拉长距离。基本掌握投篮手法后,可采用固定投篮角度和变换投篮距离等方法进行投篮练习。

(6) 定点投篮练习,即两人一组,规定投篮点,一人连投,另一人传球,达到规定次数后两人互换。

(7) 在对抗的条件下,加大投篮练习的难度和强度,提高投篮的应变能力,以适应实战的要求。

(三) 原地投篮易犯错误及纠正方法

(1) 持球手型不正确,掌心未离球体,手指端未贴在球体上,持球不稳。纠正方法:练习者持球,由同伴或教师、教练检查动作是否正确,并帮忙纠正,使练习者建立正确的投篮持球动作基本概念。

(2) 肘关节外展。纠正方法:练习者以投篮的手臂侧靠墙,徒手做投篮模仿练习。

(3) 投篮时,肘关节过早前伸,导致抛物线过低。纠正方法:练习者坐在地上持球做投篮动作,同伴或教师、教练在练习者对面用手压在球的上方,使练习者体会投篮时先抬肘,后伸臂、压腕、指拨出球的投篮动作顺序。

(4) 投篮时,抬肘伸臂不充分,出球动作僵硬;双手投篮时,两手用力不平均,肩关节紧张,食指、中指拨球动作不明显,整体动作不协调。纠正方法:多进行徒手模仿练习,多对镜练习,看教师或教练的正确示范,同时配合教学视频,建立正确的投篮动作概念并学会鉴别自己的投篮动作是否正确。

(5) 行进间投篮时跑动与跨步衔接不好或步法混乱。纠正方法:先徒手进行跨步的练习,熟练后进行行进间慢速运球接跨步上篮的动作,之后行进间运球速度可逐渐加快,使练习者循序渐进地掌握行进间投篮的衔接技术。

六、篮板球

比赛中双方队员在空中争抢投篮未中的球,统称为抢篮板球。进攻一方在空中争抢投篮未中的球,称为进攻篮板球,又叫前场篮板球;防守一方在空中争抢投篮未中的球,称为防守篮板球,又叫后场篮板球。抢篮板球是一项较复杂的技术,它由抢占位置、起跳、空中抢球动作和得球后的动作等环节组成。

1. 进攻队员抢篮板球

进攻队员一般位于防守队员外侧,处于不利于抢篮板球的位置。因此,进攻队员抢篮板球要突出一个"冲"字。当同伴或自己投篮时,靠近篮的进攻队员首先要准确判断球的落点,运用身体虚晃的假动作,摆脱防守队员的阻挡,绕、跨、挤到对手的前面或侧前方,抢占有利位置,借助跨步或助跑起跳补篮或抢篮板球;再保护好球,同时传给同伴组织再次进攻。

2. 防守队员抢篮板球

防守队员处于抢篮板球的有利位置,位于进攻队员内侧,一般多采用"挡枪"。首先应保持正确的站位姿势,两膝微屈,上体稍微前倾,重心落在两脚之间,两臂屈肘侧展占据较大的面积。当对手投篮出手后,首先应注意对手的动向,并根据对手的位置,运用上步、撤步和转身抢占有利位置,把对手挡在身后,与此同时,观察判断球的落点准备起跳。起跳时前脚掌用力蹬地,向上摆臂并提腰,手向球的落点方向伸展,跳至最高点触到球时,用双手、单手抢球或将球点拨给同伴。如果在空中抢到球未能传出，落地时应保持身体平衡和保护球，及时运用传球或运球转守为攻。

3. 抢篮板球应注意的事项

（1）把抢篮板球技术纳入攻守战术，看成组织攻守整体战术的重要组成部分。每当投篮未中时，双方均有抢获篮板球的机会，具有积极主动、勇猛顽强、有投必抢的拼抢意识是抢得篮板球的先决条件。

（2）善于观察判断投篮未中时球反弹的方向及落点，抢占有利位置是抢获篮板球的有力保证。投篮未中球弹出的方向、距离、弧度和力量有密切的关系。中、远距离投篮时，一般球弹出的距离较远。篮下投篮时，球弹出的距离较近。在球篮一侧45°角地区投篮时，一般球弹出的方向是在另一侧45°角地区，或是反弹回同侧地区。在中间地区进行中距离投篮时，一般球弹出的方向是在罚球线内附近地区。因此，在训练和比赛中，队员要善于观察投篮的方向、球飞行弧线的高低和速度的快慢，摸索和掌握投篮未中时球弹出方向的基本规律，提高预见性，及时合理地抢占有利位置。

（3）争抢篮板球不仅要充分发挥个人的拼抢能力，而且要利用集体配合的威力。进攻队员要分工明确，进行"有投有抢""左投右抢""外投里抢"。防守队员要挡住各自的对手，有的队员不一定能直接抢到球，但也应控制一定的面积和空间。对付冲抢能力强的对方队员，可采取重点"盯人"的办法，自己不抢篮板球，也不能让对手冲进来，特别是内线防守。

实训时刻>>>

在对抗异常激烈的篮球赛场上，球员最容易受伤的部位是脚踝，受伤形式一般是崴脚。球员在运动中踩到别人脚上，一旦别人抽脚，自己就会崴脚，有时候会伤到韧带甚至骨折，这些都是常见的篮球伤病，严重的是跟腱断裂。跟腱断裂几乎是一种极端的伤病，即便运动员可以从这类伤病中恢复，也基本上不可能回到之前的巅峰状态。常见的篮球伤病有哪些？篮球运动员在打篮球时应注意哪些问题呢？

七、战术基础配合

战术基础配合是指两三人之间所组成的简单配合方法，它是组成全队攻防战术的基础。正式的篮球比赛战术打法多、变化多，但各种战术都离不开这些基础配合。

1. 传切配合

传切配合是利用传球和切入技术组成的简单配合，内容包括一传、一切和空切。传切配合是一种最基本的简单易行的进攻方法，在半场和全场进攻当中经常采用。

在传切配合的过程中，除了队员需要掌握熟练准确的战术之外，还应具备良好的配合意识和队员之间的默契。在配合过程中切入（空切）队员要善于掌握时机，抓住防守者未能调整位置或注意力分散的空隙，突然快速起动发起进攻，或利用假动作摆脱防守者，持球队员应做瞄篮、突破或其他进攻假动作来吸引防守者的注意力，当切入队员摆脱对手时，要采用不同的传球方式，及时准确地将球传出。

2. 策应配合

策应配合是进攻队员背对或侧对球篮接球后，与同伴的空切或绕切相结合，借以摆脱防守，创造各种进攻机会的一种配合方法。进行策应的范围较广，在半场范围内应用时，一般分为内策应和外策应两种:在靠底线的限制区两侧做策应通称为内策应;在罚球线附近,或罚球线的延长线附近做策应通称为外策应。当对方用全场紧逼防守时,可在中场一带,甚至在对方前场运用策应配合来破坏防守。

策应队员首先要抢占到有利的策应位置来保证接球的安全。接球后,两脚开立,双膝弯曲,上体稍微前倾,保持身体的平衡,两肘微屈,双手持球于腹前,用臂和身体保护球,并随时注意攻守者的变化情况。高大队员策应时,接球后可把球举在头上,根据同伴的移动,做出前、后、左、右的传球配合。当同伴摆脱防守获得进攻机会时,策应者要及时传球给同伴,同时自己也要伺机进攻。在策应的过程中可用转身调整策应的方向和位置,以帮助同伴摆脱防守,增加策应配合的变化和威胁。

外线持球队员要根据策应者的位置和机会,及时将球传给策应者,争取做到人到球到。传球后要围绕策应者向篮下切入准备接球,以实现内、外结合的进攻目的。

3. 突分配合

进攻者持球突破或运球突破对手后,遇到对方补防或“关门”时,及时将球传给空隙地带的同伴。这种在突破中区别情况及时传球给无人防守的同伴的配合叫突分配合。突分配合要求同伴之间要有默契的配合,突破者在突破的过程中要注意观察攻守队员的位置变化,既要做好投篮的准备,又能在遇到对方补防时巧妙地分球给同伴投篮。一队员突破后,遇到防守迎上补防,可立刻把球传给切入篮下的同队进攻队员,队员接球后准备投篮或与其他同伴配合得分。

4. 掩护配合

掩护配合是指进攻者以合理的行动,用身体挡住同伴防守者的通路,为同伴摆脱防守,创造接球和投篮机会的一种配合方法。掩护配合有许多形式和方法,根据掩护者与被掩护者身体位置和方向的不同,有前掩护、侧掩护、后掩护三种形式。运用掩护时,根据不同的情况,还可进行多种变化,如反掩护、假掩护、运球掩护、定位掩护、行进间交叉掩护、双人掩护等。掩护的形式及其变化虽然很多,但从掩护者的行动来看,一是自己主动去给同伴做掩护,使同伴借以摆脱防守;二是自己主动利用同伴的身体和位置创造掩护,使自己摆脱防守;三是同伴之间相互进行掩护借以摆脱防守。

掩护配合要求同伴之间要相互默契、协同一致,掌握好配合行动的时间。掩护者要站在同伴的防守者必经的路线上,距离该对手约半步距离(太近容易发生身体接触而导致犯规,太远不易成功),两脚自然开立,两膝微屈,上体稍前倾,以扩大掩护面。借用掩护者做假动作来吸引自己的对手,待时机成熟,及时起动。进行掩护配合时,要观察防守者的位置和行动的意图。当对方交换防守时,掩护者要及时转入掩护的第二动作,即利用所处的有利位置,转身切入篮下准备接球或转为其他进攻行动。

第三节　篮球比赛规则与裁判方法

自篮球运动被发明至今,篮球的竞赛规则随着篮球运动的发展被不断地修订。1892年,发明者奈史密斯博士制定了第一部13条的原始规则,目的是使篮球运动在公平对等的条件下进行,同时不允许出现粗野动作。1915年,美国制定了全球统一的篮球竞赛规则,并被翻译成多种文字向全世界发行。1932 年，刚刚诞生的国际篮联以美国大学所使用的篮球规则为基础，制定了第一份世界统一的竞赛规则。随着篮球运动的发展，场地设备得到改进和完善，规则也不断地增删变化。本书所介绍的篮球主要竞赛规则是选自国际篮球联合会（FIBA）于 2014 年通过并生效的篮球规则。

高等学校的群众性篮球比赛可以根据参加比赛的不同对象、参赛者的不同水平及比赛的不同形式，采用为参赛各方所接受的简约规则、特殊规则等，使比赛更符合学生的实际，更具有吸引力。

一、场地和器材

1. 标准篮球场

国际篮球联合会规定正式比赛的篮球场为长 28 m、宽 15 m 的长方形场地，天花板或最低障碍物离地高度至少 7 m。球场照明应均匀，光线充足。

场地内所有线条宽度为 0.05 m；中线应向两侧边线外各延长 0.025 m；罚球线应与端线平行，长为 3.6 m，其外沿距端线内沿 5.8 m，中点须落于连接两条端线中点的假想线上。

根据 FIBA 最新修订的篮球规则，限制区（3 s 区）为长 5.8 m、宽 4.9 m 的矩形区域，不再为梯形；3 分线的距离从之前的 6.25 m 改为 6.75 m；在比赛场地两端的篮圈下各标出一个半圆区域，半圆的内沿距篮圈中心 1.25 m。这个区域为合理冲撞区，在这个区域只可阻挡犯规，不能带球撞人。

中圈画于球场中央，半径为 1.8 m（从圆周外沿丈量），如图 6-9 所示。

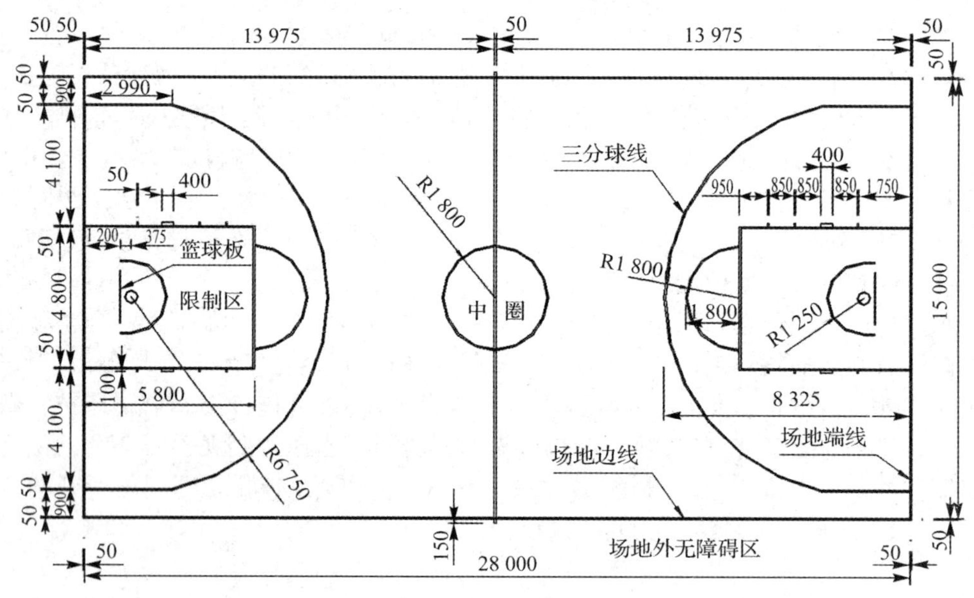

图 6-9 标准篮球场规格示意图（单位：mm）

2. 篮球

篮球是圆形的，球的外壳为皮革、橡胶或合成物质。球面的接缝或槽的宽度不得超过 6.35 mm。标准男子比赛用球的直径为 24.6 cm，圆周长为 0.75～0.76 m，其重量为 600～650 g；标准女子比赛用球直径为 22.6 cm，圆周长为 0.70～0.71 m，重量为 510～550 g。充气后，使球从 1.8 m 的高度（从球的底部量起）落到球场的地面上，反弹起来的高度为 1.2～1.4 m（从球的顶部量起）。

二、着装

1. 球队成员的服装构成

(1) 背心前后的主要颜色相同，所有队员必须把背心塞进短裤内，允许穿一体的服装。

(2) 短裤前后的主要颜色相同，但没必要与背心的颜色相同。

(3) 允许穿长于短裤的紧身内裤，只要与短裤的颜色相同即可。

2. 主客队的背心颜色说明

每场比赛每名队员必须至少有两件背心，并且秩序册中命名的第一队(主队)应穿浅色背心(最好是白色)，秩序册中命名的第二队(客队)应穿深色背心。如果参加比赛的两队同意，他们可以互换背心的颜色。

三、比赛时间、比分相等与决胜期

1. 比赛时间

比赛由 4 节组成，每节 10 min。在比赛开始之前，应有 20 min 的比赛休息期。在第一节和第二节(第一半时)之间，第三节和第四节(第二半时)之间以及每一决胜期之前应有 2 min 的比赛休息期，而中场休息时间应为 15 min。

2. 比分相等与决胜期

如果在第四节比赛时间终了时比分相等，为打破平局，需要一个或多个 5 min 的决胜期(加时节)来继续比赛。如果结束比赛时间的比赛计时钟信号响时或恰好之前发生了犯规，在比赛结束之前应执行最后的罚球。如果作为此罚球的结果需要一个决胜期，那么，在比赛时间结束后发生的所有犯规被视为在比赛休息期间发生的，在决胜期开始之前应执行罚球。

四、得分

(1) 当活球从上方进入球篮并保持球在球篮中或穿过球篮是球中篮。

(2) 球已进入篮圈，对投篮的队按此规则计得分：一次罚球中篮，计 1 分；从 2 分投篮区域中篮，计 2 分；从 3 分投篮区域中篮，计 3 分；在最后一次或仅有一次的罚球中，在球已触及篮圈进入篮圈前被一名进攻队员或防守队员合规则触及中篮，计 2 分。

(3) 如果队员意外地将球投入该队的本方篮圈，中篮计 2 分，计对方球队得分。如果队员故意地将球投入该队的本方篮圈，这是违例，中篮不计得分。如果队员使整个球从下方穿过篮圈，这是违例。

五、暂停

(1) 教练员或助理教练员请求中断比赛时是暂停。

(2) 每次暂停持续时间为 1 min。一次暂停可在一次暂停机会期间被准许。在第一半时的任何时间每队可被准许 2 次暂停，在第二半时的任何时间可被准许 3 次暂停，每一决胜期的任何时间可被准许 1 次暂停。未用过的暂停不得遗留给下一个半时或决胜期。在第四节的最后两分钟或每一决胜期的最后两分钟内，在一次成功的投篮后比赛计时钟停止时，不允许得分队叫暂停，除非裁判员已停止了比赛。

六、常见违例

违例即违反规则的行为。在篮球比赛中，常见的违例有脚踢球和拳击球、带球走步、使球回后场、被严密防守、队员出界或球出界违例、罚球违例、与时间相关的违例等。在比赛过程中，裁判员宣判某队员违例时的罚则：由对方队在发生违例的最近地点界外掷球入界，重新开始比赛。

1. 脚踢球和拳击球违例

队员不得故意地用腿的任何部位去踢球或拦截球或用拳击球，否则将被判违例。球偶然地接触到腿的任何部位或是腿的任何部位非故意地触球，这不算违例。

2. 带球走步违例

（1）在比赛场地上接住一个活球的队员的轴心脚的确定。双脚站立在地面上接住一个活球时一脚抬起的瞬间，另一脚就成为轴心脚。

移动中：如果一脚正接触着地面接住一个活球时，该脚就成为轴心脚。如果双脚离开地面接住一个活球并且该队员又双脚同时落地，那么，一脚抬起的瞬间，另一脚就成为轴心脚。

如果双脚离开地面接住一个活球并且该队员一脚落地时，该脚就成为轴心脚。如果该队员又跳起这只脚并且双脚同时落地停步，那么哪只脚都不是轴心脚。

（2）在比赛场地上控制了活球并已确立了轴心脚的队员带球行进。双脚站立在地面上：开始运球时，在球离手之前轴心脚不可抬起。传球或投篮时，该队员可以跳起轴心脚，但在球离手之前任一脚都不可落回地面。移动中：传球或投篮时，该队员可以跳起轴心脚并且单脚落地或双脚同时落地。但在单脚或双脚抬离地面后、在球离手之前任一脚都不可落回地面。

（3）开始运球时，在球离手之前轴心脚不可抬起。停步时哪只脚都不是轴心脚：开始运球时，在球离手之前哪只脚都不可抬起。传球或投篮时，单脚或双脚可以抬起，但在球离手之前单脚或双脚都不可落回地面。当一名队员持球跌倒并在地面上滑行或躺在地面上或坐在地面上时获得了控制球，这是符合规则的。如果该队员随后持球滚动或尝试站起来，这是违例。

3. 使球回后场违例

一名控制活球球队的队员在他的前场最后触及已进入他前场的球之后，该队员或他的同队队员又首先触及已进入后场的球时，球已非法回后场。一名从他前场跳起的队员，他仍在空中时建立了新的球队控制球，并随后落在他自己球队后场的情况不属于违例。如果运球推进到前场，则运球队员和篮球整体进入前场，才能表示球进入前场。

4. 被严密防守

当一名队员在比赛场地上正持着一个活球，此刻，一名对方队的队员距离他不超过 1 m 并处于积极防守的姿态，该持球队员则处于被严密防守的状态。一名被严密防守的队员必须在 5 s 内传球、投篮或运球，否则算违例。

5. 队员出界和球出界违例

（1）队员出界。持球队员身体的任何部分接触界线上或界线外的地面，或接触界线上、界线上方或界线外的除队员以外的任何物体时，即队员出界。

（2）球出界。球触及界外的任何人员、界线上、界线外的地面，或界线上、界线上方和界线外的任何物体，如球触及篮架、篮板背面或篮板上方和篮板后面的任何物体，即球出界。

6. 罚球违例

罚球队员不得做假动作罚球或在球触及篮圈前进入限制区，其他任何队员在球触及篮圈前均不得进入限制区。发生违例后，若是罚球队员违例，则罚中无效；若是其他任何队员违例，则罚中有效。罚不中时，若是对方队员违例，则重罚一次；若本方队员违例，即失去一次机会，则由对方掷界外球继续比赛。

7. 与时间相关的违例

(1) 3 s违例。当球队在他们的前场控制着一个活球，并且比赛计时钟正在运行时，该队的队员不得在对方队的限制区内停留超过 3 s。队员在限制区内时，他或他的同队队员正在做投篮动作，并且球正离开或恰已离开投篮队员的手，队员在限制区内已接近持续的 3 s 时，运球去投篮是默许可行的。

(2) 8 s违例。每当一名队员在他的后场获得控制活球时，在掷球入界后，球接触后场的任何队员或被后场的任何队员合法触及，并且那名掷球入界队员的球队仍然在他们的后场控制球时，该队必须在 8 s 内使球进入他们的前场，否则属于违例。

(3) 24 s违例。每当一名队员在比赛场地上获得控制活球时，在掷球入界后，球接触比赛场地上的任何队员或被比赛场地上的任何队员合法触及，并且那名掷球入界队员的球队仍然控制球时，该队必须在 24 s 内尝试投篮(球必须在 24 s 计时钟信号响前离开队员的手，并且在球离开了该队员的手后，球必须触及篮圈或进入球篮)，否则属于违例。

实训时刻>>>

在进行篮球运动的过程中，你有没有遇到违例的情况？说出当时的犯规情况和原因。

七、常见犯规

1. 侵人犯规

无论是在活球还是死球的情况下，队员均不得通过伸展他的手、臂、肘、肩、髋、腿、膝、脚或将他的身体弯曲成“不正常的姿势”(超出他的圆柱体)去拉、阻挡、推、撞、绊对方队员或阻止对方队员的行进；也不得有其他任何粗野或猛烈的动作。

处罚规则：应给犯规队员登记一次侵人犯规。如果对没有做投篮动作的队员犯规，则由非犯规的球队在最靠近发生该违规的地点掷球入界重新开始比赛。如果该犯规的球队处于全队犯规处罚状态，则应该执行 2 次罚球。如果对正在做投篮动作的队员犯规，应按下述原则判给那名投篮队员若干罚球：从投篮区域的投篮成功，应计得分并追加 1 次罚球；如果从 2 分投篮区域的投篮不成功，2 次罚球；如果从 3 分投篮区域的投篮不成功，3 次罚球。

2. 双方犯规

双方犯规是指两名互为对方球队的队员在大约同一时间彼此互相发生侵人犯规。

处罚规则：应给每一名犯规队员登记一次侵人犯规，不判给罚球。若是投篮得分有效，由非得分队掷球入界开始比赛；若是没有投篮，则由控球方掷球入界；若双方都没有控球，则执行交替拥有开始比赛。

3. 不正当行为的犯规(违反体育道德犯规)

不正当行为的犯规是指一名队员不是在本规则的精神和意图的范畴内合法地尝试去直

接抢球而发生的一起队员接触犯规。在整场比赛中，裁判员对不正当行为的犯规的解释必须始终如一，并且只是判定其行为。

处罚规则：应给犯规队员登记一次不正当行为的犯规，同时判给被犯规的队员执行罚球及随后在记录台对侧、中线的延长部分掷球入界。当一名队员被登记 2 次不正当行为的犯规时，他应被取消比赛资格。

4. 取消比赛资格的犯规

取消比赛资格的犯规是指队员、替补队员、出局的队员、教练员、助理教练员或随队人员的任何公然违反规则规定的不当行为。

处罚规则：应给犯规者登记一次取消比赛资格的犯规，给对方队的罚球和随后的中线球权。

5. 技术犯规

技术犯规是没有身体接触的犯规。它包含但不限于：无视裁判员已给出过的警告，无礼地触犯裁判员、技术代表、记录台人员或球队席人员；与裁判员、技术代表、记录台人员或对方队员的交流中没有礼貌；使用可能冒犯或刺激观众的粗话或手势；挑惹对方队员或将手靠近对方队员的眼睛摇动以妨碍他的视线；过分挥肘；当球穿过球篮后，通过故意触球或阻止迅速开始执行掷球入界的方式来延误比赛；故意跌倒以伪造一起犯规；悬吊在篮圈上，致使篮圈支撑了队员的全部重量，除非他这样做为了试图防止自己受伤或防止使另一名队员受伤。

处罚规则：登记一次队员技术犯规，并把它计作全队犯规中的一次（教练员技术犯规则只登记教练员技术犯规），应判给对方队员两次罚球，并随后在记录台对侧、中线的延长部分掷球入界。

6. 队员 5 次犯规

一名队员发生了 5 次侵人犯规或 2 次技术犯规时，裁判员应将此情况通知其本人，他必须立即离开比赛场地，并且需要在 30 s 内被替换。

7. 全队犯规

一个队在一场比赛中的全队犯规已经发生了 4 次时，该队是处于全队犯规处罚状态。当球队处于全队犯规处罚状态时，所有随后对未做投篮动作的队员发生的侵人犯规应被判 2 次罚球，替代掷球入界。

篮球规则的宗旨是提倡公正竞赛、文明竞赛，鼓励积极进取、团结协作、遵守纪律的优良体育道德作风；限制不正当行为和不合理的动作，反对野蛮、粗暴的作风与打法，以促进技术、战术的不断发展，从而体现与维护篮球初创时期提出的基本精神、宗旨和目的，以保证与促进篮球运动的健康发展。

1. 简述篮球运动的发明过程。
2. 篮球运动的基本技术有哪些？选取其中一种进行实际动作演示。
3. 篮球比赛中的常见违例有哪些？什么情况会被判定为技术犯规？

第七章　足球运动

学习目标

1. 了解现代足球运动的基础知识，了解国际上知名的足球赛事、足球队伍和明星球员。

2. 训练掌握足球运动的基本技战术，开展正式的足球比赛，轮流担任裁判进行判罚。

第一节　足球运动概述

一、足球运动的起源与发展

足球运动深受民众喜爱，开展广泛，影响巨大，因此足球被誉为“世界第一球”，有些国家甚至将其定为国球。足球运动是一项以脚为主来支配球，两队按照一定的规则要求互相对抗，以射球入门多少判决胜负的球类运动。一般将 1863 年英国足球协会成立和世界上第一个统一的足球比赛规则的制定作为划分标志，在此之前的足球运动称为古代足球运动，之后的足球运动称为现代足球运动。

1. 古代的足球游戏

人们对于中国古代足球起源的最早时间推断不一，但古代足球起源于中国为世界公认，据《战国策》和《史记》的记载，公元前 475 年的战国时期，称足球游戏为“蹴鞠”或“蹋鞠”。“蹴”和“蹋”都是踢的意思，“鞠”是古代的一种皮球，“以韦为之，实以物，蹴蹋之以为戏”。到了汉代，“蹴鞠”已成为一种重要的体育游戏，开展比较普遍，并且汉代蹴鞠比赛时就已有比赛规则和裁判员。唐代是中国古代足球游戏的极盛时期，后来经过阿拉伯人传到欧洲，发展成现代足球。从宋朝开始逐渐地建立起球会的组织。在元代，开展了男女对踢球的游戏活动。我国古代足球游戏到了清代中叶才渐渐消失。

2. 现代足球运动的发展概况

公元 16 世纪以后，足球运动在欧洲一些国家盛行起来。特别是 19 世纪下半叶，足球运动有了新的发展，尤其是在学校和教会组织中开展得较为广泛。不过当时还没有明文规定的场地、比赛方法和参赛人数。1846 年，英国剑桥大学为了适应本国各学校的比赛，制定了一个简单的规则，当时称之为“剑桥大学规则”，有一定的影响力。1857 年，英国成立了第一个足球俱乐部。1863年10月26日，由11个足球俱乐部和学校在伦敦皇后大街弗里玛森酒店举行了会议，创立了英格兰足球协会，会上在讨论修改"剑桥大学规则"的基础上制定了世界上第一个统一的足球竞赛规则，共有14条。因此，1863年10月26日被世人公认为现代足球运动的诞生日。1904年5月21日，法国、比利时、西班牙、荷兰、丹麦、瑞典、瑞士7个国家足球协会的代表在巴黎召开会议，成立了足球国际性组织——国际足球联合会(FIFA)。它是奥林匹克委员会的一个单项体育组织。截至2021年8月，已有211个国家或地区参加了国际足联，是世界上会员协会最多的国际单项体育组织。足球界的最高盛会——四年一届的世界杯就是由国际足联组织举办的。国际足联的宗旨是促进国际足球运动的发展，发展各国足球协会之间的友好联系。

知识加油站

世 界 杯

国际足联世界杯，简称"世界杯"，是由全世界国家级别球队参与，并具有最大知名度和影响力的足球体育盛事。2018年，世界杯全球电视转播观众超过35亿。世界杯每四年举办一次，任何国际足联会员国(地区)都可以派出代表队报名参加这项赛事。巴西国家队是夺得世界杯冠军最多的球队，被球迷戏称为"五星巴西"，其在3次夺得世界杯冠军后永久地保留了首座世界杯冠军奖杯雷米特杯。而现在的世界杯奖杯是大力神杯，由4夺世界杯冠军的德国在1974年首次捧杯并一直沿用。2002年韩日世界杯，中国国家队首次出现在世界杯的赛场。2022年12月18日，在2022年卡塔尔世界杯足球赛决赛中，阿根廷队与法国队在常规时间和加时赛战成3比3平，通过点球大战，阿根廷队以总比分7比5获胜，夺得冠军。

资料来源：作者整理

二、足球运动的特点

足球运动拥有巨大的魅力，这一方面在于足球运动在其历史发展过程中孕育了丰富的内涵，另一方面与足球运动自身的特点有关。

1. 易行普及性

足球运动是一项普及较广的球类运动，场地、道具简单，只要一块场地、一只足球，无论是在校园绿茵场还是乡村绿野，都可尽情地"玩转"足球，享受足球运动带来的魅力激情和狂欢盛宴。

2. 集体协同性

足球运动是一项集体协同作战，对球员的互动配合要求很高的运动。足球运动分两队，每队有11人参赛，整场活动需要前锋、中场、后卫及守门员集体协同作战，形成默契的进攻与防守配合，才能取得整场比赛的主动权和最终胜利。

3. 激烈对抗性

与篮球一样，足球运动同样是一项对抗性很强的集体项目，在球场上极易形成争夺控制权、抢占有利位置、有效控制时间的激烈的时空立体对抗格局。赛场上短短的90 min比赛集球员、教练员、裁判员等所有人员的智慧、技战术、体能、心理素质等于一体，是一场瞬息万变的综合性攻防对抗。

4. 技战术灵活、多元性

足球运动以脚控球，双方围绕射球进门展开激烈对战，攻守队员在时间、空间的限制与反限制、控制与反控制之间形成综合的三维立体式的争夺拼抢格局。

第二节 足球运动的基本技战术

足球技术指由特定动作结构组成，并贯穿于整个足球活动中的一种基本形式。足球技术包括有球技术（踢球、颠球、停球、头顶球、运球、抢截球、假动作和掷界外球）、无球技术（起动、快跑、跳跃、急停、转身、移动步和假动作）和守门技术（接球、扑球、拳击球、托球、掷球和抛踢球）。本节主要介绍足球的颠球技术、踢球技术、运球技术、射门技术、接球技术和抢截球技术。

一、足球运动基本技术

（一）颠球技术

颠球是指运动员用身体的各个有效部位连续地触击球，并加以控制，尽量使球不落地的技术动作。颠球主要有双脚脚背颠球、双脚内侧或外侧颠球、大腿颠球和头部颠球。它是足球运动最基本的技术之一。

1. 主要颠球技术

（1）脚背颠球。脚向前上方摆动，用脚背击球，击球时踝关节稳住，击球的下部。两脚可交替击球，也可一只脚支撑，另一只脚连续击球。注意击球时用力应均匀，使球始终控制在身体周围。

（2）脚内侧或外侧颠球。抬脚屈膝，用脚的内侧或外侧向上摆动，击球的下部，两脚内侧或外侧交替击球，注意事项同脚背颠球。

（3）大腿颠球。两脚开立，膝盖微屈，用前额部位连续顶球的下部。顶球时，两眼注视球，两臂自然张开以维持身体平衡。

（4）头部颠球。两脚开立，膝盖微屈，用前额部位连续顶球的下部。顶球时，两眼注视球，两臂自然张开以维持身体平衡。

2. 颠球常用练习方法

（1）原地颠自己手坠的下落球。

（2）原地拉挑球，接着进行颠球，熟练后可两脚交替颠球，触球部位可先脚背再脚侧。脚下颠球熟练后再练习大腿颠球和头部颠球。

（3）原地进行高、低交替颠球练习。

（4）走动颠球练习。

（5）二人一组，一人拉挑球颠给对方，对方接着颠；或者二人面对面进行对颠，可规定颠球的次数和触球部位。

3. 颠球易犯错误与纠正方法

（1）脚背颠球。

① 脚击球时踝关节松弛。纠正方法：适当保持踝关节紧张，击球下中部，以膝关节为轴

屈伸小腿。

② 击球时脚尖向下或向上勾，球难以被控制。纠正方法：练习时脚背须与地面平行，脚尖微翘。初学者可先颠一次，让球落地反弹后再颠，体会触球时与球摩擦使球带有回旋的感觉，熟练后再过渡至连续颠球。

（2）脚内侧或外侧颠球。

① 击球时脚内翻或向上摆动不够，不能使球垂直向上运动。纠正方法：加强柔韧性练习。二人一组，一人坐在地上两腿屈膝，脚掌相对，呈盘腿状，两脚尽量靠近大腿，另一人在身后两手扶膝关节用力下压持续几秒钟后，交换进行练习。此举可提高脚内翻和小腿向上摆的幅度。

② 支撑腿膝关节弯曲不够，导致脚外侧颠球时球无法靠近身体，失去控制。纠正方法：练习时支撑腿膝关节有意识弯曲，上体向支撑腿一侧稍倾斜，屈膝，脚外翻使脚外侧呈水平状态的姿势，持续几秒后交换支撑脚再练习。

（3）头部颠球时击球时间和部位不准，导致难以控制球的方向和高度。纠正方法：练习时要求颈部稍紧张，用力控制好顶球点，加强收腹及屈膝、伸腿、蹬地协调用力的练习。

（二）踢球技术

踢球是运动员有目的地用脚把球击向预定目标的技术。踢球是足球技术中重要的技术之一，也是足球运动的特征之一，主要用于传球和射门。踢球方法众多，主要有脚背正面踢球、脚背内侧踢球、脚背外侧踢球等。不管使用哪个部位踢球，其动作结构相同，均由助跑、支撑腿站位、踢球腿前摆、脚触球和踢球随球五个动作环节组成。

1. 主要踢球技术

（1）脚背正面踢球。踢定位球时，直线助跑，支撑腿踏在与球平行且距球一脚距离的左侧方或右侧方，脚尖正对出球方向，膝稍屈；同时踢球腿向后摆起，膝弯曲。踢球腿前摆时，应用大腿带动小腿，当大腿前摆至垂直地面位置时，小腿加速前摆，在脚触球刹那，脚背绷直，并稍收腹，以正脚背部位触球的后中部。踢球后，身体继续向前跨出一两步。具体动作如图 7-1 所示。

图 7-1 脚背正面踢球动作

（2）脚背内侧踢球。沿着与球成45°的斜线助跑，支撑腿踏在球的侧后方约两脚处，膝弯曲，以脚掌外侧着地支撑身体重心，上体稍向支撑腿一侧倾斜，踢球腿自然后摆。踢球时，以大腿带动小腿，呈弧形迅速前摆，脚稍向外转，脚面绷直，脚趾扣紧，脚尖斜指前下方，以里脚背触球的后中部，踢球后，腿随球摆出。具体动作如图 7-2 所示。

图 7-2　脚背内侧踢球动作

（3）脚背外侧踢球。动作要领与脚背正面踢球基本相同，只是用脚背外侧触球，在踢球的一刹那，脚背要绷直，脚趾用力下扣，脚尖内转，踢球的后中部。具体动作如图 7-3 所示。

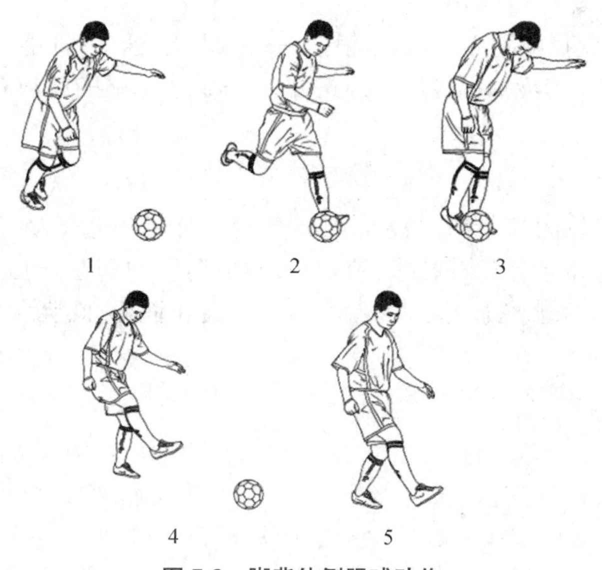

图 7-3　脚背外侧踢球动作

2. 踢球常见练习方法

（1）原地做各种踢球动作的模仿练习。

(2) 二人一组一球,一人用脚挡球(挡球脚脚尖翘起,脚掌对球,离球约 10 cm),另一人做助跑踢球练习。

(3) 对足球墙踢球练习。开始时离墙 3～5 m,用力要小,然后逐渐加长离墙的距离和增大踢球力量。

(4) 踢准练习。二人一球,相距 15 m 左右,中间放一个低的跨栏架,要求踢出的球从栏间通过;向画有标志的足球墙踢去且保持准确。

(5) 踢远练习。在角球区内向罚球区用力踢球;在罚球区线上向站在中线附近的同伴用力踢球;对着足球墙运球中踢球,距离可逐渐加大。

(6) 接力踢球。队员分成两组,相距 15 m 左右,成纵队相对站立,由其中某一组第一人开始跑动中踢球,踢球后跑到对方排尾,依次循环。

(7) 踢来自各个方向的球。

3. 踢球易犯错误与纠正方法

(1) 支撑腿位置偏后,踢球时身体或臀部后坐,脚触击球的后下部等;踢出的球偏高。纠正方法:调整支撑腿的位置,在脚触球的同时蹬地送髋保持水平方向移动。

(2) 踢球腿的后摆较小或没有后摆,而仅是将球踢出以致前摆过度,造成踢球无力或出球较高。纠正方法:加大最后一步助跑,使支撑腿立足与踢球腿形成相应的距离,以提高后摆的幅度。

(3) 踢球腿摆动不稳定,触球点不准确,使球产生不应有的旋转,准确性降低,并且影响出球的力量。纠正方法:在脚触球前看准球的部位,重复练习。

(4) 脚屈得不够,以致无法用脚的正确部位触球,出球力量和方向均受到影响,且易损伤脚趾。纠正方法:加强脚趾柔韧性练习,多压脚趾,同时在练习时提醒自己用脚的正确部位触球。

(5) 踢地滚球时支撑腿站立不当,未根据来球的方向、速度、性能等选择支撑的位置,也未对自己踢球腿的摆动速度加以控制。纠正方法:强调支撑腿的超前和错后,根据不同方向的来球和速度加以控制。

(三) 运球技术

运球技术指用身体的某一部位触球,使球能随运球者一起运动。在足球运动中,还涉及如何正确灵活地运用各种运球技术带球越过对方防守的问题,因此,必须较为熟练地掌握运球技术。常用的运球技术包括脚内侧运球、脚背正面运球、脚背外侧运球和脚背内侧运球。

1. 常用的运球技术

(1) 脚内侧运球。运球前进时支撑腿始终领先于球,位于球的侧前方,肩部指向运球方向,支撑腿膝关节微屈,重心落在支撑腿上;另一条腿提起屈膝,用脚内侧推球前进,然后运球腿着地。这种技术多用于在运球寻找配合传球或有对方阻拦需用身体掩护时。

(2) 脚背正面运球。运球时身体为正常跑动姿势,上体稍前倾,步幅较小,运球腿提起,膝关节稍屈,髋关节前送,提踵,脚尖下指,在着地前用脚背正面部位触球后中部推送球前进。

(3) 脚背外侧运球。运球时身体持正常跑动姿势,上体稍前倾,步幅较小,运球腿提起,膝关节稍屈，髋关节前送，提踵，脚尖绕矢状轴向内旋转。通过身体或某一局部前、后两点绘出的一条与地面平行又与冠状轴垂直的连线，即为该部位的矢状轴。向内侧旋，使脚背外侧正对运球方向，在运球腿落地前用脚背外侧推拨球的后中部。

(4) 脚背内侧运球。身体稍侧转并自然协调放松，步幅小，上体前倾，运球腿提起外展，膝微屈外转，提踵，脚尖外转，使脚背内侧正对运球方向，在运球腿落地前用脚背内侧推拨球，使球随身体前进。

2. 运球常用练习方法

(1) 用较慢速度进行单脚推或拨球前进练习，较熟练掌握后再进行两只脚交替推、拨球前进练习。

(2) 接力运球练习。将练习者分成两组，相距 20 m 左右呈“一”字形相对站立，一组第一人运球到对面的运球起点线，将球传给另一组的第一人，然后跑到排尾，依次循环。可规定运球的具体方法和循环次数。

(3) 过障碍运球练习。练习者排成一路纵队，由排头开始从起点线运球绕过数根标杆，每两个练习者之间相隔一定距离一个接一个运球过杆，标杆可排成直线或折线。

(4) 弧形运球。练习者分别站在中圈外的左侧和右侧，顺中圈的弧线进行运球。熟练后可将练习者分成两组，一组运球，另一组散站在圈内或在圈内自由走动。运球者应尽量使球不触及站着的或走动着的人。一定次数后两组进行交换练习。

(5) 两人一组一球，做一过一练习。运球者与防守者做运球过人练习，防守者做消极防守。熟练后防守者做积极防守，一定次数后两人进行交换。

3. 运球易犯错误与纠正方法

(1) 眼睛只盯着球，无法随时观察周围情况，以致不能根据临场情况及早采取措施。

(2) 运球时不是推球或拨球而是击球，致使球远离自己而失去控制。纠正方法：以上两种常见错误的纠正方法均为多做慢速的运球练习，使练习者形成正确的运球动作概念。熟练后进行一对一过人练习。

实训时刻

在足球运动中，训练强度和负荷会有所增加，尤其是下肢力量与快速的奔跑能力训练。请总结足球专项体能训练的方法，以提高自己的足球参赛能力。

(四) 射门技术

射门技术是足球运动中最主要的得分技术之一，在最后临门一脚或用头将球射进对方球门是比赛取胜的关键。以下将介绍几种最基本的射门技术。

1. 最基本的射门技术

(1) 正脚背射门。起跑点、足球和射门目标成一条直线，向目标处轻松助跑几步后站在足球侧边，自然向后提起踢球腿小腿，双目注视足球顶部，固定支撑腿脚跟，挥动踢球腿小腿抽向足球中央点，击球后身体顺势追前完成整个射门动作。

(2) 脚外侧踢弧线球。斜线碎步跑向足球，当支撑腿站在足球侧近时，提腿扭摆身体，锁紧支撑腿脚跟，用脚外侧抽击足球偏外 1/3 处，射门后顺势收膝以完成射门动作。

(3) 脚内侧踢弧线球。斜线碎步跑向足球,当支撑腿站在足球侧近时,提腿扭摆身体,锁紧支撑腿脚跟,用脚内侧抽击足球偏外 1/3 处,击球过程中顺势扭动身体,使所射足球自然形成内弯弧线球。

2. 射球常用练习方法

(1) 对足球墙进行射门练习,可瞄准某一点集中练习,待熟练后再瞄准另一点集中练习。

(2) 对球门进行射门练习。

(五) 接球技术

接球技术即停球技术,是指有意识地将球停接下来,控制在自己的活动范围内,以便更好地处理球。

1. 接球技术的种类

按接球的身体部位不同,可将接球方法分为胸部接球、脚掌接球、脚弓接球、正脚背接球、外脚背接球等。

(1) 胸部接球。胸部接球分挺胸接球和收胸接球两种方式。挺胸接球时身体正对来球,两脚前后开立,两膝弯曲,上体稍后仰,当球到头部前上方时,两臂自然向两侧张开,在球触及胸部时,要挺胸憋气,使球触胸后向前上方弹起,然后用头或用脚将球控制好。收胸接球时,准备姿势同挺胸接球,接球时,胸部对准来球,并稍前挺迎球,球一接触胸部,两肩前引,迅速收胸,收腹缓冲来球力量,将来球接在身前。具体动作如图 7-4 所示。

(2) 脚掌接球。此种接球方法常用于接正面地滚球和反弹球。接地滚球时,身体正对来球方向,支撑腿微屈,上体稍前倾,保持身体平衡,接球脚提起,高度不超过球的高度,屈膝,脚尖翘起高过脚跟;当球滚到脚前侧时,脚掌轻轻下压,以脚前掌将球接在脚下。具体动作如图 7-5 所示。

(3) 脚弓接球。以接地滚球为例,接球时,支撑腿正对来球方向,膝稍屈,当接触时,接球脚向前下轻压,将球接于身前。若来球力量大,则接球脚可稍后撤,以缓冲来球力量,将球接在脚下。具体动作如图 7-6 所示。

图 7-4　胸部接球瞬间

图 7-5　脚掌接球瞬间

图 7-6　脚弓接球瞬间

(4) 正脚背接球。以接空中球为例,身体正对来球,接球腿屈膝提起,以脚背对准来球;球与脚接触的瞬间,小腿和脚踝放松下撤,缓和来球力量,使球落在身前;或者接球腿稍抬起,在球接近地面时,用正脚背触球,随球下撤落地。具体动作如图 7-7 所示。

(5) 外脚背接球。以接地滚球为例,身体重心先放在支撑脚上,支撑腿稍屈,同时接球腿提起，膝稍屈，放在支撑腿的侧前方，脚背外侧对准来球方向，在球与脚接触瞬间，接球腿轻轻下压，将球接于身前。若想将球接向体侧，则脚尖和髋部外展，使球停于身旁。具体动作如图 7-8 所示。

图 7-7 正脚背接球瞬间　　图 7-8 外脚背接球瞬间

2. 接球(停球)常用练习方法

(1) 两人一组，一人踢球，一人停球，注意停球时身体和脚踝的触球部位应适当放松，并做好迎撤动作，一定次数后两人交换练习。熟练后可进行停迎面来的地滚球练习。

(2) 跑上去停对足球墙踢出的反弹回来的球。

(3) 练习者分成甲、乙两组，相距 20 m 左右呈“一”字形纵队，甲组第一名练习者踢地滚球给乙组第一名练习者，然后跑回本组排尾，乙组第一名练习者迎上停球，然后踢给甲组的下一个练习者，依次循环若干次。

(4) 停侧面的来球。二人一组，相距 15 m 左右，练习者甲向练习者乙的侧中踢球，练习者乙跑动中用规定部位停球，停球后将球再踢回给练习者甲，依次循环若干次，停球部位可根据练习情况进行调整。

(5) 与运球、传球、过人和射门等技术组合练习，以适应实战的要求。

(6) 自抛自停反弹球。自己向上抛球，待球落地停反弹球；或自己先向足球墙掷、踢高球，再跑上去停反弹球。

(7) 二人一组，相距 15 m 左右，一人踢或抛一定高度呈抛物线下落的球，另一人向侧方或侧后方停反弹球。

(六) 抢截球技术

抢截球技术属于足球运动中的防守技术，是用争夺、堵截和破坏等方式延缓或阻拦对方进攻的方法。这里主要介绍正面抢截球和侧面抢截球。

1. 抢截球技术的种类

(1) 正面抢截球。两脚前后稍开立，两膝稍屈，身体重心下降，并平均落在两脚上，面向对手。当对方带球脚触球即将着地或刚刚着地时，立即抢球。抢球脚的脚弓对正球，并跨出一步，膝关节弯曲，上体前倾，身体重心移至抢球脚上。若对方已有准备，在双方脚同时触球时，脚触球后要顺势向上提拉，使球从对方脚背滚过，身体迅速跟上，把球控制住。双方上体接触时，抢球人可用合理部位冲撞对方，使之失去平衡，将球控制在自己脚下。

(2) 侧面抢截球。当与对方平行跑动争球时，身体重心要降低，两臂贴紧身体。在对方靠近自己的脚离地时，可用肩和上臂做合理的冲撞动作，使对方身体失去平衡，从而把球抢过来，获得控球权。

2. 抢截球常用练习方法

（1）两人一组一球，球放于中间，两人相对而站且均离球一步，两人同时做跨步用脚步内侧抢球的模仿练习。熟练后两人一组做快速的抢球练习。

（2）两人一组一球，相距7～8 m，一人直线运球，另一人正面跨步抢球或侧面冲撞抢球。

二、基本攻守战术

足球战术是比赛中为了战胜对手，根据主客观的实际所采取的个人和集体配合的手段的综合表现。比赛实践证明，熟练而巧妙地运用全队力量是夺取胜利的重要因素。

足球战术可分为进攻和防守两大体系，其中分别包含着个人战术、局部战术和整体战术。个人和局部战术是基础，为全队的整体战术服务。进攻战术与防守战术既对立统一，又相互制约、相互促进，从而推动了足球战术的不断发展与提高。

（一）个人攻守战术

图文
足球运动基本战术

1. 个人进攻战术

它主要包括传球、射门、运球突破和跑位等。传球是集体配合的基础，它是完成战术配合、创造射门机会的主要手段。射门是一切进攻战术配合的最终目的和进攻得分的唯一手段，也是进攻战术最重要、最困难、最振奋人心的环节。运球突破是进攻战术中极为重要的个人战术，是突破密集防守、创造射门机会的有效手段，是冲破紧逼盯人造成局部地区以多打少、觅得传球空当、获得射门机会的有效手法，同时也是扰乱对方防线的锐利武器。跑位是指比赛中队员在无球的情况下，通过有意识地跑动，为自己或同伴创造进攻机会的行动。

2. 个人防守战术

它主要包括选位、盯人、断球、抢球等。选位是指防守队员根据位置职责和临场情况，选择适当的防守位置。盯人是指防守队员控制进攻队员的行为与传接球的时间和空间，它可分为紧逼盯人和松动盯人。断球是指将对方的传球从途中截下来或破坏掉的战术行为。抢球是指将对方控制的球抢过来或破坏掉的战术行为。

（二）局部攻守战术

1. 局部进攻战术

它是指进攻中两个或几个队员之间的配合方法。它是集体配合的基础，其基本配合形式有传切配合、交叉掩护配合、“二过一”配合。

（1）传切配合：包括斜传直插配合、直传斜插配合。

（2）交叉掩护配合：比赛中经常采用的两人局部进攻配合有传切配合、掩护配合和二过一配合。局部两人配合是整体进攻战术的基础。不论在任何一个场区，任何两名同队队员（守门员除外）都可以采用。两人配合能力的强弱直接反映球队的进攻战术的质量。

（3）“二过一”配合：“二过一”配合是在局部地域，两名进攻队员通过两次传球越过一名防守队员的战术手段。

2. 局部防守战术

它是指两个或两个以上的防守队员之间的配合方法。它是防守战术的基础，其基本配合形式有保护、补位和围抢。

(1) 保护是指给逼抢持球队员的同伴心理和行动上的支持，使其无后顾之忧，全力以赴紧逼对手。

(2) 补位是足球比赛中局部地区集体配合进行防守的一种方法。当防守过程中一个防守队员被对手突破时，另一个队员则立即上前进行堵封。

(3) 围抢是指比赛中在某局部位置上，防守一方利用人数上的相对优势(通常是两三个队员)同时围堵对方的持球队员，以求在短暂时间内达到抢断或破坏对方战术的目的。

(三) 整体攻守战术

1. 整体进攻战术

这是指为了完成进攻战术任务所采用的全局性的配合方法。依据进攻的区域，整体的进攻战术可分为边路进攻、中路进攻和转移进攻；根据进攻的速度，整体进攻战术可分为快速反击、层次进攻和破密集防守进攻。这里主要介绍前者。

(1) 边路进攻：利用球场两侧地区发起进攻的方法。边路进攻是全队进攻战术的主要形式之一，其主要特点是有利于发挥进攻速度，打破对方防线并制造缺口。

(2) 中路进攻：利用球场中间区域组织进攻的方法，这种进攻虽能直接射门，但难度最大，因中路防守最为严密，担纲前锋的攻击手必须是反应极其敏锐、意识强、技术高、敢于冒险、速度快和善于路位策应的队员。

(3) 转移进攻：由一个区域转向另一个区域的进攻配合。

2. 整体防守战术

这是指全队所采取的防守配合方法。整体防守战术按形式可分为人盯人防守、区域盯人防守和混合盯人防守，按打法可分为向前逼压式打法、层次回撤式打法和快速密集式打法。

(1) 人盯人防守是一种除自由人以外，其他每个队员都有固定盯人对象的防守形式。

(2) 区域盯人防守是每一防守队员占据一定的活动区域，当进攻者进入该防区时，区域防守队员实施严密盯人，以控制进攻者在此区域的一切有效行动。

(3) 混合盯人防守是人盯人和区域盯人防守两种形式交织在一起的防守打法。

第三节 足球比赛规则与裁判方法

一、场地和器材

国际比赛(11 人制足球赛)标准场地为长 90～120 m、宽 45～90 m 的长方形场地(见图 7-9)。场地内两条较长的边界线叫边线，两条较短的线叫球门线，比赛场地被中线划分为两个半场,以中线的中点为圆心、9.15 m 为半径画出的圆为中圈。场地中所有线的宽度不超过 12 cm。从距每个球门柱内侧 5.5 m 处,画两条垂直于球门线的线。这些线伸向足球比赛场地内5.5 m,与一条平行于球门线的线相连接。由这些线和球门线组成的区域范围是球门区。

球门必须放置在每条球门线的中央,它们由两根与角旗杆等距离的垂直的柱子和连接其顶部的水平的横梁组成。两根柱子之间的距离是 7.32 m,从横梁的下沿至地面的距离是 2.44 m。两根球门柱和横梁的宽度与厚度相同且不超过 12 cm。球门线与球门柱和横梁的宽度是相同的。球门网可以系在球门及球门后面的地上,并要适当地撑起,以免影响守门员。球门柱和横梁必须是白色的。

从距每个球门柱内侧 16.5 m 处,画两条垂直于球门线的线。这些线伸向比赛场地内 16.5 m,与一条平行于球门线的线相连接。由这些线和球门线组成的区域范围是罚球区。在每个罚球区内距球门柱之间的中点 11 m 处设置一个罚球点。在罚球区外,以距罚球点 9.15 m 为半径画一段弧。

在场地每个角上各竖一根不低于 1.5 m 的平顶旗杆,上系小旗一面。在中线的两端、边线以外不小于 1 m 处,也可以放置旗杆。在比赛场地内,以距每个角旗杆 1 m 为半径画一个 1/4 圆,此为角球弧,如图 7-9 所示。

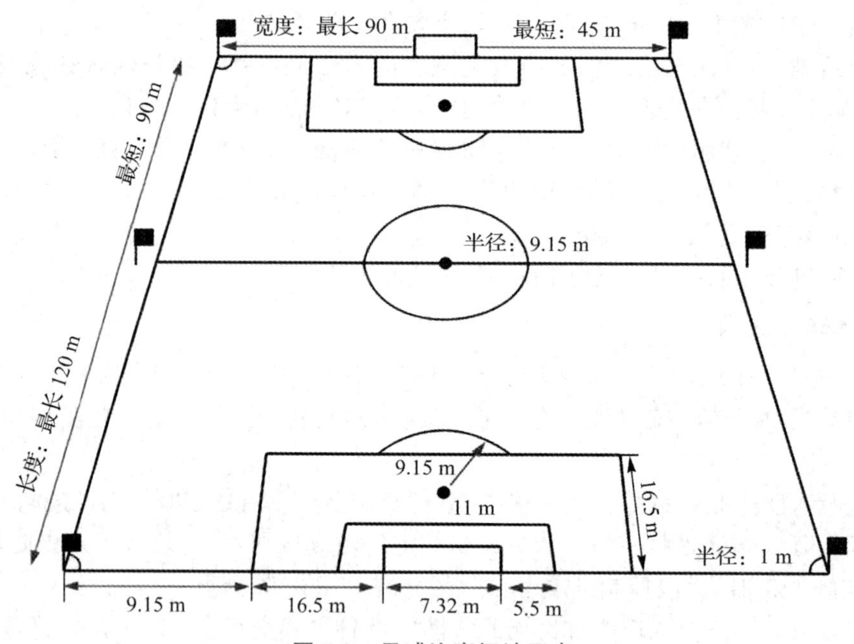

图 7-9 足球比赛场地示意

足球为圆形,以皮革或其他合适的材料制成。球体圆周长为 68～70 cm,球的重量为 420～445 g,气压为 0.6～1.1 百帕(bar)。

二、比赛时间、人数及装备

1. 比赛时间

正式的 11 人制足球比赛分为上、下半场,每半场为 45 min,中间休息时间不超过 15 min。

2. 队员及裁判员人数

每队上场队员不得多于 11 名,其中须有一名守门员,如某队场上队员少于 7 人,则比赛不能开始。每场比赛由 1 名裁判员、2 名助理裁判员及 1 名第四官员担任裁判工作。

3. 队员装备

足球队员必需的装备有运动上衣、短裤、护袜、护腿板、足球鞋。正式比赛队员上衣前胸、背后和短裤前方均应有号码,上衣与短裤号码必须一致,队员之间不得重号;守门员服装颜色应区别于其他队员、裁判员和助理裁判员。队长须佩戴袖标。

三、比赛场上的规则及相关术语

1. 红牌与黄牌

根据犯规性质不同,裁判员可出示两种不同颜色的牌,即红牌和黄牌。

对于足球比赛中出现的一些严重犯规,裁判员要出示红牌或黄牌。若为恶意的犯规或暴力行为,应出示红牌。故意手球、辱骂他人或同一场比赛同一人得到两张黄牌时,也应出示红牌。

比赛中,有违反体育道德行为,用语言和行为表示不满者应被出示黄牌。连续犯规、故意延误比赛、擅自进出场地的队员也应被出示黄牌。

2. 越位

足球比赛构成越位要满足的条件:在球员传球时脚触球的瞬间,在对方半场内,如果本队球员的位置与对方最后第二名队员的位置相比更靠近对方球门线,这时该队员处于越位位置。需要说明的是,本队队员与对方最后第二名队员处于平行位置时不判越位。对处于越位位置的队员,裁判员在下列情况中判罚越位犯规:干扰比赛、干扰对方队员和利用越位位置获得利益。

3. 任意球

足球比赛的任意球分为两种。一种是直接任意球,主要是针对恶意踢人、打人、绊倒对方的行为,或用手拉扯、推搡对方,手触球,辱骂裁判员、他人等情况判罚。此种任意球可直接射门得分。若这些行为发生在罚球区,就应判罚球点球。还有一种是间接任意球,主要针对做出危险动作、阻挡他人、定位球的连踢等情况判罚。这种任意球不能直接射门得分,只有当球进门前,触及另外一名队员才可得分,罚球区内这种犯规不能判罚球点球。

无论直接任意球还是间接任意球,防守方都应退出 9.15 m 线以外,若不按要求退出 9.15 m 外,裁判员可出示黄牌。

4. 界外球

当球越过边线时,应由最后触球球员的对方球员在球出界的位置掷界外球。掷界外球的球员必须双足站立在边线上或边线外地面,并双手持球从头后经头顶掷出。掷界外球不能直接进球得分。队员不慎致使球脱落于场外,可以重掷。掷球时,队员以合理动作故意掷击场内的对方队员,应判由对方在犯规地点罚直接任意球。

5. 罚球点球

在比赛进行中,一个队在本方罚球区内由于做出了可判罚直接任意球的 10 种犯规之一的行为而被判罚的任意球,应执行罚球点球。罚球点球时,双方队员不能进入罚球区。如防守方进入罚球区,进球有效,不进则重罚;如进攻方进入罚球区,进球应重踢,如不进则为防守方的球门球。在罚球点球时,守门员可以在球门线上左右移动,但不可以向前移动。

6. 进球

当球的整体从球门柱间及横梁下越过球门线,而此前未违反竞赛规则,即为进球得分。

7. 补时

足球比赛有时根据场上情况在比赛时间上需要补时。一般在上、下半场正常的比赛时间之后进行补时。补时的时间长短由裁判员决定。造成补时的原因主要有处理场上受伤者、拖延时间和其他原因。

1. 足球运动的基本技术有哪些?
2. 一支足球队的组成是什么样的?不同站位的队员各自承担怎样的职责?
3. 正式的足球比赛中出示黄牌和出示红牌的情况分别有哪些?
4. 现代足球运动兴起后,不断有充满天赋的足球运动员试图摸索出一些独有技术来冲破对手的拦截和取悦现场的观众。你知道哪些球员的独有技术?

第八章　排球运动

学习目标

1. 了解排球运动的基础知识，观看中国女排的经典赛事回放及相关的影视剧作品等，了解我国排球运动发展的过程。

2. 训练掌握排球运动的基本技战术，熟悉排球比赛的队员站位和阵容安排，能够组织同学开展排球比赛。

第一节　排球的基础知识

一、排球运动的起源与发展

排球运动是一项由两支相等人数构成的球队，在被球网（男子比赛网高 2.43 m，女子比赛网高2.24 m）隔开的两个均等的场地内（长 18 m、宽 9 m）进行集体性攻防对抗的体育项目。随着现代排球运动的内涵和外延不断拓展，排球比赛的技术性与观赏性不断提高，排球赛事不断向社会化、职业化和商业化的方向发展。

排球运动于 1895 年起源于美国，是美国马萨诸塞州的威廉姆·摩根受到网球和篮球运动的启示而发明的，目的是寻求一种较为缓和且运动量适当、充满乐趣、男女老少皆宜的室内娱乐性运动项目。排球运动在英语中被命名为 volleyball，即“空中截击”之意。排球运动被创立后，先后传入南美和欧洲，发展非常迅速，且不断繁衍分化，形成不同的风格。

1905 年，排球运动传入我国沿海城市。我国自 20 世纪 50 年代初开始学习、推广排球运动；1954 年加入国际排球联合会后，整体技战术水平得到迅猛发展，不断向着全面、快速、高深、立体方向发展。

如今，世界排球运动不断创新发展，排球运动具有广泛的群众性、高度的技巧性及协同配合的集体性，还可促进机体各部分的全面发展。因此，排球运动是广大群众和青少年所喜爱的运动项目。排球运动又分出沙滩排球和软式排球这两项集健身、休闲、竞技于一体的体育运动项目。

二、排球运动的特点

1. 广泛群众性

排球运动的场地设备和规则要求简单，只要喜欢排球运动，任何人都可以参与进来。

2. 集体协同性

排球运动是一项集体项目,除发球外,其余的技战术都是在集体配合之下完成的。

3. 激烈对抗性

排球比赛中的每次攻防争夺都蕴含着失分和得分的可能,这使得攻防矛盾非常激烈,尤其是在比赛出现关键球和赛点时,落后一方的队员会面临力挽狂澜的挑战或接受功亏一篑的败局。场上队员必须具备良好的心理调控能力、娴熟的技术和作战配合能力,教练员则需具备积极灵活的调防能力,否则,球队很难在激烈的攻防对抗中取得领先并赢得胜利。

4. 技战术全面,灵活多变

排球运动属于集体对抗比赛,需要场上 6 名队员协同配合组织有效的进攻与防守。在进攻中,前排队员要不断地变换运用跑动、交叉换位、掩护等各种技战术来迷惑对方,并将球击落在对方场地;在防守时,全队都要积极防御对方扣球;在攻防转换中,队员要保持合理的攻防阵形,采取灵活多变的战术,有效防护对方拦网并迅速组织进攻。排球运动的攻守对抗性是其基本规律和特征。排球的技战术发展都是围绕攻防战术的创新而展开的。

5. 休闲娱乐性

现代排球运动已经发展出多种形式,如沙滩排球、气排球、软式排球等。排球运动集健身、娱乐、社交、休闲等功效于一体,运动形式不拘一格、灵活多变,已成为人们休闲娱乐的热门项目。

女排精神

女排精神是中国女子排球队顽强战斗、勇敢拼搏的总概括,具体表现为扎扎实实、勤学苦练、无所畏惧、顽强拼搏、同甘共苦、团结战斗、刻苦钻研、勇攀高峰。她们在世界排球赛中,凭着顽强战斗、勇敢拼搏的精神,五次蝉联世界冠军,为国争光,为人民建功。她们的这种精神给予了全国人民巨大的鼓舞。国务院以及国家体育总局、共青团中央、中华全国青年联合会、中华全国学生联合会和中华全国妇女联合会号召全国人民向女排学习。从此,女排精神广为传颂,家喻户晓,各行各业的人们在女排精神的激励下,为中华民族的腾飞顽强拼搏。

2021 年 9 月,中国共产党中央委员会批准了中央宣传部梳理的第一批纳入中国共产党人精神谱系的伟大精神,其中就有被定义为"祖国至上、团结协作、顽强拼搏、永不言败"的女排精神。

资料来源:https://www.zzrvtc.edu.cn/glgcx/2021/1228/c2960a94981/page.htm,有改动

第二节 排球运动的基本技战术

一、准备姿势

准备姿势属于无球技术，按身体重心的高低，又分为半蹲准备姿势、稍蹲准备姿势和低蹲准备姿势三种。以半蹲准备姿势为例，队员两脚左右开立，略比肩宽，一脚在前、一脚在后，两脚尖向前微内收。膝关节保持一定的弯曲。上体前倾，重心在两脚之间略靠前。两臂自然弯曲，全身肌肉适当放松，双手置于腹前，两眼注视来球，两腿始终保持微动状态，如图 8-1 所示。

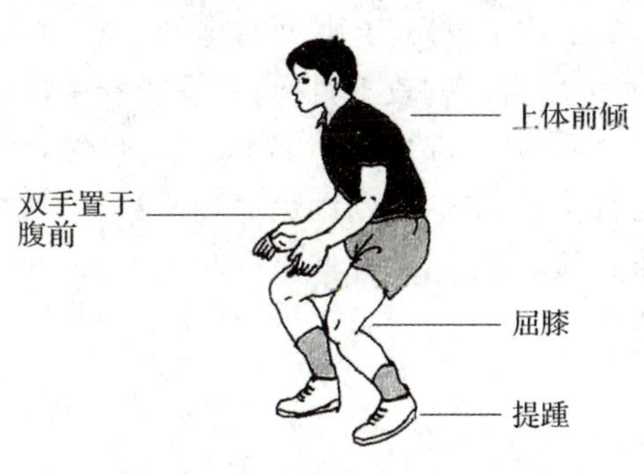

图 8-1 半蹲准备姿势

二、排球运动的基本技术

排球运动的基本技术主要有基本移动步法、发球、正面双手垫球、正面双手传球、扣球和拦网等。

(一) 基本移动步法

1. 一般准备姿势

两脚左右开立略比肩宽，前后开立距离小于左右距离，膝稍屈，上体稍前倾，两臂自然弯曲置于腰腹或胸前，整个身体处于较灵活的平稳状态，随时准备起动。

2. 并步

当来球距身体一步左右时，可采用并步移动。移动时，移动方向的同侧脚步先向移动方向跨出一步，当跨出脚落地时，另一脚迅速并上，呈击球前的准备姿势。

3. 跨步

当来球较低，离身体 1 m 左右时，可采用跨步移动。移动时，一脚用力蹬地，另一脚向来球方向跨出一大步。跨出腿膝部弯曲，上体前倾，臀部下降，身体重心移至跨出腿上，后腿在蹬地后膝部也要微屈。

4. 交叉步

当来球在体侧或体前侧距离身体 2 m 左右时，可采用交叉步移动去接近球。若向右移动，起动时身体应稍向右转，同时右脚自然地向右先移动一小步(起动步)，使脚尖指向右前方，左脚从右脚前面向右交叉迈出一步；然后右脚再向右跨出一步，落在左脚的右侧，同时身体转动，对准来球方向，保持击球前的准备姿势。

5. 练习方法

(1) 听口令采用规定步法做反应练习。

(2) 两人一组一球，一人持球向不同方向抛球，另一人采用各种基本步法接球。

(3) 同伴向四周抛出各种高低远近不同的球，每人连续接球若干次，球不得落地。

(二) 发球

发球是排球比赛中主要的得分技术之一，是不受对手影响的技术，也是先发制人的进攻性技术。发球按动作可分为正面上手发球、正面下手发球、侧面下手发球、正面上手发旋转球、侧面勾手大力发球、正面上手发飘球、侧面勾手发飘球、跳发飘球和跳发大力球等。由于篇幅所限，本书在此主要介绍正面上手发球和正面下手发球。

1. 正面上手发球

以右手发球为例，面对球网站立，左手托球于胸前，右手扶球，注意观察对手的站位和布局，选定自己的攻击目标；左手或双手将球平稳地向右肩前上方抛起，抛球的同时，右臂抬起屈肘后振，肘部弯曲与肩平，五指自然张开，上体稍向右转动，抬头挺胸、展腹、身体重心移动至右脚上；击球时利用蹬地转体和迅速收胸收腹的动作使手臂迅速猛烈地向上方挥动，重心随之移至左脚，手臂伸至右肩上方，以全掌击球的后中下部，手触球时手腕应有向前推压的动作，使球向前旋转飞出，具体动作如图 8-2 所示。

图 8-2　正面上手发球动作

2. 侧身下手发球

左肩对网，两脚开立。左手抛球于胸前一臂远，离手高约 30 cm，在抛球的同时，右臂摆至右侧后下方。在抛球的同时，右脚蹬地，向左转体，带动右臂向前上方摆动，在腹前以全手掌击球的右下方，如图 8-3 所示。随着击球动作的完成，发球队员迅速进入场地。

图 8-3　正面下手发球动作

3. 发球常用练习方法

(1) 原地徒手模仿发球动作，熟练后进行抛球练习，再将抛球和发球结合进行练习。

(2) 将球悬吊在适当高度,或由同伴持球,用发球的正确动作击球,以体会发球动作和击球时手的感觉。

(3) 两人一组,不隔网相距 10 m 进行发球练习;熟练后可做近距离的隔网发球练习。

(4) 站在端线后轮流发球,并相互观察,提醒动作要点;熟练后可规定发球目标和发球次数再进行练习;最后过渡至分组进行发球和接发球比赛。

4. 易犯错误与纠正方法

(1) 抛球不当,影响发球的质量。纠正方法:固定抛球的位置与高度,反复练习,并由同伴或教师帮助纠正动作。

(2) 击球点不准,从而影响击球效果。纠正方法:多击固定球;抛球击球时眼睛应盯住击球部位,及时挥臂击球。

(3) 击球时手掌控制不住球,击不准球。纠正方法:提醒自己应看准击球部位击球,抛球后先用较轻的力量击球或多击固定球。

(三) 正面双手垫球

1. 动作要领

正面双手垫球时,击球手型可取叠指法和包拳法两种。击球点一般尽量保持在腹前约一臂距离的位置,用腕上 10 cm 左右的两小臂桡骨内侧所构成的平面击球。当判断来球须用垫球回击时,及时移动到位,降低重心,两臂前伸插至球下,使两前臂的垫击面对准来球,并初步取好手臂的角度;两手掌要紧靠,手臂夹紧,手腕下压,用平整且稳定的击球面迎击球;由下肢蹬地、提肩、顶肘、压腕的动作去迎击来球,身体重心应随球前移,全身协调用力将球送出,具体动作如图 8-4 所示。

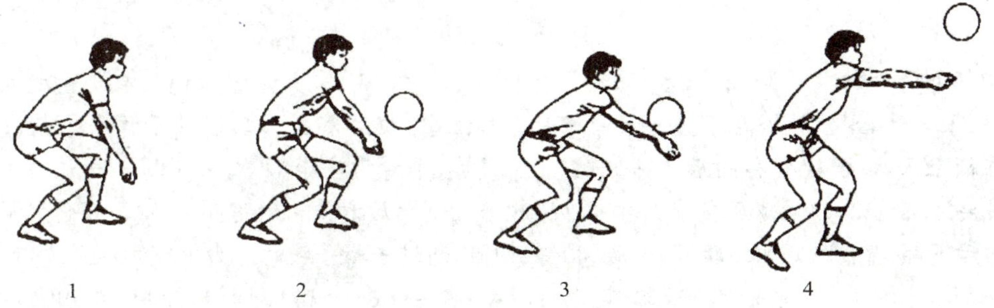

图 8-4 正面双手包拳垫球动作

2. 常用练习方法

(1) 原地徒手模仿练习。

(2) 两人一组,一人持球固定于小腹前高度,另一人从准备姿势开始,做垫击动作,但不将球击出,只体会击球动作。熟练后可一人抛球,一人垫球,再过渡至两人对垫。

(3) 两人一组,一人固定不动,另一人向前后左右移动垫球,再过渡至两人同时移动垫球。

(4) 教练或同伴连续抛球,练习者进行垫球,每组规定垫球个数和垫球方向。

(四) 正面双手传球

1. 动作要领

当判断来球须用传球技术时,手翻掌略相对,置于额前,手指自然弯曲,手腕稍后仰,以稍大于球体的半球形手型准备迎击来球。击球时从下肢开始发力，双脚蹬地，以伸膝、伸髋动作使身体重心上升，再以伸肘使两手迎向来球并在正确的击球位置击球，依靠脚蹬地和手指手腕的用力将球传出。击球后，手腕适当随球前屈。注意击球点在前额正前上方约一个球的位置，触球时肘关节尚有一定弯曲度，以便于继续伸臂用力，具体动作如图 8-5 所示。

图 8-5 正面双手传球动作

2. 常用练习方法

(1) 原地徒手模仿正面双手传球动作。熟练后持球模仿动作，再过渡至原地传抛过来的球。

(2) 自抛自传，可规定次数和移动范围。熟练后进行原地对传，再过渡至移动对传。

(3) 与垫球技术结合进行组合练习。

背　传

背传即背向传球，背传的准备姿势：上体比正传时稍直立，身体重心稳定在两脚之间，不要前倾，双手自然抬起，放松置于额前。迎球时靠抬上臂、挺胸和上体后屈的动作击球，击球点应保持在额上方，以便观察和向后上方用力。触球时，手臂适当后仰，掌心向上，击球的下部，手指手腕要适当放松，以便球压在手上时可以缓冲并控制向后方传出的角度，手形与正传相同，拇指托球的后下部，背传的用力靠蹬腿、展腹、抬臂、伸肘，通过手指手腕的弹力把球向后上方传出。

资料来源：https://www.sohu.com/a/123452341_499964，有改动

(五) 扣球

扣球是排球比赛中积极有效的进攻手段之一，是完成战术配合的最后一击，也是决定胜负的关键技术，因此必须较好地掌握一至两种扣球方法。扣球有强攻和快攻、近网攻和远网攻、前排攻和后排攻、平网攻和调整攻的区分，它们的动作结构相同，只是在时间和空间上有所区别。

1. 动作要领

以右手扣球为例，左脚向球的落点方向自然迈出第一步，接着右脚迈出第二步，右脚跟在起跳点着地，最后左脚迅速并上来，在右脚的左侧约与肩宽并稍靠前半脚的位置着地；两膝弯曲，大小腿夹角为 100°～110°，两膝内扣，上体稍前倾，随即两脚迅速有力蹬地起跳，两臂配合由体侧下方继续屈臂向体前上方摆动，同时迅速展腹、伸膝、屈踝、提踵，使身体腾空

而起；身体腾空后，左臂摆至身体前方（或前上方），击球臂屈臂置于头侧，肘高于肩，展腹、挺胸、敞肩，身体呈反弓形，眼睛注视球。击球时，上臂前旋，肘关节向前上方，前臂放松迅速后振，手腕放松，前臂继续上摆，整个手臂甩直并呈弧形摆至击球点击球；落地时应力争双脚同时着地。注意击球点应在右肩前上方，击球臂与躯干的夹角约为 160°，用手臂击球的后中上部。具体动作如图 8-6 所示。

图 8-6　正面扣球瞬间动作

2. 扣球常用练习方法

(1) 徒手挥臂动作模仿练习。

(2) 利用吊球做原地手臂挥摆击球动作。

(3) 原地对墙或球网做自抛球扣球练习。熟练后面对低网做原地自抛自扣练习，注意球应垂直抛起。

(4) 徒手助跑起跳动作模仿练习。先做慢速助跑起跳，动作熟练后可加快助跑起跳速度。

(5) 利用固定吊球进行助跑起跳扣球练习。要求动作正确、协调、到位。

(6) 网前抛球扣球练习。一人抛固定高度的球，其他练习者呈纵队站立轮流进行扣球练习。熟练后抛球者变换球的高度和落点，以提高实战能力。

(7) 进行串联技术练习。做传、扣技术组合的练习，或接发球、接吊球后的扣球练习等。

(六) 拦网

拦网是排球运动的基本技术之一，是防守的第一道防线，也是得分、得发球权的重要手段，是反攻的重要环节。拦网水平的高低直接影响比赛的胜负。拦网由准备姿势、移动、起跳、空中击球和落地五个动作衔接而成。拦网分为单人拦网和集体拦网。成功的拦网能直接拦死对方的进攻，使本方由被动转变为主动，并能削弱对方进攻锐气，给对方造成较大心理威胁。

1. 准备姿势

队员面对球网，两脚左右开立，约与肩同宽，距网 30～40 cm。两膝微屈，两臂屈肘置于胸前。

2. 移动

常用的步法有移步、并步、交叉步、跑步等。无论采用哪种移动步法，都要做好制动动作，以保证向上起跳，避免触网和冲撞同队队员。

3. 起跳

原地起跳时，两腿屈膝，重心降低，随即用力蹬地，两臂以肩发力，在体侧近身处做划弧前后摆动，帮助身体迅速跳起。移动后的起跳，其起跳动作与原地起跳一样，但要注意制动并使移动与起跳动作紧密衔接。

4. 空中动作

起跳时，两手从额前沿球网向上方伸出，两臂伸直并保持平行，两肩上提。拦网时，两臂应伸过网去接近球。注意不能在对方进攻时先过网碰球，两手自然张开，屈指、屈腕呈半球状。当手触球时，两手要突然用力，手腕下压盖在球的前上方。

5. 落地

拦球后，要做含胸动作，以保持身体平衡。手臂要先后摆或上提，从网上收回至本方上空，再屈肘向下收臂，以免触网。与此同时屈膝缓冲，双脚落地，随即转身面向后场，准备接应来球或做下一个动作准备。

三、排球阵容配备

阵容配备的目的是根据每一个队员的技术和身体素质特长，有效而合理地把全队的力量搭配好，以保证比赛中的每一轮次都有较强的进攻能力和充足的防守能力。在排球比赛中常用的阵容配备有“四二”配备和“五一”配备 2 种。

“四二”配备即 4 个进攻队员和 2 个二传队员。4 个进攻队员中有 2 个是主攻队员，2 个是副攻队员，他们都站在对角的位置上。这种配备方法在初学和一般水平的队伍中采用得较多。

“五一”配备即 5 个进攻队员和 1 个二传队员。这种配备的目的是加强进攻和拦网的力量。为了改变在主要二传队员来不及传球时所出现的被动局面，可以在二传队员的位置上配备一名具有进攻能力的接应二传队员。这种配备方法目前在水平较高的专业排球运动队中被普遍采用。

第三节　排球运动的基本规则

一、比赛场地和器材

标准排球比赛场区为长 18 m、宽 9 m 的长方形场地。比赛场区上空净高至少 12.5 m。场区地面为浅色。场区内所有界线均为白色，宽 5 cm，如图 8-7 所示。

比赛场所在的室内温度为 16～25 ℃，照度在距比赛场地地面 1 m 的高度进行测量，应为 1 000～1 500 lx。

球网为黑色，男子排球网高为 2.43 m，女子排球网高为 2.24 m，宽和长分别为 1 m 和 9.5～10 m。球网上有两条宽 5 cm、长 1 m 的白色带子为标志带，分别系在球网的两端，垂直于边线。标志杆是有韧性的两根杆子，长 1.8 m、直径 10 mm，由玻璃纤维或类似材料制成。两根标志杆分别设置在标志带外沿球网的两侧。

排球为圆形，由皮革或合成皮革制成，颜色为浅色单色或蓝白黄三色。球圆周长为 65～67 cm，重量为 260～280 g。

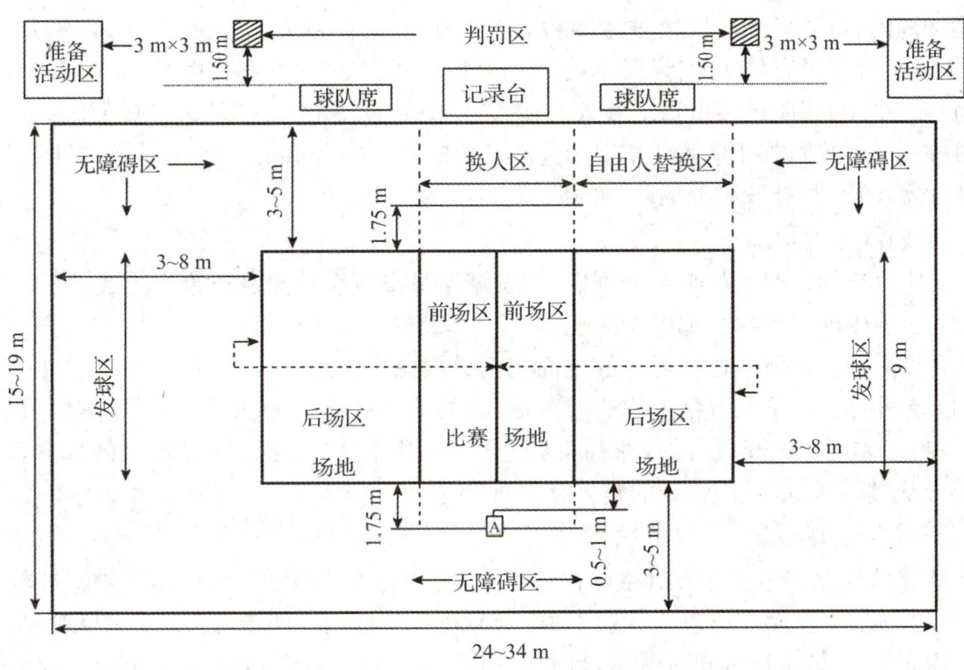

图 8-7 排球比赛场地示意

二、比赛赛制及人数

1. 赛制及计分方法

比赛采用五局三胜制，接发球方得分即可得发球权，同时队员按顺时针方向轮转一个位置。每局先得 25 分且领先对手 2 分及以上的队胜一局，若比分为 24∶24，则继续进行此局比赛，直至某队领先 2 分为止。决胜局先得 15 分且领先对手 2 分的队获胜，若比分为 14∶14，则继续进行此局比赛，直至某队领先 2 分为止。胜三局即赢得比赛胜利。

2. 队员人数

排球比赛通常为 6 人制，即每队有 6 人同时在场上进行比赛。

三、排球运动的竞赛规则

1. 场上位置与轮换次序

发球队员击球时，双方队员必须在本场区内按轮转次序站位。靠近球网的三名队员为前排队员，其位置为 4 号位(左)、3 号位(中)、2 号位(右)，另外三名队员为后排队员，其位置为 5 号位(左)、6 号位(中)和 1 号位(右)。每一名后排队员的位置必须比其相应的前排队员距离中线更远，每一名前排队员至少有一只脚的部分比同列后排队员的双脚距中线更近，每一名右(左)边队员至少有一只脚的部分比同排中间队员的双脚距右(左)边线更近。发球击球后，队员可以在本场区和无障碍区的任何位置。轮换次序包括发球及其他队员的站位。接发球队获得发球权后，该队队员需按顺时针方向轮换一个位置。

2. 暂停与替换

比赛过程中，教练可以提出暂停和换人的请求。每局比赛，每队最多有两次普通暂停机会，暂停时间为 30 s，在比赛成死球、裁判员鸣哨发球前可以请求暂停。国际性比赛中第 1

局至第 4 局内，每局另外有两次技术暂停，时间为 60 s，在领先队达到 8 分和 16 分自动执行；第 5 局决胜局没有技术暂停，每队在该局可请求两次 30 s 的普通暂停。

每局比赛中，每队最多可请求 6 人次换人，可同时替换 1 人或多人。每局开始上场阵容的队员在同一局中可换下和换上各 1 次，且只能回到原本阵容的位置上。替补队员每局只能上场比赛 1 次，替补开始上场阵容的队员。

3. 比赛状态

(1) 比赛开始。裁判员鸣哨允许发球，发球队员击球表示比赛开始。

(2) 比赛中断。裁判员鸣哨中断比赛。

(3) 界内球。球触及比赛场区的地面包括界限视为界内球。

(4) 界外球。以下几种情况视为界外球：球的落点整体在场地界线以外，球触及场外物体、天花板或非场上比赛成员等，球触及标志杆、网绳、网柱或球网标志带以外部分，球的整体或部分从过网区以外过网，球的整体从网下穿过。

4. 比赛中击球

比赛球队必须在本场地及其空间内进行比赛，但允许队员跃出无障碍区进行扑救。

(1) 击球。每队最多击球 3 次(拦网除外)，将球从球网上回击对方。1 名队员不得连续击球 2 次。2～3 名队员可同时触球，且同队的 2～3 名队员同时触到球时，被记为 2～3 次击球(拦网除外)。两名不同队的队员在网上同时触球，比赛继续进行，获得球的一方仍可击球 3 次。如果球落在某方场区外，则判对方击球出界；如果双方队员同时击球造成持球，则判双方犯规，该球重新开始。

击球限制：球可接触身体的任何部位；球必须被击出，不可以接住或抛出；球可以向任何地方弹出；球可以同时触及身体的不同部位。

下面四种情况中的任何一种均属于犯规。

① 4 次击球：一个队伍连续触球 4 次。

② 借助击球：队员在比赛场地内借助同伴或任何物体的支持进行击球。

③ 持球：没有将球击出，造成接住或抛出。

④ 连击：同一名队员连续击球两次或球连续触及身体的不同部位。

(2) 发球。发球队员必须在裁判员鸣哨后 8 s 内将球击出。鸣哨前发球无效，需重新发球。球被抛起或持球手撤离后，必须在球落地前，用一只手或手臂的任何部位将球击出。发球队员在击球或击球起跳时，不得踏及场区或发球区以外的地面。

出现以下情况应判为发球犯规进行换发球：发球队发球次序错误，没有遵循发球规定，球触及发球队队员，球的整体没有从过网区通过球网的垂直平面，界外球，球越过发球掩护的个人或集体。如果发球犯规与对方位置错误同时发生，判发球犯规；如果发球后犯规，而对方出现位置错误，判位置错误犯规。

(3) 进攻性击球。所有直接向对方的击球都是进攻性击球(发球和拦网除外)。在进攻性击球时，吊球是被允许的，但击球必须清晰并无接住或抛出动作。球的整体通过球网垂直平面或触及对方球员，被认为完成进攻性击球。

下列六种情况中的任意一种均属进攻性击球犯规：在对方空间击球；击球出界；后排队员在前场区完成进攻性击球，并且击球时球的整体高于球网上沿；接发球队队员对处于前场区内高于球网上沿的对方发球完成进攻性击球；队员在高于球网处对同队自由防守队员在前场区用上手传的球完成进攻性击球。

(4) 拦网。拦网是队员靠近球网，将手伸向高于球网处阻挡对方来球的动作。只有前排队员可以完成拦网。没有触及球的拦网行动为试图拦网，触及球的拦网行动为完成拦网；两名或3名队员彼此靠近进行拦网为集体拦网，其中一人触球则完成拦网。在一个动作中，球可以连续(迅速而连贯地)触及一名或更多名的拦网队员。拦网时队员可以将手或手臂伸过球网，但不得妨碍对方击球。过网拦网的触球必须在对方进攻性击球之后。拦网的触球不算作球队三次击球的一次；拦网后可以由任何一名队员进行第一次击球，包括拦网时已经触球的队员。禁止拦对方的发球。

下列几种情况中的任意一种均属拦网犯规：在对方进攻性击球前或击球的同时，在对方空间完成拦网；后排队员或自由防守队员试图拦网、完成拦网或参加集体拦网；拦住对方的发球；拦网出界；从标志杆以外伸入对方空间拦网。

5. 比赛结果

(1) 胜1分：某队得1分。如果发球队获胜，则得1分，继续发球；如果接发球队获胜，则获得发球权，同时得1分。

(2) 胜1局：第1至第4局先得25分并同时超出对方2分的队胜1局。

(3) 胜1场：胜3局的队胜1场。如果2∶2平局时，第5局得至15分并领先对方2分的队获胜。

1. 简述排球比赛中发球的注意事项。
2. 一支排球队的组成是什么样的？不同站位的队员各自分担怎样的职责？
3. 简述排球比赛的计分规则。
4. 组织观看中国女排的经典赛事，撰写观赛感想。

第九章　乒乓球运动

学习目标

1. 了解乒乓球运动的基础知识，组织观看中国乒乓球队的经典赛事回放及相关的影视剧作品等，了解我国乒乓运动发展的过程及成为"国球"的历史渊源。

2. 训练掌握乒乓球运动的基本技战术，能够组织同学开展乒乓球单打和双打的比赛。

第一节　乒乓球的基础知识

乒乓球被誉为中国"国球"，具有丰富的文化底蕴，有着雄厚的群众基础和物质基础。当前，乒乓球运动的意义已不再仅仅局限于体育和游戏的范畴，而是被越来越多地融入社会文化之中，其中蕴含着人与工具、群体与个体、交往与沟通、竞争与协作、控制与反控制、应变与创新等诸多社会文化因素，凸显了社会文化的深层次内涵，并在张扬人的个性、实现人的自由发展、塑造人格精神、展现社会人的人格魅力和内在精神品质方面得到了充分体现和彰显。

一、乒乓球的起源与发展

乒乓球运动由 19 世纪末英国人发明的一种解闷休闲方式演变而来。他们在室内以餐桌做球台、书做球网，采用软木或橡胶做成球，以羔皮纸做球拍，在台子上来回推打游戏。1926 年，首次在德国柏林举行国际乒乓球邀请赛，乒乓球逐渐引起人们的关注和重视，并在欧亚各国迅速发展起来。同年，国际乒乓球联合会在英国伦敦成立。随着人类社会的进步和文明程度的提高，乒乓球运动已逐渐从餐桌上的游戏发展演变成为一种内涵丰富、技巧精湛、对抗激烈、充满智慧和激情的现代体育运动项目。

中国现代的乒乓球运动始于上海，1904 年，上海的一家文具店经理王道平从日本带回了乒乓球器材，并亲自进行了表演，后乒乓球逐渐在全国推广普及开来。伴随中国在 1965 年第 28 届世乒赛上取得全面胜利，国际舆论开始宣称中国为"世界头号乒乓国家"，并将乒乓球誉为中国的"国球"。几十年来，乒乓球运动深深扎根于全国人民心中，成为人们的一种精神寄托和爱国情结。20 世纪 70 年代震惊世界的中国"乒乓外交"使小球带动大球，打开了中美外交关系的那层坚冰，使乒乓球这项运动有了更多、更丰富的历史意义。

目前，国际和国内重大的乒乓球赛事主要有世界乒乓球锦标赛、世界杯乒乓球赛、奥运会乒乓球赛、世界明星巡回赛和全运会乒乓球赛。

知识加油站

乒乓球运动的发展阶段

1. 欧洲鼎盛时期

最初的乒乓球打法简单，需要的器材也较为简陋，胶皮球拍出现以后，欧洲选手的削下旋的防守型打法在当时的世界上占据绝对优势。

2. 日本震动世界乒坛

日本选手利用新的海绵球拍，并使用长抽打法称霸乒坛，以进攻型的上旋球屡次挫败欧洲选手惯用的下旋削球打法。在第 19 至 25 届世乒赛期间，日本队获得了总计 49 个冠军中的 24 个。世界乒坛的优势地位从欧洲转向了亚洲。

3. 中国队崛起

中国队创造了具有快、准、狠、变独特技术风格的直拍近台快攻打法。在第 26～28 届世乒赛中，中国队共获得 11 个冠军(共 21 个冠军)。同时把世界乒乓球运动推向了一个新的发展阶段。

4. 欧洲队复兴，欧亚并峙

欧洲选手学习并发展了中国快攻打法和日本弧圈球打法的优点，创造了弧圈球结合快攻和快攻结合弧圈球两种新打法，从此走上了复兴之路，能够与以中、日为代表的亚洲选手抗衡。

5. 进入奥运时代

1988 年，乒乓球被列入奥林匹克运动会的正式比赛项目，从此，各国更加重视对乒乓球运动的普及和提高。

资料来源：作者整理

二、乒乓球运动的特点

乒乓球运动是结合速度、爆发力、灵敏、协调等多项身体素质的有氧代谢和非周期性运动项目，以智能为主，智能、技能和体能三者有机结合、密不可分，属于隔网比赛项目。乒乓球运动集健身性、竞技性和娱乐性于一体。

运动员每挥打一拍、击一次球都包含有速度、旋转、力量、弧线和落点等竞技要素，具有速度快、变化多、技巧性强、趣味性高、设备较简单、条件限制小、运动量可调节等特点。

第二节　乒乓球运动的基本技战术

乒乓球是一项技巧性和对抗性都很强的个人运动项目，由于不同运动员的风格和特点各不相同，球拍的使用性能也因人而异，因而形成了目前世界上流派众多的打法和技术风格。乒乓球基本技术包括握拍法、基本姿势和站位、基本移动步法、发球、接发球、攻球等。

一、握拍法

1. 直拍握法

拇指第一指节和食指第二指节位于拍柄两侧并握于拍前，其余三指自然弯曲顶在拍后中间，如图 9-1 和图 9-2 所示。此种握拍法可打出大力的正手直线球和斜线球，拍面变化不大，但反手相对缺乏攻击力。

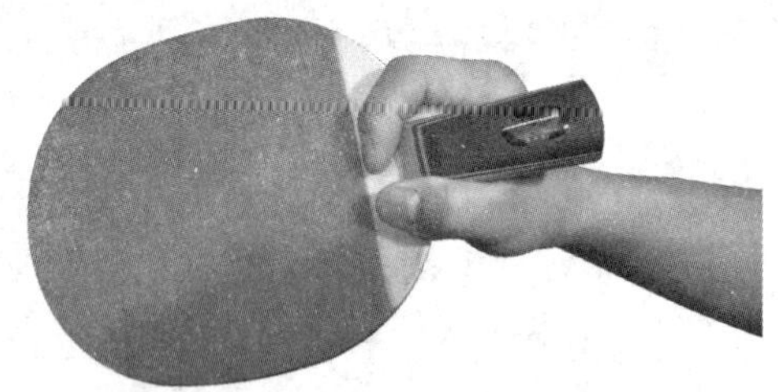

图 9-1　乒乓球直拍握法正面

图 9-2　乒乓球直拍握法反面

2. 横拍握法

中指、无名指和小指握住拍柄，拇指自然伸开放于拍面，食指斜顶于拍面的另一面，如图 9-3 和图 9-4 所示。此种握拍法正反手攻球力量大，攻削球时握法变化小，但正反手交替击球时，需变换击球拍面，攻斜线、直线时调节拍形幅度大，易被对方识破。

图 9-3　乒乓球横拍握法正面

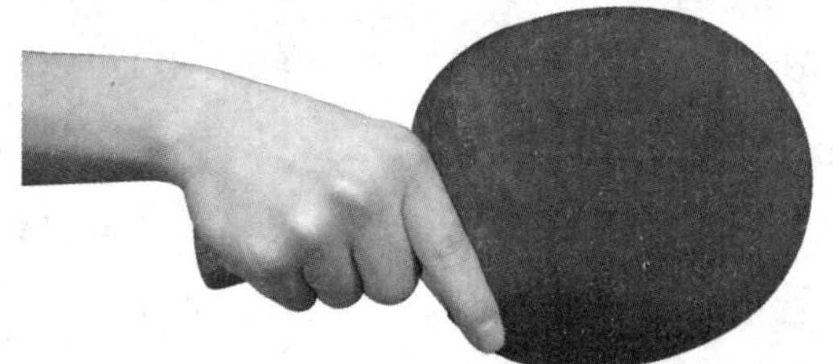

图 9-4　乒乓球横拍握法反面

握拍注意事项：无论采用哪种握拍法，握拍应松紧适度，否则，将影响击球时的发力动作和击球的准确性。对初学者而言，最好选定一种握拍法进行学习，以免影响打法类型和风格的形成。

二、基本姿势和站位

1. 基本姿势

乒乓球运动员的基本姿势：两脚平行开立，略比肩宽，微提踵，脚前掌内侧用力着地，两膝稍屈，上体略前倾，略收腹含胸，头颈部平稳自然，两眼注视来球。两肩放松，上臂自然下垂，执拍手的前臂自然弯曲置于身体右侧，肘稍内敛，手腕自然放松。一个较好的基本姿势应该是紧凑的，各个关节富有弹性。

2. 基本站位

根据不同类型的打法，乒乓球运动员的站位略有区别，直拍攻击型打法运动员的基本站位在近台中线偏左的位置，左脚稍前。两面攻打法的运动员基本站位在近台中间。削攻结合打法的运动员基本站位在中间靠中台附近。

三、基本移动步法

(一) 主要的基本移动步法

球类运动中基本移动步法是十分重要的，乒乓球亦不例外。这里主要介绍单步、跨步、并步和交叉步。

1. 单步

运动员以一只脚为轴，另一只脚向前、后、左、右不同方向移动，身体重心随之落在移动脚上。单步实际运用于近网短球、削追身球、侧身进攻来球落点位于中线稍偏等情况。

2. 跨步

运动员一只脚蹬地，另一只脚向移动方向跨一大步，蹬地脚随后跟上半步或一小步，身体重心即移到跨步脚上。跨步实际运用于近台快攻打法应对离身体稍远的来球；削球打法左、右移动击球；跨步侧身攻，尤其是当来球速度较慢但离身体稍远时，左脚向左前上方跨一大步，右脚随即跟上一小步，同时配合腰部右转动作，完成侧身移动。

3. 并步

运动员一只脚先向另一只脚并半步或一小步，另一只脚在并步脚落地后随即向来球方向移动一步，如图 9-5 所示。并步实际运用于快攻选手在左、右移动中攻或拉球、削球，拉削球时侧身进攻(右脚先向左脚后并一步，以便转体，随之左脚向左侧跨一步)。

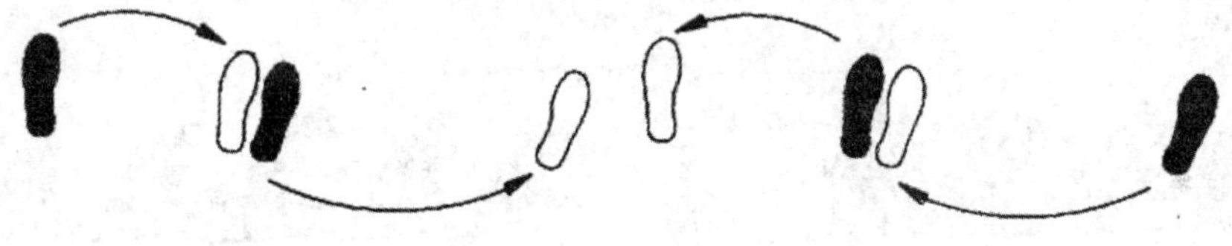

图 9-5 并 步

4. 交叉步

以靠近来球方向的脚为支撑脚，该脚的脚尖高速指向移动方向，远离来球方向的脚在体前交叉，向来球方向跨出一大步，身体随之向来球方向转动，支撑脚跟着向来球方向再迈一步，此为前交叉步；后交叉步在体后完成交叉动作，如图 9-6 所示。

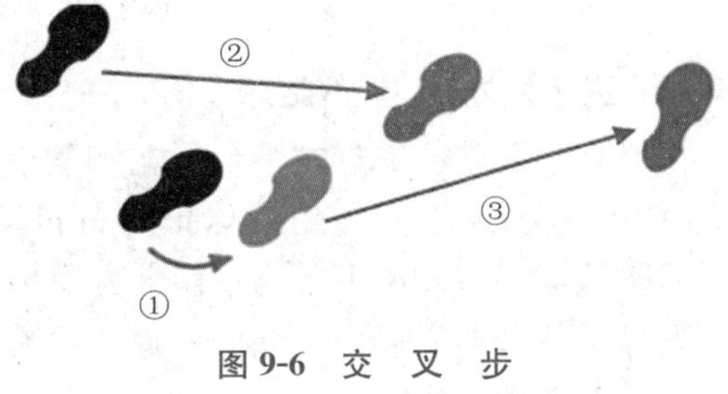

图 9-6 交 叉 步

(二) 基本移动步法常用练习方法

(1) 听口令或看信号原地做基本步法移动练习。

(2) 站于乒乓球台前进行左右移动练习。

(3) 结合握拍法进行组合练习。

四、发球

乒乓球的发球动作由两部分组成：一是一只手的上抛动作，规定上抛高度不小于 16 cm，上抛动作要在球台端线外，高于台面处完成，需垂直上抛；二是另一只手的挥拍动作，按照新规则，该动作要高于台面，并且要使裁判和对方运动员能看清。下面介绍几种发球方法。

1. 平击发球

平击发球是一种一般上旋，一般速度的发球。平击发球是初学者需学习和掌握的最基本的发球方法，也是掌握其他复杂发球技术的基础。

平击发球的要点是，当球从高点下降至稍高于球网时，击球中上部向左前方发力，第一落点要在球台中央。

2. 正手发急(奔)球

动作要领：左脚稍前，身体略向右转，执拍手向右手方引拍。球拍稍竖，拍面垂直，待球从上向下回落时，上臂带动前臂由右后方向左前方快速挥摆，在球降落至比网高的位置时触球的中上部。第一落点在本方台区端线附近。

3. 正手发转球与不转球

动作要领：站位近台，左脚稍前，身体略向右转。发下旋球时，手臂由后上方向前下方挥摆。前臂处旋转动作加快，拍形后仰的角度稍大一些。用球拍远端下部，球拍触球时以手腕发力为主。

发不转球时，手臂由后上方向前下方挥摆，前臂处旋转动作较慢。拍形稍后仰，用球拍上部碰球的中下部。在球离拍面的瞬间，手腕同样做一个发力的假动作。发侧上旋和侧下旋球的特点：出手快，旋转力强，用相似的手法可以发出不同旋转和落点的球，用以迷惑对方，使其回接困难，为配合抢攻创造有利条件，如图 9-7 所示。

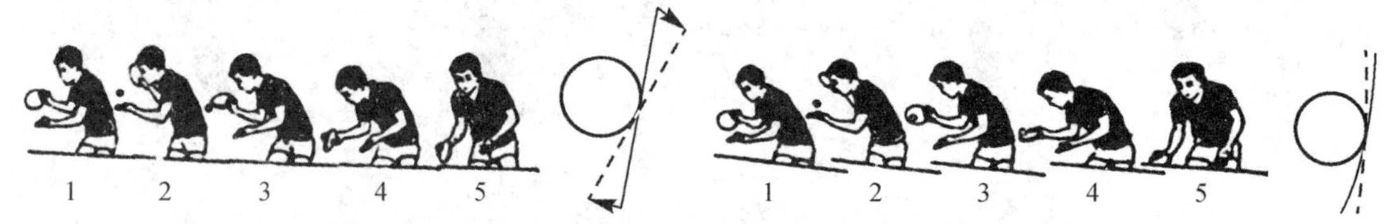

图 9-7　正手发转球与不转球

4. 正手发左侧上、下旋球

动作要领：站位靠近左半台。左脚稍前，右脚稍后。当持球手向上轻轻抛起时，持拍手迅速向后上方引拍，身体随着球拍向右转动。发左侧上旋球时，手臂自右上方向左下方挥摆，球拍从球的右侧中下部向左前上方摩擦球。发左侧下旋球时，手臂自右后上方向左下方挥摆，球拍从球的右侧中下部向左侧下部摩擦球。拍触球的一瞬间，手腕辅助发力，以增大球的旋转，如图 9-8 所示。

图 9-8　正手发左侧、下旋球

5. 反手发右侧上、下旋球

动作要领：站位靠近左半台，右脚稍前，左脚稍后，略向左转体，收腹。持球手将球抛起后，持拍手向左上方引拍。引拍时拍面稍后仰，手腕内屈，拍柄朝下。发右侧上旋球时，持拍手由左上方经身前向右侧一方挥摆，拍后仰，稍前倾。

触球时拍面从球左中下部向右侧前上方摩擦。发右侧下旋球时，持拍手由左后上方向右前下方挥摆，触球时拍面从球的左侧中下部向右侧下部摩擦。随着手腕与前臂内旋，向右侧前上方挥拍。如发长球，第一跳要在球台端线附近。如发短球，第一跳在中线附近。发球时，发侧下旋球要继续做发侧上旋球的假动作。发侧上旋球时，小臂放松前送，迅速还原，如图 9-9 所示。

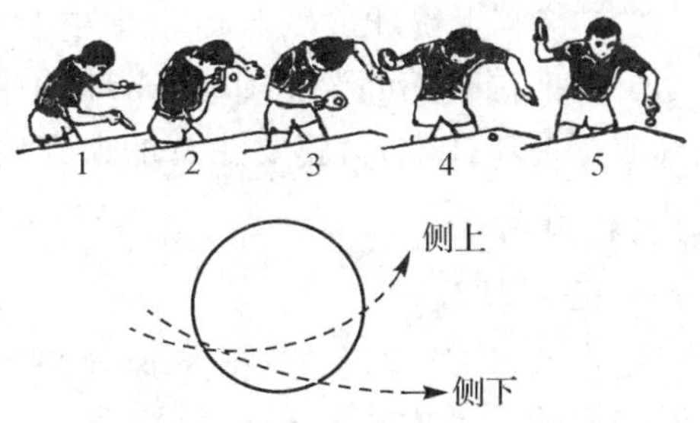

图 9-9　反手发右侧上、下旋球

6. 下蹲发球

下蹲发球属于上手类发球，我国运动员早在 20 世纪 50 年代就开始使用，横拍选手发下蹲球比直拍选手方便一些，直拍选手发球时需变化握拍方法，即将食指移放到球拍的背面。下蹲发球可以发出左侧旋和右侧旋，在对方不适应的情况下，威胁很大，关键时候发出高质量的球，往往能直接得分。下蹲发球的要点如下。

（1）注意抛球和挥拍击球动作的配合，掌握好击球时间。

（2）发球要有质量，发球动作要利落，以防在还未完全站起时已被对方抢攻。

（3）发下蹲右侧上（下）旋球时，左脚稍前，身体略向右偏转，挥拍路线为从左后方向右前方。拍触球中部向右侧上摩擦为右侧上旋；从球中下部向右侧下摩擦为右侧下旋。

（4）发下蹲左侧上（下）旋球时，站位稍平，身体基本正对球台，挥拍路线为从右后方向左前方。拍触球右中部向左上方摩擦为左侧上旋；从球中部向左下部摩擦为左侧下旋。

（5）发左（右）侧上（下）旋球时，要特别注意快速做半圆形摩擦球的动作。

实训时刻

在观看乒乓球比赛时仔细观察球的旋转状态，并在平时练习乒乓球的过程中注意控制球的旋向，学会掌控球的飞行姿态和落点。

五、接发球

接发球是一个回合中的第二板球，同时也是接发球方的第一板球。接发球技术的作用首先是破除发球的威胁，使回球不易被对手进攻，然后在可能的情况下采取战术打乱对方的比赛节奏或直接得分。接发球的难度很大，接发球方要在极短的时间内准确判断对方发球的旋转、落点等情况，从而选择合适的接发球技术。如果接发球技术不好，运动员不仅会直接失分，还会影响自己的发挥，造成心理上的紧张和畏惧，最终导致满盘皆输。因此，不断提高接发球技术、把所掌握的技术合理地运用到接发球中是运动员提高比赛技能的关键。

各种旋转发球的接发球方法如下。

（1）接平击发球。运动员可以在球刚刚弹起时用反手推挡、反手攻或正手攻技术回接，借来球之力将球击回；也可以借力为主，多做向前的动作。

（2）接侧下旋长球。运动员可采用拉球和搓球回接。用拉球回接时，拍面前倾，摩擦球的中上部；用搓球回接时，拍面后仰，摩擦球的中下部。

（3）接侧下旋短球。运动员可采用摆短、撇长、挑打等技术接侧下旋短球。其中，运用挑打技术可以增大回球的威胁性。

（4）接侧上旋球。侧上旋球有左、右两个方向，运动员一般可使用攻球和推挡等技术。运动员在推挡时拍面要稍前倾，击球的中上部，发力向前以抵消球的旋转与力量；而采用反手攻或正手攻技术时，就要注意加大力量来抵消球的旋转。

六、攻球

1. 正手快攻

动作特点：站位近、动作小、速度快，在比赛中能以攻守对付对方进攻，是近台快攻打法使用最多的一种攻球技术。

动作要领：判断来球，选好站位，引拍于身体右侧；击球时，右脚蹬地，转腰，并向前移动身体重心至左脚；同时，上臂带动前臂向前、向左上方挥拍，手腕配合前臂内旋转动做内收，在来球的上升期击球的中上部；击球后，执拍手及身体各部位迅速放松，随势挥拍至前额，立即还原。

提示：应当将击球的力量控制在五到六成。

2. 反手快攻

动作特点：动作特点同正手快攻，它是横拍打法常用的技术之一。

动作要领：站位近，偏左，两脚平行站立，身体前倾，上臂自然地靠近身体，前臂迅速伸入台内迎球；击球前，肘关节自然弯曲，引拍至腹部左侧前，拍柄稍向下；击球时，前臂外旋并稍加用力带动手腕向右前方挥动，肘略往后，拍面稍前倾，在来球的上升期击球的中上部；击球后，球拍随势前送并迅速还原。

提示：击球时，手腕应使拍面的角度相对固定，多借力，少发力。

3. 搓球技术

搓球是近台和台内回击下旋球的一种比较稳定的技术，它与削球的主要区别是站位近、动作小，具有旋转、速度、落点的变化，常用于接发球或搓球过渡，为进攻创造机会。

动作特点：动作幅度较大，击球节奏和球速较慢，球带下旋，较为稳定。

动作要领：站位偏左，两脚左右开立；反手搓球时，向左上方引拍，拍面稍后仰，正手搓球时，身体稍向右转，向右上方引拍；击球时，前臂内旋转动，手腕配合用力，由上向前下方挥拍；在来球的下降前期或高点期，摩擦球的中下部或中部偏下，同时身体重心应向前移动；击球后，手臂立即放松，随势前送并迅速还原。

提示：根据长短落点不同，应向前、后移动，保持在来球下降期间击球。

4. 弧圈球技术

弧圈球技术是以旋转为主要特征的进攻性技术，球的弧线曲度大，球落台后前冲力大、攻击力强，是乒乓球比赛中进攻得分的主要手段之一。

弧圈球技术可分为正手拉弧圈球技术和反手拉弧圈球技术。根据旋转特征，还可将弧圈球技术分为加转弧圈球技术、前冲弧圈球技术和侧旋弧圈球技术。

（1）正手拉弧圈球技术。动作特点：站位稍远，动作幅度大，速度稍慢，球的弧线曲度大，球落台后前冲并向下滑落。一般用于拉下旋球。

动作要领：两脚左右开立，稍大于攻球时的间距，右脚在后，身体重心较低；执拍手沉肩垂臂，引拍至身体后下方，拍面稍前倾，身体重心移至右脚；大臂带动前臂向前上方挥拍，逐渐加快挥拍速度，根据来球旋转程度控制好拍面角度并找准击球时机；身体重心向左脚移动，拍触球时，右脚蹬地，身体向左侧转动，迅速收缩前臂，发力要以腰、手为主，在来球下降期击球的中部或中上部；拉球后，球拍随势挥至头部高度，身体重心移至左脚。

提示：拉加转弧圈球要调整好身体的重心，以便于发起下一次的进攻拉前冲弧圈球时，发力方向是向前为主略带向上，击球时，拍面的前倾角度比拉加转弧圈球更大。

(2) 反手拉弧圈球技术。动作特点：动作小，突击性强，具有一定的攻击性，是主动上手的有效技术。

动作要领：两脚平行或左脚稍后，准备击球时，身体重心下降，右肩下沉，球拍由下后方引至大腿内侧，球拍适当前倾，肘关节略向前顶出，持拍手要适当放松，手腕稍外展；球拍向上前方挥动，击球点在腹前方。触球时，身体向前方顶起，前臂以肘关节为轴快速发力，带动手腕的扭动发力；摩擦球的中下部，拉球的高点，迅速还原。

提示：重视两脚蹬踏用力和身体前迎击球动作；加强手臂、腰、腿间的协调发力，尤其是前臂的快速收缩，此外，要加强中台和中远台反手拉的相持能力。

5. 削球技术

削球技术是削攻结合型打法的一项主要技术，它通过旋转的变化和落点的变化来控制对方，使对方直接失误或为自己制造进攻机会。旋转的差别是削攻结合型打法争取主动的关键，削扣杀球、追身球和弧圈球是削球手应该掌握的重要技术。削球技术主要包括正、反手削加转弧圈球和削前冲弧圈球。

(1) 正、反手削加转弧圈球。动作要领：判断来球，降低身体重心，移动到削球的位置。正手削球时左脚稍前，反手削球时右脚稍前，将击球点选在左、右腹前为宜。正手削球时，身体向右后转，并向右后上方引拍，动作幅度稍大一些，使球拍与击球点之间有适当的挥拍加速距离。反手削球时，身体向左后转并向左后上方引拍，动作幅度略小于正手引拍。正手削球由右后上方向左前下方挥拍，反手削球由左后上方向右前下方挥拍。拍触球时，以大臂带动前臂发力为主，拍稍立一些。手臂的发力顺序是先压后削再送，即以向下用力为主、向前为辅。击完球后，继续向前下方挥动，并迅速还原。

提示：击球时手腕不要太放松，应相对固定。

(2) 削前冲弧圈球。动作要领：左脚在前，右脚稍后，两脚间距离比快攻时略大，两膝微屈，身体重心约在前脚掌内侧，手臂自然下垂伸直，拍面略前倾。当来球从台面弹起时，左脚稍蹬地右转，身体重心落到右脚上，右肩下沉，右手随之引拍至身体右后方。右脚蹬地，挺髋，腰部向左上方转动，在肩部带动下，右大臂带动前臂向左前上方加速挥动。在击球瞬间，整个身体的动量传递到手腕，加速度达到最大，在来球的下降前期摩擦球的中部。击球后，身体重心移至左脚，随势挥拍后注意尽快还原。

第三节　乒乓球运动的基本规则

乒乓球在我国被称为"国球"，被寄寓了丰富的民族情感，但是，真正理解并欣赏到乒乓球运动的魅力却并不容易，这是由于乒乓球项目本身的特点所致。乒乓球太小，而速度则又太快，视觉上难以清晰捕捉，如非常重要的乒乓球的旋转，观众只能通过理解和想象加以把握。

球赛中，每一分都是几个回合之内迅速结束，球员的技术又常常表现在手部的细微动作和球拍的晃动之中，观众能够看到的大多是频繁的发球、失误和捡球。这样，如果缺少对乒乓球的理解，就难以领会其中的细节和奥妙。因此，很多人虽然热爱乒乓球，但观赏起球赛来，却总有兴味索然之感，更多人只是看个热闹，一场比赛下来，对于观球的印象也仅仅是胜负而已。

因此，欣赏乒乓球比赛，不仅要关注它的快节奏和高对抗性，而且要看懂其中的门道，这就要从乒乓球的技术和竞赛规则入手，更加深刻地理解乒乓球这项运动。

一、场地和器材

正式场地为可容纳 4 张或 8 张球台（视竞赛方法而定）的长 16 m、宽 8 m 的长方形区域。所有球台的照度为 1 500～2 500 lx，比赛区域其他地方的照度不得低于比赛台面照度的 1/2，光源距地面不得少于 5 m，应避免耀眼光源和未遮蔽的窗户的自然光。

地面为木制或经国际乒联批准的品牌和种类的可移动塑胶地板，地板具有弹性且无其他体育项目的标线和标志，颜色不能太浅或反光强烈，亦不得过量使用油或蜡，以免打滑。

馆内温度为 20～25 ℃，空气流速在 0.2～0.3 m/s。

球台长 2.74 m、宽 1.525 m、高 76 cm，颜色为墨绿色或蓝色。球网高 15.25 cm，台外突出部分长 15.25 cm，颜色与球台颜色相同。球为白色或橙色且无光泽，直径 40 mm、重量2.7 g、由赛璐珞或类似材质制成的硬球。挡板高 0.75 m、宽 1.4～2 m，颜色与球台颜色相同。

球拍由底板、胶皮和海绵三部分组成，其中胶皮又可分为正胶皮、反胶皮、生胶皮、长胶皮和防弧胶皮几种，根据打法的不同可以进行选择。正式比赛对球拍大小、形状和重量无限制，但底板应平整、坚硬，占厚度 85%的部位应为天然木料。胶皮为颗粒向外的，连同黏合剂厚度不超过 2 mm；用边颗粒向内或向外的海绵胶覆盖的，连同黏合剂厚度不超过 4 mm。球拍两面无论是否有覆盖物，必须无光泽且一面为鲜红色，另一面为黑色。比赛开始及比赛过程中运动员需要更换球拍时，必须向对方球员和裁判员展示他将要使用到的球拍，并允许他们进行检查。

二、比赛赛制及计分方法

比赛为双方对局比赛，包括单打和双打两种形式，采用每球得分制，先得 11 分的一方为胜方，若比分为 10∶10，则一方须净胜 2 分才可结束本局比赛。单项比赛采用七局四胜制，团体赛中的单项比赛采用五局三胜制。

三、乒乓球运动的竞赛规则

1. 发球规则

（1）球应放在不执拍手的手掌上，手掌张开、伸平。球应是静止的，在发球方的端线之后、比赛台面的水平面之上。

（2）必须用手把球几乎垂直地向上抛起，不得使球旋转，并使球在离开不执拍手的手掌之后上升不少于 16 cm，球在下降到被击出前不能碰到任何物体。

（3）球从抛起的最高点下降时，发球员可击球，使球首先触及本方台区，然后越过或绕过球网装置，再触及接发球员的台区。在双打中，球应先后触及发球员和接发球员的右半区。

（4）从抛球前球静止的最后一瞬间到击球时，球和球拍应在比赛台面的水平面之上。

（5）击球时，球应在发球方的端线之后，但不能超过发球员身体（手臂、头或腿除外）离端线最远的部分。

(6) 发球员发球时，应让裁判员或副裁判员看清其是否按照合法发球的规定发球。

(7) 裁判员怀疑发球员某个发球动作的正确性，并且裁判员或副裁判员都不能确定该发球动作不合法，一场比赛中第一次出现此现象时，裁判员可以警告发球员而不予判分。

(8) 在一场比赛中，如果发球员或双打时其同伴发球动作的正确性再次受到怀疑，不管是否出于同样的原因，均判接发球方得 1 分。

(9) 不管是不是第一次，只要发球员明显没有按照合法发球的规定发球，则将被判失 1 分，无须警告。

2. 击球规则

对方发球或还击后，本方运动员必须击球，使球直接越过或绕过球网装置，或触及球网装置后再触及对方台区。

3. 次序

(1) 在单打中，首先由发球员合法发球，再由接发球员合法还击，然后两者交替合法还击。

(2) 在双打中，首先由发球员合法发球，再由接发球球员合法还击。

4. 重发球规则

(1) 如果发球员发出的球在越过或绕过球网装置时，触及球网装置，此后成为合法发球或被接发球员或其同伴阻挡，应重发球。

(2) 如果接发球员或接发球方未准备好时，球已发出，而且接发球员或接发球方没有企图击球，应重发球。

(3) 由于发生了运动员无法控制的干扰，而使运动员未能合法发球、合法还击或遵守规则，应重发球。

(4) 裁判员或副裁判员暂停比赛。下列情况下暂停比赛：纠正发球、接发球次序或方位错误；实行轮换发球法；警告或处罚运动员；比赛环境受到干扰，以致该回合结果有可能受到影响。

5. 得分规则

除被判重发球的回合外，在下列情况下运动员得 1 分。

(1) 对方运动员未能合法发球。

(2) 对方运动员未能合法还击。

(3) 在运动员发球或还击后，对方运动员击球前，球触及了除球网装置以外的任何东西。

(4) 对方击球后，该球没有触及本方台区而越过本方端线。

(5) 对方阻挡。

(6) 对方连击。

(7) 对方运动员或其穿戴的任何东西使球台移动。

(8) 对方运动员或其穿戴的任何东西触及球网装置。

(9) 对方运动员不执拍手触及比赛台面。

(10) 双打时，对方运动员击球次序错误。

6. 比赛中的局和场

(1) 在一局比赛中，先得 1 分的一方为胜方。出现 10 比 10 平局后，先多得 2 分的一方为胜方。

（2）一场比赛由单数局组成。

7. 发球、接发球和方位的选择

（1）选择发球、接发球的权利应由抽签来决定。中签者可以选择先发球或先接发球，或选择先在某一方位。

（2）当一方运动员选择了先发球或先接发球，或选择先在某一方位后，另一方运动员必须有另一个选择。

（3）在获得2分之后，接发球方即成为发球方，以此类推，直至该局比赛结束；或者直至双方比分都达到10分或实行轮换发球法，这时，发球和接发次序仍然不变，但每人只轮发1分球。

（4）在双打的第一局比赛中，先发球方确定第一发球员，再由先接发球方确定第一接发球员。在以后的各局比赛中，第一发球员确定后，第一接发球员应是前一局发球给他的运动员。

（5）在双打中，每次换发球时，前面的接发球员应成为发球员，前面的发球员的同伴应成为接发球员。

（6）一局中首先发球的一方在该场下一局应首先接发球。在双打决胜局中，当一方先得5分时，接发球方应交换接发球次序。

（7）一局中，在某一方位比赛的一方在该场下一局应换到另一方位。在决胜局中，一方先得5分时，双方应交换方位。

知识加油站

乒乓精神

2021年7月29日和30日晚，东京奥运会上传来了令人振奋的消息：在女子乒乓球单打决赛中，中国运动员陈梦获得冠军；在男子乒乓球单打决赛中，中国运动员马龙获得冠军。两位运动员在奥运会上的优异表现使《义勇军进行曲》响彻日本东京。乒乓球为中国奉献了数不清的冠军和金牌，这离不开乒乓精神。

乒乓精神是胸怀祖国、放眼世界、为国争光的精神，奋发图强、自力更生、艰苦奋斗的实干精神，不屈不挠、勤学苦练、不断钻研、不断创新的精神，同心同德、团结战斗的集体主义精神，胜不骄、败不馁的革命乐观主义和革命英雄主义精神。

“乒乓精神”反映了一代代乒乓人的价值理想和价值追求，具有教育性、传承性和导向性的社会价值。它不仅是我国乒乓球运动长盛不衰的制胜法宝，而且丰富了中华民族精神的内涵，对中国的精神文明建设有积极的促进作用，指导着人们积极向上。

资料来源：https://www.sohu.com/a/501390422_535599，有改动

一课一练

1. 简述乒乓球运动在中国的发展历程。
2. 乒乓球的发球和攻球技术有哪些？请利用器材场地进行演示。
3. 简述乒乓球比赛的赛制和计分规则。
4. 组织观看中国乒乓球队的经典赛事，撰写观赛感想。

第十章　羽毛球运动

学习目标

1. 了解羽毛球运动的基础知识，了解中国羽毛球队中的著名运动员，在课外组织观看羽毛球比赛。

2. 训练掌握羽毛球运动的基本技战术，能够组织同学开展羽毛球单打和双打的正式比赛。

第一节　羽毛球运动概述

羽毛球运动具有娱乐性、简便性、锻炼性等特点，可以增强人的体质、培养人的意志品质、增长人的智慧、陶冶人的情操，深受广大群众的喜爱。羽毛球运动是一个相互进行击球对抗的球类体育运动项目。参赛双方在长方形羽毛球场场地上，分处各自的半场，用羽毛球拍互相在空中击打一只羽毛球，每次击球后，球必须从网的上方进入对方场区，以球落入对方场地、迫使对手回球未过网或将球击出界外为胜。羽毛球运动具有自主控制运动量、隔网对抗而没有身体接触、所需器材简便、充满乐趣且能强身健体的特点，吸引了众多爱好者参与。

一、羽毛球运动的起源与发展

现代羽毛球运动诞生于英国，19 世纪六七十年代在英国的伯明顿镇风行开来，并很快流行起来，因此“badminton(伯明顿)”即成为羽毛球的英文名字。

1877 年，英国的巴斯羽毛球俱乐部成立，第一部羽毛球比赛规则在英国出版。1893 年，在英国成立了世界上第一个羽毛球协会。1899 年，该协会举办了第一届“全英羽毛球锦标赛”，每年举办一次，沿袭至今。

1948—1949 年，首届世界男子羽毛球团体赛(汤姆斯杯)成功举办，马来西亚队击败了美国队、英国队、丹麦队等强队而荣登榜首，从此开启了亚洲人称雄国际羽坛的时代。1981 年，国际羽联恢复了中国在国际羽联的合法席位，从此揭开了国际羽坛历史上新的一页，进入了中国羽毛球选手称雄国际羽坛的辉煌时期。在 1992 年的巴塞罗那奥运会上，羽毛球被列为正式比赛项目，从此羽毛球运动进入了一个新的发展时期。

20 世纪初，现代羽毛球运动传入中国。中华人民共和国成立后，中国的羽毛球运动开始迅速崛起。1964 年，中国羽毛球界总结了中国羽毛球快、狠、准、活的技术风格，规定了

"以我为主、以快为主、以攻为主"的发展方向。自20世纪80年代以来的这段时期是中国登上国际羽坛后最辉煌的时期,涌现了一大批世界级名将并取得了卓越的战绩,确立了中国羽毛球队在国际羽坛中的领先地位。

目前,国际重大的羽毛球比赛主要有汤姆斯杯赛(世界男子团体羽毛球锦标赛)、尤伯杯赛(世界女子团体羽毛球锦标赛)、苏迪曼杯赛(世界羽毛球混合团体赛)、世界羽毛球锦标赛、世界杯羽毛球赛和全英羽毛球锦标赛。

二、羽毛球运动的特点

(一) 便利普及性

羽毛球运动要求简单,不受场地限制,老少皆宜,且无论是个人还是集体都可参与其中。可选择正规的室内场地,也可选择公园、生活小区等;而且不同年龄、不同性别、不同体质的人群都可以根据自身的要求享受羽毛球运动带来的乐趣。

(二) 方位全面性

无论是规则的比赛还是一般性的健身活动,参与羽毛球运动者都要在场地上施展不规则的奔跑、急停、起动、弯腰、后仰、起跳、跨步、转体等各种动作,对其身体素质的要求较为全面。另外,羽毛球运动还需要参与者在短时间内对瞬息万变的球路做出准确的判断,果断进行反击,对其神经系统的灵敏性和协调性的要求也较高。

(三) 灵活多变性

羽毛球运动灵活多变,赛场上任何时刻都充满着不确定因素,因此,对运动员的全方位还击能力要求很高,运动员需要在短时间内快速做出判断来球位置,运用交叉步、垫步、跨步、蹬跳步等步法迅速及时地移动到适当位置,果断运用高远球、吊球等技术迎击来球,将球击入对方场区,并迅速跑位迎接对方的下一个来球。

第二节　羽毛球运动的基本技战术

羽毛球的基本技术主要包括手法和步法。手法包括握拍法、发球法、接发球法和击球法。步法主要指基本步法和前后左右移动的综合步法。这里所介绍的技术要点均以右手持拍为例。

一、羽毛球的基本手法

(一) 握拍法

1. 正手握拍法

右手持球拍柄,使拍面与地面基本垂直。张开右手,虎口正对拍柄窄面的小棱边,拇指与食指贴于拍柄的两个宽面,食指与中指稍分开,中指、无名指和小指并拢握住拍柄,握拍位置一般以球拍柄端靠近手掌的小鱼际为宜,如图10-1所示。注意击球前握拍放松,击球的一刹那握紧球拍。

图 10-1 正手握拍法

2. 反手握拍法

在正手握拍的基础上，将拍柄稍向外旋，拇指稍向上提，拇指内侧顶贴于拍柄第一斜棱旁的宽面上，或将拇指放于第一、二斜棱间的小窄面上，掌心留有空隙，食指稍向下靠，其余三指放松，如图 10-2 所示。击球前，手腕放松，击球瞬间手再握紧拍子。

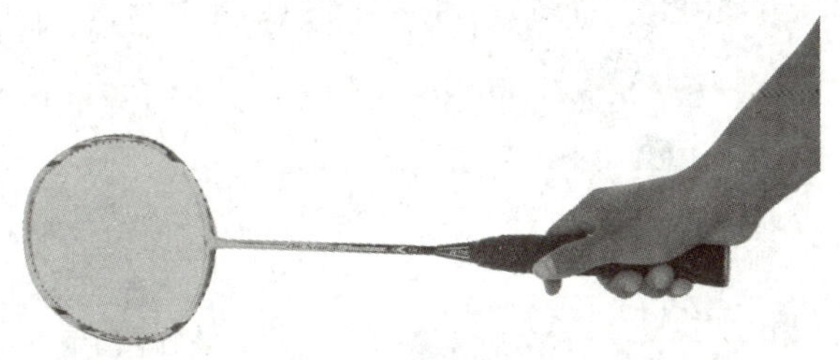

图 10-2 横拍握法正面

3. 握拍法常用练习方法

持拍进行正拍和反拍握法练习，熟练后连续进行正、反拍的换握练习，使动作正确娴熟。

4. 握拍法易犯错误及纠正方法

(1) 五指并拢用劲抓的“拳握法”，手臂肌肉僵硬；虎口对着拍面的“苍蝇握拍法”，屈腕困难。纠正方法：持拍握拍时检查虎口的位置和手掌的松紧度，熟练后眼不看球拍进行握拍练习。

(2) 反手击球时，未转换成反手握拍法，影响反手击球的发力和控球灵活性。纠正方法：反复进行正、反握拍法转换练习，或听教师和同伴口令进行握法转换。

(二) 发球法

与排球、乒乓球相似，发球也是羽毛球各项击球技术中不受对方击球限制，完全凭发球者主观意愿击球的技术。高质量的发球可使对方陷于被动，为得分创造条件，甚至直接得分；低质量的发球则可能使自己陷于被动。发球可采用正手或反手，通常单打多采用正手发球，双打和混合双打中则常用反手发球。

1. 正手发球

正手可发高远球、平高球、平射球和网前球，这里主要介绍正手发高远球和网前球。

单打时，一般站在发球区内离前发球线 1 m 的中线附近，有利于迎击对方击来的各个方向的球，双打时则可站得靠前一点。左脚在前，脚尖正对网，右脚在后，脚尖斜向右侧方，两脚开立与肩同宽，上体自然伸直，重心落于右脚，左肩斜对球网。右手握拍向右后侧举起，肘部微屈，左手拇指、食指和中指夹住球，球位于腹部右前方，放开球后右手挥拍击球。击球时，身体重心由右脚移至左脚。

(1) 发高远球。手放开球使球下落时，右手转拍由上臂带动前臂，自右后方沿身体向前左上方挥动；触球瞬间，紧握球拍，并利用手腕屈收的力量向前上方发力击球，接着顺势向左上方挥动缓冲，如图 10-3 所示。

(2) 发网前球。击球时，握拍放松，上臂动作小，主要靠前臂带动手腕向前切送，用力较轻。注意手腕不能有上挑动作，发出的球应贴网而过，落点在前发球线附近。

2. 反手发球

站于前发球线后 10～50 cm 且靠近发球区中线。面向球网，两脚前后站立，任意一脚均可在前；上体稍前倾，重心落于前脚；右手手臂弯曲，用反手握拍将球拍横举于腰间，拍面位于身体左侧腰下。左手拇指与食指捏住球的两三根羽毛，球托向下，球对准拍面；击球时，前臂带动手腕朝前横切推送，使球的飞行弧线略高于网顶，下落至对方前发球线附近。具体动作如图 10-4 所示。

图 10-3　正手发高远球

图 10-4　反手发网前球

3. 发球常用练习方法

原地持拍模仿发球动作；熟练后持球进行发球练习，逐渐过渡至练习不同发球法和发不同落点的球。

4. 发球易犯错误与纠正方法

(1) 挥拍路线不正确，放球与挥拍配合不好。纠正方法：多练习徒手挥拍，由他人帮忙纠正错误动作；多进行放球和挥拍击球的配合练习。

(2) 挥拍时，手臂僵直，无转体动作或转体不够，前臂带动手腕动作不协调。纠正方法：多练习前臂带动手腕的鞭打动作，熟练后持拍进行徒手模仿练习，再过渡至持球练习，力量由小至大。

(三) 接发球法

接发球与发球是一对矛盾运动：发球方想方设法发出各种不同弧线的球，以此来控制对方；而接发球方则后发制人，来达到反控制的目的。羽毛球比赛就是在这种控制与反控制的争夺中给人以刺激、乐趣和启示的。

1. 接发球站位

无论是单打还是双打，都应选择一个合理的接发球站位。一般情况下，单打的接发球站位在离前发球线约 1.5 m 处，在右发球区应站在靠中线的位置，在左发球区则站在中间稍偏边线的位置，主要防备对方发球攻击反手部位；双打接发球时的站位可靠近前发球线。

2. 接发球的准备姿势

单打接发球应左脚在前，右脚在后，侧身对网，身体重心在前脚，后脚脚跟稍提起，收腹含胸，持拍于右身前，两眼注视对方。

双打接发球准备姿势基本同单打接发球，但身体重心可随意放在任何一只脚上，球拍高举在肩上，注意力要高度集中。

(四) 击球法

1. 击球法的种类

羽毛球的击球法众多，这里主要介绍正手击高远球、正手击吊球、正手杀球、搓球、放网前球、推球和挑球。

(1) 正手击高远球。使用基本步法调整好身体与来球间的位置，击球点位于右肩稍前的上方，两脚开立与肩同宽，左脚在前，右脚在后，重心落于右脚，侧对球网；右手正手握拍，屈肘举于体侧，上臂和前臂间夹角约为 45°，左手自然上举，保持平衡，双眼注视来球，当球下落至一定高度时，肘关节上抬，手臂后倒引拍，以肩为轴做回环动作，同时右脚蹬地，身体左转，前臂充分向后下方摆动并外旋，手腕伸展；击球时前臂急速内旋带动手腕加速向前上方挥动，手腕屈，收手指屈指发力，用正拍面将球击出；击球点位于右肩前上方，高度以持拍手臂自然伸直击球为宜；击球后右手随惯性继续向左前下方挥动，然后顺势收回至体前，还原至击球前的准备姿势。具体动作如图 10-5 所示。

图 10-5 正手击高远球动作

(2) 正手击吊球。准备姿势、引拍动作及击球后的动作与正手击高远球基本相同。击球点位于右肩前上方，较击高远球稍前一点。主要靠手腕和手指控制力量，击球时手腕由伸腕到屈收，手指捻动发力，以手指转动使球拍形成一定的外旋，用斜拍面切击球托后部和侧后部。若吊斜线球，则球拍切击球托右侧并向左下方发力；吊直线球时则拍面正对前方向下方切击。

(3) 正手杀球。杀球时击球力量最大、速度最快，是比赛中最常见的得分手段。

后场正手杀球的准备姿势、引拍动作和击球后的动作与正手击高远球相同。击球点位于右肩前上方较击高远球和吊球稍前一点的位置，引拍动作较后场击高远球大一些，充分利用下肢、腰腹和上肢的力量。击球前身体后仰几乎呈弓形，在击球瞬间将全身的力量通过手腕由伸到屈的快速闪动，用正拍面向前下方发力压击球。用正拍面向正前下方击球杀出直线球，向斜前下方击球则杀出斜线球。

（4）搓球。不管采用正拍还是反拍搓球，均在伸拍时前臂外旋或内旋做半弧形引拍动作；击球时手腕由展至收发力，由右至左或由左至右以斜拍面切击球托的右后侧或左后侧部，使球翻滚旋转过网；击球后手腕伴有一定的制动动作；右脚掌触地后立即蹬地向中心位置回动，同时击球手臂收回，还原成准备姿势，随时回击下一个来球。具体动作如图 10-6 所示。

图 10-6　正手搓球动作

（5）放网前球。放网前球有正手和反手两种击球姿势。

正、反拍放网前球的击球前的准备动作、引拍动作和击球后的动作均与正、反拍搓球相同。正拍放网前球击球时握拍手放松，拍面相对球托而言几乎呈仰平面并置于球托下，用手指力量轻轻向上“抬击”球托底部，使其越网而过，贴网下落。反拍放网前球击球时主要靠拇指和食指力量，轻轻向前上方抖动，手腕发力切击球托底部。具体动作如图 10-9 和图 10-10 所示。

（6）推球。利用推球技术可将对方击来的网前球击至对方后场两底角，推球也有正拍和反拍两种击球方法，如图 10-7 和图 10-8 所示。线路则有直线和斜线两种。

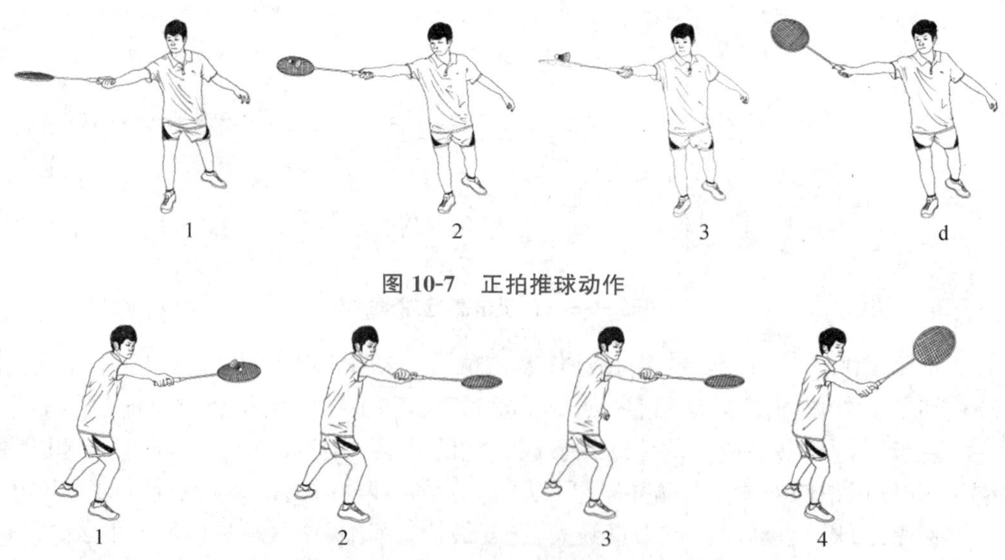

图 10-7　正拍推球动作

图 10-8　反拍推球动作

采用正拍推击时，击球前的准备动作、引拍动作和击球后的回位与正手网前搓球相同；以肘为轴，前臂由外旋回转至内旋并带动手腕由伸至展向前快速挥动发力击球，击球瞬间应充分发挥食指的力量。

采用反拍推击时，击球前的准备动作、引拍动作和击球后的回位与反手网前搓球相同；击球时上臂从稍有一定的内旋回至外旋并带动手腕由展至收向前挥动，击球瞬间拇指充分前顶，其余三指握紧拍柄屈指发力将球推击出去。用反拍面向正直方向击球为直线球，向斜前方向击球则为斜线球。

(7) 挑球。挑球是在处于被动情况下运用的一种过渡球，其也有正手和反手两种击球方法。

正、反手挑后场高球的握拍、准备动作及击球的还原动作分别与正、反手搓球相同。

正手挑后场高球时，以肩、肘为轴心，前臂外旋带动手腕在身体右前下方做半弧形回环引拍动作，在拍面击球瞬间，前臂迅速内旋带动手腕向前上方发力击球；采用正拍面向正前上方挥动挑出直线高球，向斜上方挥动则挑出斜线高球。具体动作如图 10-9 所示。

图 10-9 正手挑球动作

反手挑后场高球时，以肩、肘为轴心，前臂内旋在身体左前下方带动手腕展腕，并做半弧形回环引拍动作，在拍面击球瞬间，前臂外旋带动手腕发力，拇指充分顶拍柄将球击出；采用反拍面向正前上方发力挑出直线球，向斜前上方发力则挑出斜线球。注意击球后须迅速转回正拍握拍以随时准备回击下一个来球。具体动作如图 10-10 所示。

图 10-10 反手挑球动作

2. 击球法常用练习方法

(1) 原地徒手模仿各击球法完整动作，形成正确的动作概念。

(2) 原地击固定球，以便掌握好正确的击球点。

(3) 由教师、教练或同伴协助喂球，练习者做原地的各种击球法练习，熟练后与步法结合练习移动中的击球。

(4) 两人一组进行对击练习,以练习各种击球法,熟练后一人击不同落点的球,另一人灵活采用各种击球法并配合步法将球回击给同伴,提高技术的实战运用能力。

实训时刻

羽毛球初学者经常会遇到这样的问题:明明用劲挥拍击球了,但球仍飞不远;明明用劲抡胳膊了,但仍不能把球打高。你知道问题出在哪里吗?

二、羽毛球的步法

羽毛球的步法是一项很重要的基本技术,它和手法相辅相成,取长补短,不可分割。若没有正确的步法,必然会影响到各种击球技术的完成。而在比赛中如没有快速、准确的到位步法,手中的球拍便会失去对对手的威胁性,所以学习和掌握熟练的、快速而准确的步法是打好羽毛球、提高运动水平的重要环节。

(一) 基本步法

对初学者而言,应基本掌握垫步、交叉步、并步、蹬转步、蹬跨步和腾跳步。

1. 垫步

当一只脚向前(后)迈出一步后,另一只脚跟进,紧接着以同一脚向同一方向再迈一步即为垫步。

2. 交叉步

左右脚交替向前、向侧或向后移动为交叉步。经另一脚前面超越的为前交叉步,后面超越的为后交叉步。交叉步多用于后退打后场球。

3. 并步

右脚向前(向后)移动一步时,左脚即刻向右脚跟并一步,紧接着右脚向前(向后)移动一步。

4. 蹬转步

以一只脚为轴,另一只脚向后或向前蹬转。

5. 蹬跨步

在移动的最后一步,左脚用力向后蹬的同时,右脚向来球方向跨出一大步。它多用于上网击球和后场底线两角移动抽球。

6. 腾跳步

起跳腾空击球的步法即为腾跳步。腾跳步可分为两种,一种是上网扑球或向两侧移动突击杀球时,以领先的脚或双脚起跳,进行扑球或突击杀球;另一种则是对方击来高远球时,用右脚或双脚起跳至最高点进行杀球。

以上介绍的是羽毛球运动最基础的移动和跑动步法,初学者一定要多加训练,才能把羽毛球入门的基本技术练好,为提高技术水平打下牢固的基础。

(二) 步法常用练习方法

(1) 单个基本步法反复练习。

(2) 步法练习线路一:中心位置—右网前—中心位置—左网前—中心位置,熟练后可持拍模仿搓、挑等网前手法。

步法练习线路二：中心位置—左后场—中心位置—右后场—中心位置，熟练后可持拍模仿高远球、平高球、吊球等后场手法。

(3) 全场步法练习线路，熟练后结合手法进行练习。

(4) 教练或同伴喂给不同落点的球，练习者须采用正确步法和手法回击来球。

在步法练习中，每次移动击球(持拍模仿或用拍回击球)后须回到中心位置，以便于下一次的击球。

三、羽毛球的基本战术

(一) 羽毛球单打的基本战术

单打的基本战术是根据比赛者的个人技术特点、身体素质、心理素质等条件而形成的技术打法，常见的大约有以下四种。

1. 控制后场，高球压底

从发球开始就运用高远球或进攻性的平高球压对方后场底线，迫使对方后退，当对方回球不够及时，以扣杀球制胜；或当对方疏于前场防守时，就可以以轻吊、搓球等技术在网前吊球轻取。轻吊必须在若干次高远球大力压住后场，对方又不能及时回到前场的基础上进行。这种打法主要是力量和后场的高、吊、杀技术的较量。对初学者来说，这是一种必须首先学习的基础打法。

2. 打四角球，高短结合

在后场以高远球、平高球和吊球打法居多，在前场则以放网前球、推球和挑球准确地攻击对方场区前后左右四个角落，调动对方前后左右奔跑，顾此失彼，待对方来不及回中心位置或回球质量差时，向其空当部位发动进攻而制胜。这种打法要求进攻队员具有较强的控制球落点的能力和灵活快速的步法，有速度，否则难占上风。

3. 下压为主，控制网前

搓球是近台和台内回击下旋球的一种比较稳定的技术，它与削球的主要区别是站位近、动作小，具有旋转、速度、落点的变化，常用于接发球或搓球过渡，为进攻创造机会。

动作特点：动作幅度较大，击球节奏和球速较慢，球带下旋，较为稳定。

动作要领：站位偏左，两脚左右开立；反手搓球时，向左上方引拍，拍面稍后仰，正手搓球时，身体稍向右转，向右上方引拍。击球时，前臂内旋转动，手腕配合用力，由上向前下方挥拍；在来球的下降前期或高点期，摩擦球的中下部或中部偏下，同时身体重心应向前移动。击球后，手臂立即放松，随势前送并迅速还原。

提示：根据长短落点不同，应向前、后移动，保持在来球下降期间击球。

4. 快拉快吊，前后结合

以平高球快压对方后场两底角，配合快吊网前两角(或运用劈杀)引对方上网，当对方被动回击网前球时迅速上网控制网前，以网前搓、钩球结合推后场底线两角，迫使对方疲于应付，为前场扑杀和中、后场大力扣杀创造机会。这也是一种积极主动、快速进攻的打法。这种打法要求运动员身体素质好，特别是速度耐力要好，技术全面熟练，而且具备突击进攻的特长技术。

（二）羽毛球双打常用战术

1. 攻人

攻人是双打中常用的一种战术，就是以人为攻击目标。对付两名技术水平高低不一的对手时，一般采用这种战术，对付两名实力相当的对手时，也可采用这一战术。它集中攻势于对方一名队员，常能起到“集中优势兵力打歼灭战”的作用；在另一队员过来协助时，又会暴露出空当，可在其仓促接应、立足不稳时偷袭他。

2. 攻中路

（1）守方左右站位时把球打在两人的中间。这种战术可以造成守方两人抢接一球或同时让球，彼此难以协调；限制对手在接杀球时挑大角度高球调动攻方；有利于攻方的封网，由于打对方中路，对方回球的角度也小，网前队员封网的难度就小了。

（2）守方前后站位时把球下压或轻推在边线半场处。这种战术多半是在接发网前球和守中反攻抢网时运用。这种球守方前场队员拦截不到，后场队员又只能以下手击球放网或挑高球，后场两角便会露出很大的空当，便可以趁势攻击。

3. 攻后场

攻后场常用来对付后场扣杀能力较差的对手，把对方弱者调动到后场后也可以使用。此战术多采用平高球、平推球、挑底线把对方一人紧逼在底线，使其在底线两角移动击球，在其还击出半场高球或网前高球时即可大力扣杀，取得该球的胜利或主动。例如，在逼底线两角时对方同伴要后退支援，则可攻击网前空当或打后退者的追身球。

4. 后攻前封

后场队员积极大力扣杀创造机会，在对方接杀放网、挑高球或企图反击抽球时，前场队员以扑、搓、勾、推控制网前或拦截吊、点封住前半场，使整个进攻连贯而又有节奏变化，使对方防不胜防。

5. 防守

（1）调整站位。为了摆脱被动，伺机转入反攻，首先要调整好防守时的站位。如果是网前挑高球，那么击球者应该直线后退，切忌对角后退。直线后退路线短、站位快、对角后退路线长，也容易被对方打追身球。另一名队员应根据同伴移动后的情况补到空当位。双打防守时的站位调整是一名队员在跑动击球时，另一名队员根据同伴的移动情况填补空当。

（2）防守球路。

① 攻方杀球者和封网队员在半边场前后一条直线上，接杀球应打到另半边前场或后场。

② 攻方杀球者和封网者在前后对角位上，接杀球可还击到杀球者的网前或封网者的后场。

③ 攻方杀球者杀对角后，另一名队员想要退到后场去助攻时，接杀球时可以还击到网前中路或直线网前。

④ 把攻方杀来的直线球挑对角，杀来的对角球挑直线以调动杀球者。关于防守的方法还有许多，但目的都是破坏攻方的进攻节奏和进攻的势头，在攻方进攻势头一减时即可平抽或蹲挡，若攻方站位混乱出现空当时，守方即可抓住战机转守为攻取得主动。

第三节　羽毛球运动的基本规则

一、场地和器材

羽毛球场地呈长方形，长 13.4 m，单打场地宽 5.18 m，双打场地宽 6.1 m。球场外面两条边线为双打场地边线，靠里的两条边线为单打场地边线。靠近球网 1.98 m 与网平行的两条线为前发球线，离端线 0.76 m 与端线平行的两条线为双打后发球线。前发球线中点与端线中点连起的线为中线。球网中央高 1.524 m，双打边线处网高 1.55 m。羽毛球运动场地如图 10-11 所示。

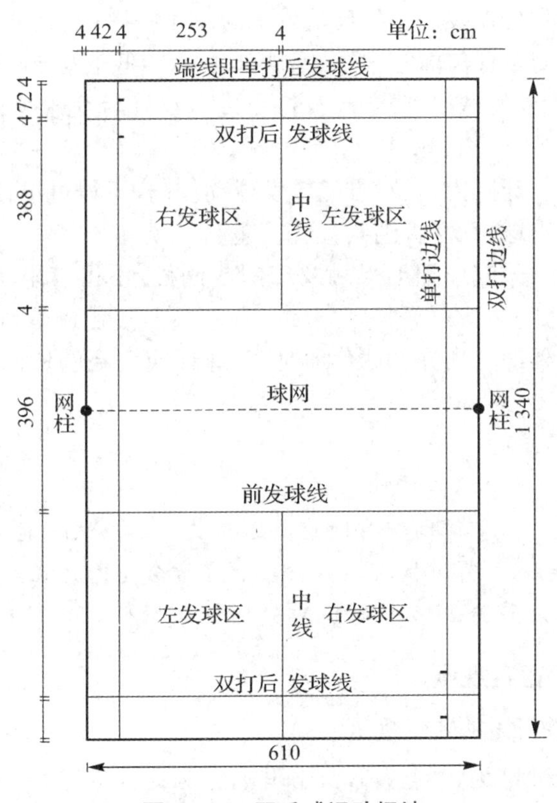

视频
羽毛球场尺寸介绍

图 10-11　羽毛球运动场地

羽毛球重 4.74～5.5 g，由 16 根羽毛插在半球形的软木托上制成。球托直径为 25～28 mm，底部呈圆形。羽毛顶端亦围成圆形，直径为 58～68 mm，羽毛用线或其他适宜材料扎牢。

羽毛球拍用木料、铝合金或碳素纤维等材料制作而成。拍子总长不超过 680 mm，宽不超过 230 mm，拍弦面应是平的，长不超过 280 mm，宽不超过 220 mm。

二、比赛赛制及注意事项

(一) 比赛项目

羽毛球比赛分为男、女单打，男、女双打和混合双打五个单项比赛，还有由单、双打组成的男、女团体比赛及混合团体比赛。单项比赛采用三局二胜每球得分制，每局 21 分。男、女团体赛由三场单打和两场双打组成，采用五场三胜制，每场比赛为三局二胜每球得分制，每局 21 分。混合团体赛由男、女单打，男、女双打和混合双打各一场组合而成，赛制同男、女团体赛。

(二) 计分方法与赛间休息时间

采用每局得分 21 分制，计分方法类似乒乓球。每局双方打至 20 平后，一方领先 2 分即赢得该局比赛胜利；若双方打成 29 平，则一方再领先 1 分即可获得该局胜利。

每局比赛中除特殊情况(如地板较湿，球需要更换等)外，一般球员不得提出中断比赛要求，但某一方以 11 分领先时，可进行 1 min 的技术暂停。首局获胜方在接下来的一局率先发球，两局之间的休息时间为 2 min。

(三) 比赛中注意事项

(1) 发球时不得违规延误发球。发球员发球时脚不得踩线、移动或离开地面。

(2) 发球击球瞬间，球的任何部位不得高于腰部，拍框应低于发球员手部，违者判发球违例。

(3) 发球时，球不到前发球线，或者是双打中过了双打后发球线，或者是发错区，均判作“界外球”。球擦网顶落在合法发球区内算作好球。

(4) 接球员应站在发球区内，在对方完成发球动作前，不得过早移动。

(5) 一人不得连续击球两次，否则判“连击”违例。

(6) 比赛中，身体、衣服或球拍不得触及球网或网柱，不得有阻挠或影响对方击球的动作与行为。

(7) 球落在场地线外即为出界。球落地时，若球托或羽毛的任何部分压在线上，则属界内球。

实训时刻>>>

羽毛球运动已经成为人们休闲健身的重要选择之一。虽然不能与专业的运动员相提并论，但人们都希望将羽毛球打得有模有样。初学者经常会把球打在拍沿上，击球的声音噼噼啪啪，相当不好听，也很容易造成球的损坏，这是为什么呢？

三、羽毛球运动的竞赛规则

(一) 羽毛球比赛进行时的违例规则

从发球结束至成为死球为止的这段时间间隔，称为比赛进行时，出现下列现象之一即为违例。

1. 连击

运动员连续击球两次，或同队两名队员连续各击球一次。

2. 持球

击球时，球停滞在拍上紧接着又有拖带动作。

3. 过网击球

球拍与球的接触点不在击球者一方(在本方击球后,球拍允许随球过网)。

4. 触网

比赛进行中,运动员的球拍、身体或衣服触及球网或网的支撑物。

5. 侵入对方场区

比赛进行中运动员的球拍和身体任何部位侵入对方的场区。

6. 妨碍

当对方运动员在靠近网前上空有机会向下击球时,将球拍在网前举起,企图拦截使球反弹过去。

(二) 单打规则

1. 发球区和接发球区

在一局中,发球员的分数为0或双数时,双方运动员均应在各自的右发球区发球或接发球。发球员的分数为单数时,双方运动员均应在各自的左发球区发球或接发球。

2. 击球顺序和位置

在一回合中,球应由发球员和接发球员交替从各自所在场区一边的任何位置击出,直至成为死球。

3. 得分和发球

发球员胜一回合则得1分,随后,发球员再从另一发球区发球。接发球员胜一回合则得1分,随后,接发球员成为新发球员。

(三) 次序

1. 发球区和接发球区

在一局中,发球方分数为0或双数时,发球方均应从右发球区发球;发球方分数为单数时,发球方应从左发球区发球。接发球方上一回合最后一次发球的运动员应在原发球区接发球,其同伴接发球的站位与其相反。接发球员应是站在发球员斜对角发球区的运动员。发球方每得1分后,原发球员则变换发球区再发球。发球应从与其得分相对应的发球区发出(特殊情况除外)。

2. 击球顺序和位置

每一回合发球被回击后,由发球方的任何一人和接发球方的任何一人交替在各自场区的任何位置击球,如此往返直至死球。

3. 得分和发球

发球方胜一回合得1分,随后发球员继续发球;接发球方胜一回合得1分,随后接发球方成为新发球方。

4. 发球顺序

每局比赛的发球权必须如此传递:首先是发球员,从右发球区发球;其次是首先接发球员的同伴,从左发球区发球;然后是首先发球员的同伴;接着是首先接发球员;再接着回到首先发球员,如此循环。

5. 其他情况

运动员在比赛中不得有发球、接发球顺序错误或在一局比赛中连续两次接发球。一局胜方的任一运动员可在下一局先发球，一局负方的任一运动员可在下一局先接发球。

1. 简述羽毛球运动的发球方法，并利用场地器材进行演示。
2. 简述羽毛球比赛的赛制和计分规则。

第十一章　网球运动

学习目标

1. 熟悉网球运动的发展历史和基础知识，了解三大大满贯网球赛事的基本情况，认识著名的中国网球运动员，在课外组织观看网球比赛。

2. 训练掌握网球运动的握拍法及基本技术，能够组织同学开展网球单打和双打的正式比赛。

第一节　网球运动概述

一、网球运动的起源与发展

当前，网球运动作为一项深受大众喜爱的热门运动，逐渐进入现代人的文化生活中，不仅在政治、经济、文化等领域发挥着巨大的功能，在现实生活中也潜移默化地影响着现代人。网球文化已经逐渐介入并影响着现代人的生活方式。

网球与高尔夫球、保龄球、桌球并称“世界四大绅士运动”。它的起源可以追溯到12—13世纪的法国，当时在传教士当中流行着一种用手掌来击球的游戏，方法是在空地上两人隔着一条绳子，用手掌将布包着的用动物毛发制成的球打来打去，后逐渐演变出球网和球拍。

进入21世纪以后，网球发展加速，在世界各大洲流行起来，网球各级赛事奖金的提高也促进了网球运动的职业化和商业化程度。目前，国际重大的网球赛事主要有网球四大公开赛——澳大利亚网球公开赛、法国网球公开赛、温布尔登网球锦标赛和美国网球公开赛，大师系列赛，网球大师杯赛，WTA年终总决赛，“戴维斯”杯男子网球团体赛，“联合会”杯女子网球团体赛和奥运会网球赛。自2004年开始在中国北京举行的中国网球公开赛已成为顶级综合网球赛事之一，吸引了不少大牌球星前来参赛。世界网球组织主要包括国际网球联合会(ITF)、国际男子职业网球联合会(ATP)和国际女子职业网球联合会(WTA)。

网球运动的早期发展

1873年，英国少校温菲尔德(M. W. Winfield)改进了古典式网球的打法，并将场地从室内移至室外，后又制定了网球打法，规定了球场大小和球网高低。

1874 年，网球传入美国并在全美得到普及，同时场地从仅限于草地扩大到可在沙土、水泥地和柏油地等地面上举行比赛。

1875 年，英国网球俱乐部修订了网球比赛规则，并于 1877 年举办了第一届温布尔顿草地网球锦标赛，后来此组织把网球场定为 23.77 m×8.23 m，球网中央高度为 99 cm，采用古式室内网球 0、15、30、40 的每局计分法。1884 年，英国伦敦玛丽勒本板球俱乐部把球网中央高度定为 0.914 m，至此，现代网球在英国形成。

1896 年，网球成为现代奥运会中最早的比赛项目之一。

1913 年，在法国巴黎成立了国际网球联合会。

20 世纪 70 年代以后取消了职业选手与业余选手的界限，使比赛激烈程度大增，促进了网球运动的发展。

资料来源：作者整理

二、网球运动的特点

1. 独特的健身价值

专家曾做过统计，在一场有相当水平的网球比赛中，运动员所跑的路程在 5 000～10 000 m，不下于一场激烈的足球比赛。运动员在比赛过程中，一方面要做出及时的判断，还要不停地做前进、后退、左右移转、高高跃起、急停或猛扣等动作。一个网球运动员无论在力量、速度、耐力、柔韧性和灵敏性方面，都必须具备良好的素质。特别是随着网球技术的不断发展，上网打法已相当普遍，运动员在发球或接发球之后都积极争取时机跑到近网处做空中截击、高压动作，这时要照顾到前后左右四个方位的来球，如果没有精确的预测能力、快速的灵敏反应，以及熟练的截击、高压技术，就无法适应这种打法。

另外，网球运动常被人形容为是“挥拍上阵”，曾有人统计过网球比赛中运动员的挥拍情况，一场比赛总的挥拍次数不少于千次，若没有强壮有力的手臂是不能胜任的。由此可见，只有具备了良好的身体素质，才能保证网球技术、战术的正常发挥。也就是说，网球这项运动能够很好地提高人的全面的身体素质。例如，打网球需要长时间连续来回地移动和击球，这能够使人的运动反应更加灵敏，并能在较长的一段时间内保持这种快速活动的能力。又如，网球运动中有力地抽击球和凶猛的高压球，都需要较好的力量素质。因此，打网球可以培养人判断准确、动作迅速、反应快捷的能力，还能提高人的速度、力量、耐力、灵敏性等素质，对发展人的协调性有着积极的作用。

2. 独特的欣赏价值

与其他体育项目相比较，网球运动独特的欣赏价值首先表现在它是一种技巧性很强的对抗。例如，发球就有发上旋球、下旋球、侧旋、前冲，以及大力重球等。许多运动员的超水平发挥，常常使发球技术达到炉火纯青的地步，令人叫绝。

网球中的击球技术看似很简单，无非击空中球和落地球，然而，那些网球场上的高手都有自己的一手绝活。例如，网球对击本来最怕被人逼反手底线球，但瑞典网球运动员博格却最善于处理这种球，每当对手把球逼在他的底线反手位自以为得逞时，他却能常常从容不迫地打出又低又疾的超身穿越球，使对手无法还击。美国网球运动员麦肯罗，他上网还击的交叉线路球，不但动作隐蔽，而且击出的球角度大，常把对手搞得来回奔波、疲于奔命。网球运动员康纳斯的高压击球又重又狠，几乎就是百发百中的“炮弹”。

另外，网球比赛中巧妙的战术运用也是很令人回味无穷的。网球的战术是随着网球技术的改进及场地条件的变化而不断发展的。在 1900 年以前，由于球网较高，因而对网前截击打法较有利。后来球网降低到 1.07 m，便出现了底线抽击和挑高球的打法。21 世纪 30 年代，普遍的打法是底线对攻，而到了 20 世纪 40—50 年代，又演进为上网型的打法，把防守等球改进为网前截击进攻球。现代先进的网球打法，则具有快、狠、准、变的特点，要求运动员既能“满场飞”，又能凌空跳跃击球、斜飞鱼跃救球，等等。当然，网球战术无论怎样多变，不外乎缩前吊后，抽打两边。然而，正是在网球高手拍下的这前后左右、真真假假的变化中，演绎出多少令人拍手叫绝的场面，使人乐而忘返。

第二节　网球运动的基本技战术

网球运动的基本技术是指运动员在比赛规则允许的条件下，运用挥拍等技术将球打至对方场地并获得胜利的总称。网球初学者应基本掌握握拍法、基本移动步法、正反手击球、发球、接发球和截击球等。

一、握拍法

(一) 握拍法的种类

1. 东方式握拍法

(1) 正拍握拍法。左手握住拍颈，使拍面与地面垂直，将拍柄的 8 个面编号，如图 11-1 所示；右手虎口的 V 形顶点对准拍柄的第二个面，五指轻轻握住拍柄即可，如图 11-2 所示。初学者常采用此握拍法，较容易击准球。

(2) 反拍握拍法。右手虎口的 V 形顶点对准拍柄的第八个面，五指轻轻握住拍柄即可，如图 11-3 所示。

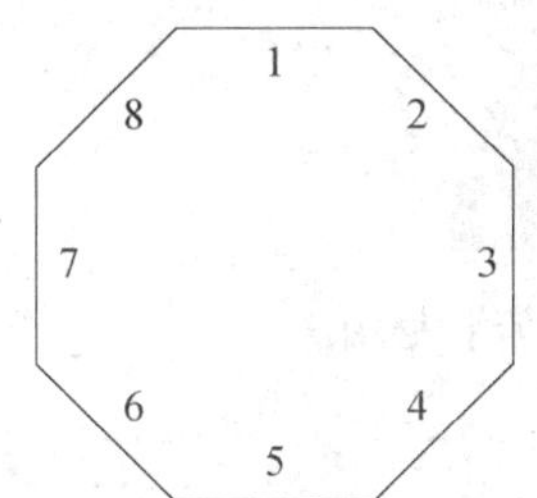

图 11-1　网球拍拍柄面编号

图 11-2　东方式正拍握拍法

图 11-3　东方式反拍握拍法

2. 大陆式握拍法

右手虎口的 V 形顶点对准拍柄的第一个面，五指轻轻握住拍柄即可，如图 11-4 所示。此种握拍法常用于发球、截击、高压和削球。

3. 西方式握拍法

右手虎口的 V 形顶点对准拍柄的第三个面，五指轻轻握住拍柄，如图 11-5 所示。此种握法可打出较强烈的上旋，为很多欧洲选手所采用，但其无法处理较低的来球。对初学者而言，采用此种握法进行练习容易使手腕受伤，最好不采用。

图 11-4　大陆式握拍法

图 11-5　西方式握拍法

4. 混合式(半西方式)握拍法

右手虎口的V形顶点对准拍柄第二个面和第三个面相交的拍棱上，五指轻轻握住球拍，如图 11-6 所示。目前很多高水平网球运动员在底线击球时多采用此种握法。

(二) 握拍法易犯错误及纠正方法

右手为东方式反拍握拍法，握于拍柄底部，手掌要与拍柄对齐；左手采用东方式正拍握法握于右手上方，如图 11-7 所示。此握拍法适用于单手力量不足、双手具有良好协调性的选手或初学者，但要求步法精准。女性和初学者常采用此握拍法。

注意：握拍时手指像握住手枪，力度像握住一只小鸟一样，只有在击球瞬间才用力握紧球拍。

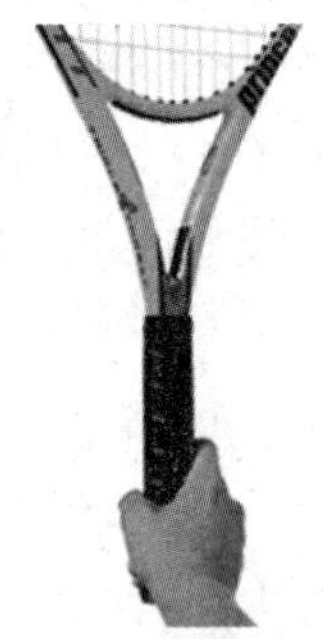

图 11-6　混合式握拍法

图 11-7　双手反拍握拍法

二、基本移动步法

(一) 网球步法种类

1. 分腿垫步

当对手开始挥拍时，自己微屈膝，做一个跳跃动作(高度不超 5 cm)，以双脚前脚掌着地(两脚间的距离略宽于肩)，保持适当站位。

2. 滑步

向前移动时，在蹬出右脚的同时，左脚向前跨出，连续向前移动形成前滑步步法；向后移动时，在左脚后蹬的同时，向后迈出右脚，连续向右移动形成后滑步步法。

3. 交叉步

向右移动时，向右转体，左脚先向右前方跨出，交叉于右脚外侧前方，再跨出右脚；继续跨出左脚于右脚外侧，反复向右交叉移动，即为右交叉步步法。向左移动步法为左交叉步步法。

(二) 基本移动步法常用练习方法

(1) 听或看信号进行单个基本移动步法练习。

(2) 听或看信号进行基本移动步法组合练习。

(3) 与其他击球技术组合进行练习。

注意：使用滑步和交叉步迎击来球时应边引拍边上步，充分做好击球前的准备。

三、正反手击球

(一) 击球法的种类

1. 正手击球法

正手击球是网球技术中最基本的击球方法，也是最可靠的进攻性击球手段。其特点是速度快、力量大，是初学者学习的第一种击球方法。

(1) 动作要领。在准备姿势中判断来球后，即开始转动上体和肩，身体侧向球网，两脚前后开立，重心在后脚上。随着转体应快速平稳地向后摆动球拍，使球拍保持垂直地面，球拍指向后方。向前挥拍击球时，要握紧球拍同时手腕绷紧，腰部转动带动手臂和球拍，从稍低于腰部处开始，做弧线轨迹运动，向前向上挥动。击球后，球拍继续向前挥动至左肩前上方，使握拍手臂向前伸展，完成挥拍跟球运动，如图 11-8 所示。

图 11-8 正手击球法动作

(2) 要点。球拍不要下垂，拍头高于手腕；在左髋外侧前方触球，拍面几乎垂直于地面。

2. 反手击球法

网球反手击球技术动作包括反手上旋球、反手下旋球和双手反手击球。

(1) 反手上旋球。

① 动作要领。反手击球的准备姿势与正手击球相同。击球前将拍改为东方式反手握法。对方球到反手位时，身体向左侧转，重心在后脚上。由转肩带动球拍后引，上体侧对击球点，球拍后摆，拍头略低，球拍指向后方。击球时右脚向前跨，重心跟进，转腰带动上臂、前臂带动球拍由后向前上方挥出击球。击球后继续向上做随挥动作，最后结束在右肩上方。

② 要点。击球时拍面稍前倾，非执拍手始终扶着拍颈。击球点应在右髋前外侧，击球的中下部。

(2) 反手下旋球。

① 动作要领。准备姿势同上旋击球，握拍方法要改为大陆式握拍法。引拍动作后引要比反手上旋球引得高，球拍后摆时拍头上翘，右肩对准来球。击球时向前向下挥拍，拍面略仰，球拍自上而下削球，重心向前移动跟进，击球后手臂继续向前做随球动作。

② 要点。手腕直起，保持拍头向上。后引高，拍面略仰。

(3) 双手反手击球。

① 动作要领。双手反手击球时，两只手都是东方式握拍法，右手用反手握法，左手用正手握法，右手应比较靠近拍柄的端部，左手握在右手的上方不要交叠。对方来球到反手位时，转动身体以转肩带动球拍向左后引拍，上体侧对击球点，拍略低于来球。击球时重心前移，转腰带动双手由后下向前上方挥拍，在腰部高度、膝部前击球的中部，击球后顺势前挥至左肩前上方结束。

② 要点。左手主要起支撑球拍、控制球拍的作用，不是击球的主要动力。后摆引拍、前挥击球时转肩转体要跟上。

(二) 击球的练习方法

(1) 熟悉球性练习，用球拍掂球、拍球、抛接球、对墙传接球和两人间的传接球。

(2) 徒手挥拍练习，体会动作要领，形成正确的动作定型。

(3) 自己或同伴抛定点球，待球跳起后练习正反手击球。

(4) 对墙击球练习，在墙上 1～1.5 m 的任意高度标上记号，在距墙 5～7 m 的地方练习正、反手交替运用地对墙击球。

(5) 在一定的区域内，一人喂球，另一人练习击球，熟练后，练习击球到指定的位置。

(6) 两人一组，正反手击球练习，结合斜线、直线的各种组合练习。

(7) 两人对打练习，注意先不要发力，加强手上对球的控制。熟练后可增大击球距离和范围，加大击球的力量。

四、发球

发球是网球技术中唯一不受对方制约和限制的技术，分为平击发球、切削发球和旋转发球三种形式。平击发球力量大、速度快，但容易失误。旋转发球技术要求高，不容易掌握。切削发球比较容易掌握，适合初学者和对发球要求不高者。

1. 发球的动作要领

(1) 站位的准备。站位要求在端线后，两脚开立与肩同宽，前脚与端线成 45°，重心放在后脚上，身体侧对球网。

(2) 持球与抛球。持球时，可手持两个球或一个球。发球前将要发的球置于食指、中指、无名指的前端，用拇指和小指支撑球。抛球时手臂向身体的右前上方直臂抬起，到肩部与头部之间位置时，利用膝盖的屈伸，用手垂直向上抛球。出球后手肘伸直，球落下时在前脚的右前方。

(3) 后摆引拍。当抛球手向上时，握拍手也应该向后上方运动，以肘为轴，小臂、手、拍头依次向体后，执拍手臂做大弧度的环绕向后引拍，右肘弯曲使球拍在背后呈悬垂弧状向下。背部下吊，同时屈双膝并伴随身体后展呈弓状。

(4) 挥拍击球。球上抛引拍结束后，身体向前移动，持拍手和球拍向上伸展，在屈膝、背弓动作的基础上自下而上依次蹬直踝部、膝部，反弹背弓并向出球方转体，与此同时，仍以肘为轴带动手、拍头摆向击球点，最后在力的爆发点上“鞭打”抛送于空中的球。击中球时虽然挥拍击球动作已告完成，但整个发球过程却仍在继续。到达击球点后球员应顺着身体及挥拍的惯性做收腹、转肩和收拍的动作，最终球拍由大臂带动收向持拍手的异侧体侧，结束发球动作，如图 11-9 所示。

图 11-9 发球动作

注意：抛球要稳，球抛向身体的右前上方，球要垂直上抛。正确把握发球时击球点的位置。击球时要做好扣腕，完成完整的“鞭打”。

2. 发球的动作方法

(1) 切削发球。这是一种以右侧旋转(略带下旋)为主的发球法，就是由球的右上往左下切削击球。发球时站在端线后，身体侧对球网，抛球时球拍后引在背后，肘关节抬起，身体向后屈呈弓状。

当球拍从后向前上方挥动时身体充分伸展，球拍快速从右侧中上方至左下方挥动，在最高点击球，击球部位在球的中部偏右侧，使球产生右侧旋转。

(2) 平击发球。平击发球是球速最快的发球法，球速快、反弹低，也称为炮弹式发球。平击发球动作的方法基本同切削发球，只是在击球的一刹那，拍面不绕球切削，击球点应在身体的右眼前上方，以拍面中心平直对准球，击球的后中上部。因此，手腕的向前拌甩和前臂的“旋内鞭打”非常重要，身体充分向上、向前伸展，以获得最高的击球点。

(3) 发球的练习方法。原地徒手和持球做抛球练习：左手持球反复做向上的抛球动作练习。原地徒手做抛球、挥拍练习。对墙练习发球，在墙上距离地面高 1 m 的地方设置标记，将球发向标记。反复练习抛球、击球的配合动作。在左右发球区内的不同落点练习发球。

实训时刻

专业的网球比赛上，选手们大力挥拍击出网球的瞬时速度极快，十分危险，所以在参加网球运动时需要注意哪些安全问题呢？

五、接发球

接发球是指将对方发过来的球有效地回击到对方场内所采取的手段。学习接发球首先要学会判断，这种判断基本上是靠即时反应。接发球前要观察对方的行动，考虑自己的回球路线和落点。

1. 动作要领

(1) 接发球的准备。接发球分为正手和反手两种接法。接发球站位一般在端线附近，保持两脚平行站位比肩略宽，右手持拍者一般右脚稍前，两膝微屈，上体稍前倾，重心放在前脚掌上。将球拍置于体前，拍头保持向上。抬头注视对方的发球动作，盯住对方的抛球位置，从球离开对方的手之前一直到被击出时，眼睛不能离开球。预先判断来球的方向和旋转。

(2) 接发球回击。眼睛始终盯住来球，球动人动。根据对方的发球意图来决定自己的移动方向，迅速做出转体引拍动作。接发球时必须有明确的指令，直线或斜线。对方第一次发球时，站位应偏后而且动作要快。对方第二次发球时，站位可略前移。

接发球时尽量提前向后拉拍，拍面后摆距离要短一些，幅度的大小要根据对方不同的发球来调整。击球后迅速回到场地，准备下一次击球。

2. 要点

(1) 要学会接发球的预判。

(2) 握紧球拍，避免拍面被来球震动而发生转动。

六、截击球

截击球是指在对方来球落地之前，凌空将球回击到对方场区的一种技术。

(一) 截击球的类型

截击球分为正手截击和反手截击。截击球一般站在网前进行，对对方的威胁比较大。

1. 正手截击

(1) 动作要领。站位最理想的是在发球区内，跨立中线处。准备时两脚自然开立，膝盖弯曲，重心稍前。采用大陆式握拍法，持拍于体前，拍头高于持拍手臂及球网。击球前必须转动上体和肩部，带动球拍向后摆，后摆速度要快，幅度要小。击球时握紧球拍，绷紧手腕，拍头上翘，拍面稍向后仰，向前、向下挥拍击球。

(2) 要点。击球时保持球拍高于手腕，球拍握紧、手腕固定。击球点保持在身体的侧前方，随挥动作要短。正手网前截击球如图 11-10 所示。

2. 反手截击

(1) 动作要领。击球前转肩使上身和球飞来的路线平行，同时球拍后摆至肩部，拍头向上。拍弦对着击出的球，沿着这个方向撞击出去。击球时拍向前做简短的撞击动作，在身体前面击球。拍触球时，手腕绷紧，握紧球拍。击球后右臂伸展向前下方压送。

(2) 要点。击球点比正手截击更靠前一些。球拍后摆幅度不宜过大，截击球不需要使劲挥臂向前。

反手网前截击球如图 11-11 所示。

图 11-10 正手网前截击球

图 11-11 反手网前截击球

(二) 截击球的练习方法

(1) 徒手模仿练习和持拍挥拍练习,为了避免后摆幅度过大,可背对墙练习。

(2) 用多个球进行近网或网前中场练习截击,两人一组,一人喂球,另一人练习交替正反手截击球。熟练后进行左右移动和不定点截击。

(3) 对墙近距离连续击凌空球,正手截击熟练后再练反手截击,最后正、反手交替练习。

(4) 两人一组对练截击球。可同时在网前练习或一人在网前,另一人在底线进行练习。

(5) 三人一组练习截击球,两人在底线进行破网,一人在网前练习截击。

第三节 网球运动的基本规则

一、场地和器材

1. 标准网球场地

网球场地可分为室外和室内,且有各种不同的球场表面,根据球场表面不同,网球场地基本可分为草地、红土和塑胶地,另还有软式球场等。场地规格为边线长 23.77 m,端线长 10.97 m,边线外应有 3.66 m 的空地,端线外至少应留有 6.4 m 的空地。组成球网的粗绳索或钢丝绳的最大直径为 0.8 cm,网高 0.914 m,网球场地尺寸如图 11-12 所示。

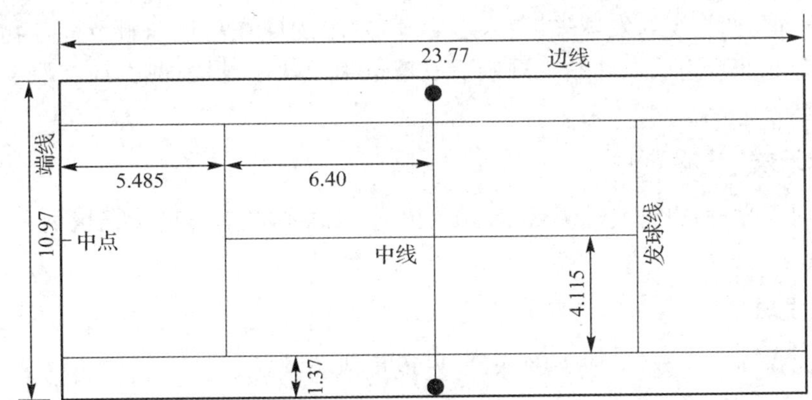

图 11-12 网球运动场地(单位:m)

2. 球拍

选购球拍应根据自己的实际情况。重量上，一般年轻人适用 320～330 g，中老年人适用 300～320 g，女性适用 280～300 g。握把尺寸上，一般男性球员适用 4.38 in(1 in≈2.54 cm)，若能力允许，也可用大一点的 5.12 in；女性适用 4.14～4.38 in。拍面大小上，一般女性、初学者和年纪大者选择大拍面，中上级水平者选择中小拍面。所穿拍弦一般为 55～60 lb，初学者亦可降低几磅。

国际网联规定比赛用拍拍框总长度不得超过 27 in，拍框的总宽度不能超过 12.5 in，穿弦平面的总长度不能超过 15.5 in，总宽度不能超过 11.5 in。

3. 球

场上用球外部需要由纺织材料统一包裹，颜色为白色、黄色或绿色，接缝处无缝线痕迹。重量介于 56.7 g 和 58.5 g 之间。

二、发球规则

在网球比赛过程中，发球应当遵循以下规则。

1. 发球前的固定

发球员在发球前应先站在端线后，中点和边线的假定延长线之间的区域里，用手将球向空中任何方向抛起，在球接触地面以前，用球拍击球(仅能用一只手的运动员，可用球拍将球抛起)。球拍与球接触时，即算完成球的发送。

2. 发球时的规定

发球员在整个发球动作中，不得通过行走或跑动改变原来站的位置，两脚只准站在规定位置，不得触及其他区域。

3. 发球员的位置

(1) 每局开始时，先从右区端线后发球，得或失 1 分后，应切换到左区发球。

(2) 发出的球应从网上越过，落到对角的对方发球区前的方格内或其周围的线上。

4. 发球失误

发生下列情况时，视为发球失误：未击中球，发出的球在落地前触及固定物(球网、中心带和网边白布除外)，违反发球站位规定。发球员第一次发球失误后，应在原发球位置上进行第二次发球。

5. 发球无效

发生下列情况时，视为发球无效：发球触网后，仍然落到对方的发球区内；对方接球员未做好接球准备。

6. 交换发球

第一局比赛终了，接球员成为发球员，发球员成为接球员。以后每局终了，均依次互相交换，直至比赛结束。

知识加油站

大满贯

图文
网球大满贯赛事介绍

网球运动中的“大满贯”，指选手在一个赛季里取得澳网、法网、温网和美国网球公开赛四项大满贯赛事中的全部桂冠，是网球运动的个人最高成就。英文中，“大满贯”一词 Grand Slam 首次使用是在 1933 年。当时，一位名叫约翰·基兰的美国记者在描述网球运动员杰克·克劳福德立志在当年夺取前面所说的四项赛事的冠军的雄心壮志时，将其比喻成“大满贯”。遗憾的是，克劳福德在当年的美国锦标赛决赛中落败，未能如愿。直到 1938 年，才由唐纳德·布吉成为历史上首位四大满贯得主。尽管“大满贯”一词最初只是使用在网球运动上，后来也逐渐为其他运动所采用，用于形容选手取得的类似成就。比较典型的如高尔夫，大满贯同样是指选手在一年里同时获得四项主要赛事的冠军。

资料来源：https://m.idongde.com/q/C13C7b0fa752De3E.shtml，有改动

三、比赛规则

1. 交换场地

（1）双方应在每盘的第 1、3、5 等单数局结束之后，以及每局结束双方局数之和为单数时，交换场地。

（2）决胜局比赛中（抢七），双方分数相加每 6 分时更换一次场地。

2. 失分

发生下列任何一种情况，均判失分：在球第二次着地前，未能还击过网；还击的球触及对方场区界线以外的地面、固定物或其他物件；还击空中球失败；故意用球拍触球超过一次；运动员的身体、球拍在发球期间触及球网；过网击球；抛拍击球；发球双失误；击球时人的身体触网。

3. 压线球

所有落在线上的球均算作压线球。

4. 休息时间

（1）分与分之间，捡到球之后直至发出，最大时间间隔为 25 s。

（2）单数局结束交换场地时可休息 90 s。

（3）每盘结束可休息 120 s。

（4）每盘的第一局结束后，交换场地时不能休息。

（5）在抢七比赛中，双方分数相加为 6 分，此时更换场地时不能休息。

5. 双打规则

（1）双打发球次序。每盘第一局开始时，由发球方决定何人首先发球，对方则同样地在第二局开始时，决定何人先发球，第三局由第一局发球方的另一球员发球，第四局由第二局发球方的另一球员发球。以下各局均按此次序发球。下一盘开始之前，可重新选择发球员或接发球员。

(2) 双打接球次序。先接球的一方，应在第一局开始时，决定由何人率先接发球，并在这盘单数局由此人继续先接发球。对方同样应在第二局开始时，决定由何人接发球，并在这盘双数局由此人继续先接发球。他们的同伴应在每局中轮流接发球。当发觉接球次序错误后仍按错误的次序进行，等到下一接发球时再纠正。

(3) 双打还击。接发球后，双方应轮流由其中任何一名队员还击。如运动员在其同队队员击球后，再以球拍触球，则判对方得分。

四、计分规则

1. 胜 1 局

(1) 每胜 1 球得 1 分，先得 4 分者胜一局。

(2) 双方各得 3 分时为平分，平分后，净胜 2 分者为胜 1 局。

2. 胜 1 盘

(1) 一方先胜 6 局为胜 1 盘。

(2) 双方各胜 5 局时，一方净胜 2 局为胜 1 盘。

3. 决胜局计分制

在每盘的局数为 6 平时，有以下两种计分制。

(1) 长盘制：一方净胜 2 局为胜 1 盘。

(2) 短盘制(抢 7)：决胜盘除外，除非赛前另有规定，一般应按照以下办法施行。

先得 7 分者为胜该局及该盘(若分数为 6 平时，一方须净胜 2 分)。首先发球员发第一分球，对方发第 2、3 分球，然后轮流发 2 分球，直到比赛结束。第 1 分球在右区发，第 2 分球在左区发，第 3 分球在右区发。每 6 分球和决胜局结束都要交换场地。

4. 赛制

实行淘汰赛。一场比赛中，男子单打比赛除大满贯赛事采用五盘三胜制以外，其余均使用三盘两胜制。女子比赛全部采用三盘两胜制。

1. 简述网球比赛中的四大大满贯赛事的举办地点和场地特点。
2. 网球的发球和接发球技术有哪些？请利用器材在场地进行演示。
3. 简述网球比赛“抢 7”的赛制和计分规则。
4. 描述一位你最喜欢的网球运动员的成长历程。

第十二章　游泳运动

学习目标

1. 了解游泳运动的基础知识和健身功能，在教师的带领下学习游泳的基本技术。

2. 了解泳姿的分类，至少熟练掌握一种泳姿的基本动作套路，能够进行至少200 m的连续游泳运动。

3. 掌握游泳安全常识，组织进行分组别的游泳竞速比赛。

第一节　游泳运动概述

一、游泳运动的起源与发展

游泳起源于古代人类与自然的抗争。为了生存，人们在躲避洪水与猛兽的侵袭及渔猎的过程中，长期同水打交道，所以逐渐学会了游泳。随着时间的推移和经验的积累，游泳技能得到了不断的发展。人们从模仿水栖动物在水中的姿势与动作，发明出各种不同的泳姿，形成了泅、涉、浮、没等游泳技法，如我国的狗刨式、扎猛子、踩水等，至今仍在民间广为流传。随着生产力的发展，游泳技术逐渐扩展到战争、娱乐等领域，因此，游泳不仅是人与自然相抗争的结果，也是人类文明发展的产物。

现代游泳运动起源于英国。1828 年，英国利物浦码头修建了世界上第一个室内游泳池。1837 年，英国伦敦成立了第一个游泳组织，同时举办了英国最早的游泳比赛。1896 年，第一届现代奥运会将游泳列为比赛项目之一，1908 年，国际游泳联合会制定了统一的游泳比赛规则。

我国的游泳历史源远流长，距今 5 000 多年前的古陶器上就刻有古人潜水捕鱼时爬泳的图案，传说夏禹治水时也发明了不少泅水之法，《诗经》《淮南子》等古书中也对游泳运动做过相关的描述。我国现代游泳竞赛运动始于 19 世纪末 20 世纪初，并不断发展，涌现出大批优秀的运动员，在世界性的游泳比赛中屡创佳绩。目前国际上重大的游泳运动赛事主要有奥运会游泳比赛、世界游泳锦标赛和世界杯短池游泳赛。

二、游泳运动的功能

与其他类型的运动不同，游泳运动的健身功能是得天独厚的，游泳融水浴、空气浴和阳光浴为一体，是具有强健身心、文化教育、急救安全、体疗康复等功能的健身活动；也成为医疗界公认的锤炼身体素质、提高机体免疫功能、防病治病、抵抗衰老、降低抑郁症发生及减肥等的运动良方。

1. 强健身心功能

游泳能够有效改善心血管系统、呼吸系统和运动系统的机能。坚持游泳可增强人的神经系统功能，锻炼发达的肌肉，提高力量、速度、耐力、柔韧等方面的身体素质；调节人体的体温调控系统，改善机体对内外环境变化的适应能力，提高机体的免疫机能；锻炼心肺功能，增强心肌耐力及收缩力，改善机体的新陈代谢能力；对强健体魄、矫正体形也起着重要作用。

2. 文化教育功能

经常游泳不但能改善体质、预防疾病，而且能磨炼意志，促进身心健康及心智发展，培养自信、果敢、坚毅、临危不惧等优良心理品质。

3. 急救安全功能

游泳还是一项生存技能，是保证生命安全的重要手段，如水下探险、科学考察、防洪抢险、救护打捞等都需要熟练的游泳技术做保障，因此掌握游泳技术无异于发生意外时的一把“安全保险锁”。

4. 体疗康复功能

游泳是所有体育项目中对身体各部位的锻炼最为全面的运动，是理想的锻炼项目。游泳时水的拍打、震动作用对身体是一种良好的按摩，能有效消除身体疲劳。

三、游泳运动的分类

游泳就其运用的领域、目的和功能，大致分为实用游泳、竞技游泳、花样游泳、水球和跳水五大类。

1. 实用游泳

实用游泳是指在军事、生产、科研或生活服务等方面实用价值较高的游泳，如武装泅渡、水下科研、打捞救护、踩水、侧泳和潜泳等。

2. 竞技游泳

竞技游泳是指有特定技术要求，按竞赛规则进行竞赛，以速度决定名次成绩的游泳项目。根据比赛场地不同，竞技游泳又可分为游泳池比赛和公开水域比赛两大类。其中游泳池比赛主要有蛙泳、仰泳、蝶泳、自由泳、个人混合泳（包括蛙泳、仰泳、蝶泳、自由泳四种泳姿）和接力游泳（分为混合泳和自由泳），如表 12-1 所示。

在江、河、湖、海这些自然水域进行的竞技游泳比赛被称为公开水域比赛。有游渡海峡、横渡江河、长距离游泳比赛等，这类比赛各有特定的规则要求，但没有严格限定泳姿泳式，运动员多采用自由泳参赛。

表 12-1　竞技游泳比赛项目表

项　目	比赛距离/m		备　注
	男　子	女　子	
自由泳	50/100/200/400/800/1 500	50/100/200/400/800/1 500	奥运会不设男子 800 m 和女子 1 500 m 项目

（续表）

项　目	比赛距离/m		备　注
	男　子	女　子	
仰泳	100/200	100/200	年龄组设 50 m 比赛
蛙泳	100/200	100/200	
蝶泳	100/200	100/200	
个人混合泳	200/400	200/400	蝶泳—仰泳—蛙泳—自由泳
自由泳接力	4×100/4×200	4×100/4×200	奥运会不设女子 4×200 m 项目
混合泳接力	4×100	4×100	仰泳—蛙泳—蝶泳—自由泳

3. 花样游泳

花样游泳是集舞蹈、体操、游泳等运动于一体的竞技体育项目，对运动员的身材、泳装、头饰、音乐、动作和编排等均有较高要求，又称为“艺术游泳”。花样游泳有单人花样游泳、双人花样游泳和集体花样游泳三大项目。由于它可展现出各种优美的动作和造型，带给大众美的享受，因此又有“水上芭蕾”之誉。

4. 水球

水球运动是一种在水中进行的集体球类运动，是一项集游泳、手球、篮球和橄榄球等多种运动项目于一体的综合性运动项目，是一种新兴的水中球类运动项目。

5. 跳水

跳水是一项优美的水上运动项目，从跳水器械上起跳，在空中完成一系列动作姿势，并以特定动作入水的运动项目。

第二节　基础泳姿的训练方法

根据高职学校体育教学的需要，这里主要介绍竞技游泳中的蛙泳与自由泳的基本技术、训练方法和易犯错误与纠正方法，帮助学生掌握这两种基本泳姿的技术动作要领。

一、熟悉水性

虽然熟悉水性不属于传统意义上的游泳基本技术，但学游泳须先熟悉水性，故这里将熟悉水性单独列出，以便大家合理运用自身的条件，充分掌握水的特性并加以利用，为正式学习蛙泳等各种游泳技术打下良好的基础。

（一）熟悉水性的主要内容

熟悉水性的内容主要包括水中行走、跳跃、呼吸、水中睁眼、漂浮和熟悉水性游戏等。

（二）熟悉水性的常用练习方法

1. 水中行走、跳跃练习

水中行走、跳跃是大多数游泳初学者在下水后的第一个练习，其目的是让初学者体会水的阻力、压力和浮力，并初步学会在水中维持身体的平衡。具体的练习方法如下。

(1) 两手扶住池(岸)边或同伴的手，先在浅水区行走，再至水稍深区域行走。

(2) 一手扶住池(岸)边或同伴的手，另一手于体前侧做向外、向后划水，同时在水中行走。

(3) 不借助任何支撑物，两臂在胸前做向外、向后的对称划水，在水中做向前、向侧和向后的行走。

(4) 两手扶住池(岸)边或同伴的手，两脚蹬池底，向上跳起。

(5) 不借助任何支撑物，于水中站立后，两臂平放于水中向下压水，两脚蹬池底，向上跳起。

注意：练习水中行走、跳跃时水不宜过深，深度齐腰或齐胸即可，以免发生危险。

2. 呼吸练习

若不能学会在水中正确呼吸，则无法学好游泳。正确的游泳呼吸是用嘴吸气，用嘴、鼻呼气。在初学阶段多进行呼吸练习可克服"怕水"心理，并可有效防止喝水和呛水现象。游泳呼吸具体的练习方法如下。

(1) 陆上呼吸模仿练习。两手叉腰自然站立，做吸气—憋气—呼气的练习。吸气时应张大嘴，快而深地吸气；憋气要自然；呼气用嘴、鼻均匀地呼。

(2) 水中呼吸练习。扶住池(岸)边或同伴的手，开始可脸部没水，之后过渡到头部没水，注意掌握呼吸的时机。可由单个呼吸过渡到连续呼吸。

3. 漂浮练习

漂浮练习是为了使初学者体会水的浮力，控制身体平衡和水中呼吸方法，进一步消除"怕水"的心理。具体的练习方法如下。

(1) 抱膝浮体练习。在水中原地站立，深吸气后闭气，下蹲低头抱膝团身，用前脚掌轻轻蹬离池底，自然漂浮于水中；站立时松手，两臂前伸下压，抬头，同时两腿下伸，脚触池底站立，然后两臂侧身拨水以维持身体平衡。

(2) 展体漂浮练习。在抱膝浮体练习的基础上，闭气松手，两臂两腿自然伸直；站立时收腹、屈膝、收腿，两腿向下伸，脚触池底站立。以上动作熟练后可做仰卧漂浮练习。

4. 熟悉水性小游戏

(1) 水中吹乒乓球。站或半蹲于水中，将乒乓球放于嘴前，用力将乒乓球向前吹。

(2)"打地鼠"游戏。在浅水区围成一个圈站好，一至两人站于圈中，手拿泡沫浮板，浮板打向谁，谁就下沉闭气，完成几组后可交换角色进行练习。

实训时刻>>>

组织学生参加"水中捞汤圆"的熟悉水性小游戏，把一盆乒乓球均匀地撒在游泳池水面的各个地方，4名参赛者手拿小网兜站在岸边。发令后从岸上跳下泳池，游到池中捞球。在规定的时间内捞得多的人获胜。

二、蛙泳训练方法

蛙泳是模仿青蛙游泳动作的一种游泳姿势，也是最古老的一种泳姿。蛙泳较省力、易持久、实用价值大，常用于渔猎、泅渡、救护和水上搬运等。由于蛙泳的蹬腿动作和划水动作能使人在身体保持直立的本能姿势时还不会下沉，同时其呼吸方法也较易掌握，因此游泳初学者多从学习蛙泳入手。

（一）蛙泳的技术动作要领

1. 蛙泳的身体姿势

在蛙泳的一个动作周期中，身体姿势有两次典型的变化。一是蹬腿结束后的滑行姿势，即身体呈平卧姿势，眼看池底，头部置于两臂之间，两臂伸直，手指并拢，掌心向下，两腿伸直并拢，整个身体呈流线型姿势。二是滑行姿势结束后肩部升起，身体与水平面约成 45°角。

2. 蛙泳腿部技术

腿脚收缩，后脚跟尽量靠向臀部，收腿结束准备进行翻掌时双膝间距须小于双踝间距，脚掌翻掌后向后用力蹬夹腿，将腿伸直，蹬腿结束后，腿处于略低的位置，脚距离水面 30~~40 cm，这时练习者向前滑行会较快。

3. 蛙泳手臂技术

双手向前伸展，手掌倾斜约 45°（小指朝上），双手同时向外、后方划，接着屈臂向后、下方划；之后掌心由外转向内，手带动前臂加速内划，手由下向上并在胸前并拢（手高肘低、肘在肩下），前伸，肘关节伸直。

注意：外划是放松的，内划应用力加速完成，手臂前伸要积极。

4. 蛙泳配合技术

腿部技术和手臂技术的配合为划一次手、蹬一次腿，划手时收腿收脚，伸手时腿脚用力向后蹬，双手外划时抬头换气，双手内划时收腿低头稍憋气，双手前伸过头时蹬腿吐气。蛙泳配合有一个顺口溜，即“划手腿不动，收手再收腿，先伸胳膊后蹬腿，并拢伸直漂一会儿”。

注意：在蛙泳的游进过程中，一般是一个动作周期呼吸一次。在呼吸时注意在抬头吸气前，必须将体内的废气全部吐完后，才能吸进新鲜氧气。

蛙泳一个动作周期如图 12-1 所示。

（二）蛙泳的常用练习方法及错误纠正

1. 陆上模仿练习

（1）坐撑模仿蛙泳腿部动作。坐在板凳或池（岸）边，上体稍后仰，两手撑于体后侧，两腿伸直并拢，髋关节外开，身体呈一条直线，做蛙泳腿部的收（腿）、翻（脚）、蹬夹（水）和停的动作。

（2）俯卧模仿蛙泳腿部动作。将大腿的上 1/3 处贴近板凳或池（岸）边呈俯卧姿势，这样既省力又能控制大腿收缩幅度。两腿伸直并拢，髋关节外开，身体呈一条直线，做蛙泳腿部的收（腿）、翻（脚）、蹬夹（水）和停的动作。

（3）直立模仿蛙泳手臂动作。站于池（岸）边，上体略前倾，手臂先前伸，再向后下划水，最后屈肘前伸，做蛙泳手臂的划水动作。熟练后可配合呼吸练习一起做。

2. 水中练习

（1）腿部练习。身体俯卧，手靠池（岸）边，将身体漂浮于水面上，做蛙泳呼吸和腿部的配合练习。

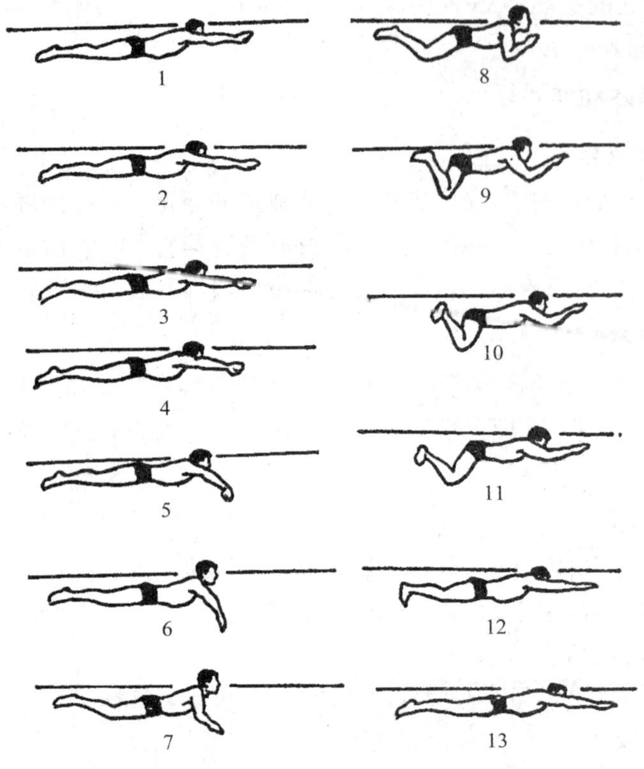

图 12-1 蛙泳的一个动作周期

(2) 扶打水板蛙泳腿部练习。手持打水板,身体俯卧,抬头,在水中做蛙泳的腿部练习。

(3) 手臂与腿部动作配合练习。待腿部动作熟练后,可配合手臂动作在水中进行配合练习。

注意:在水中练习蛙泳的过程中,手臂应尽量伸直,头部下压入水,否则腿部可能会下沉,从而影响练习的效果。

3. 蛙泳训练易犯错误及纠正方法

(1) 脸部不敢入水,抬着头游,常呛水或误喝水;或者吸气不足,在水里未完成吐气,造成呼吸节奏紊乱。纠正方法:在陆地上练习蛙泳呼吸的技术动作,抬头用嘴吸气,低头闭气后用嘴、鼻慢慢吐气,熟练后在浅水区扶池壁做呼吸练习。

(2) 呼吸与身体动作不协调,要么呼吸时停止动作,要么身体动作协调但不会换气。纠正方法:在陆地上进行蛙式呼吸与肢体协调配合的重复练习,熟练后下水进行完整动作练习。

(3) 收腿时臀部上翘,翻脚掌动作不到位,收腿节奏紊乱。纠正方法:在陆地上坐撑和俯卧练习蛙泳的腿部技术动作,熟练后下水扶池边练习蛙泳的腿部动作、水中滑行做蛙泳连续蹬腿练习、扶打水板滑行做蛙泳连续蹬腿练习。

(4) 手臂动作前伸时伸直不足,两臂之间有夹角。纠正方法:在陆地上进行手臂动作的完整模仿练习,熟练后站于浅水区(水深齐腰)做手臂动作的完整模仿练习,最后下水做蹬壁滑行练习。

(5) 蛙泳抓水动作完成过早，抓水角度不够；划水用力过早，无手臂的内旋与稍勾手腕的动作。纠正方法：在水中进行双腿夹板，手臂做抓水动作练习，体会动作要点；在陆地上和水中反复做“连接式”配合的模仿练习，推水结束时，借水的反作用力顺势提臂移臂。

(6) 头部抬起过高或过低，使身体在水中无法达到静力性平衡。纠正方法：扶池壁多练习闭气，进行展体漂浮练习。

(7) 手臂动作与腿部动作不协调。纠正方法：在陆地上多做手臂与腿部协调配合的完整练习，熟练后下水进行完整练习。

三、自由泳训练方法

自由泳也称爬泳。爬泳时，人在水中呈俯卧姿势，两腿交替上下打水，两臂轮流划水，动作很像爬行，故而人们称为爬泳。竞技游泳中的自由泳对技术无规则限制，但由于爬泳速度较快，比赛时运动员多采用爬泳技术进行自由泳比赛。

(一) 自由泳的技术动作要领

1. 身体姿势

自由泳时身体俯卧，呈良好流线型姿势，速度快时肩背浮出水面。在游进过程中头部始终保持平稳，躯干围绕身体纵轴有节奏地转动 35°～45°。

2. 自由泳腿部技术

自由泳打腿时腿应伸直，由髋关节发力带动大腿、小腿和踝关节，做鞭打动作；两腿交替打腿，两腿之间有一定间隔，一般为 30～40 cm；打腿时脚尖略微内旋，有助于增大打腿的面积，脚尖打腿时膝关节自然弯曲有一定曲度，约 160°，不宜弯曲过大。

3. 划臂动作

自由泳划臂动作可分为五个部分，即入水、抱水、划水、出水和空中移臂。

(1) 入水时手指自然并拢伸直，肘部和腕部稍弯曲，肘部处于较高位置，手指指向入水的前下方，此时上臂与前臂的夹角为 130°～150°。

注意：入水点一般在身体中线和肩部纵延长线之间。

(2) 抱水时，掌心向内侧转动，屈腕、屈臂，肘部抬高，以完成抱水动作。

注意：抱水时上臂与水平面夹角约为 30°，前臂与水平面夹角约为 60°，手掌对准水，上臂与前臂夹角约为 150°。

(3) 划水开始时，上臂与前臂的夹角为 100°～120°；当手臂划至肩下时，上臂与前臂的夹角为 90°～110°。

注意：划水时始终保持高肘划水，增加手掌和前臂的对水面积，以提高划水效率。

(4) 出水时，肘部向上方提起，臂部与手腕柔和放松，掌心朝后上方。

(5) 空中移臂时，肘稍屈，位置始终高于肩和手。做此动作时，手臂尽量放松，以保持身体在水中的流线型。

4. 呼吸方法

自由泳的换气练习相对来说较为困难，一般采用单侧换气法进行换气。换气时，以身体中轴线为轴转动，头随着躯干的转动而转动，当身体向左侧的转动幅度达到最大时进行呼吸，此时左臂应充分前伸，嘴张大吸气；当吸足气后，头转回原来鼻子朝下的位置，头的转动先于身体的转动。换气频率为三次抱水换一次气，初学者频率可高一些。

自由泳的一个动作周期如图 12-2 所示。

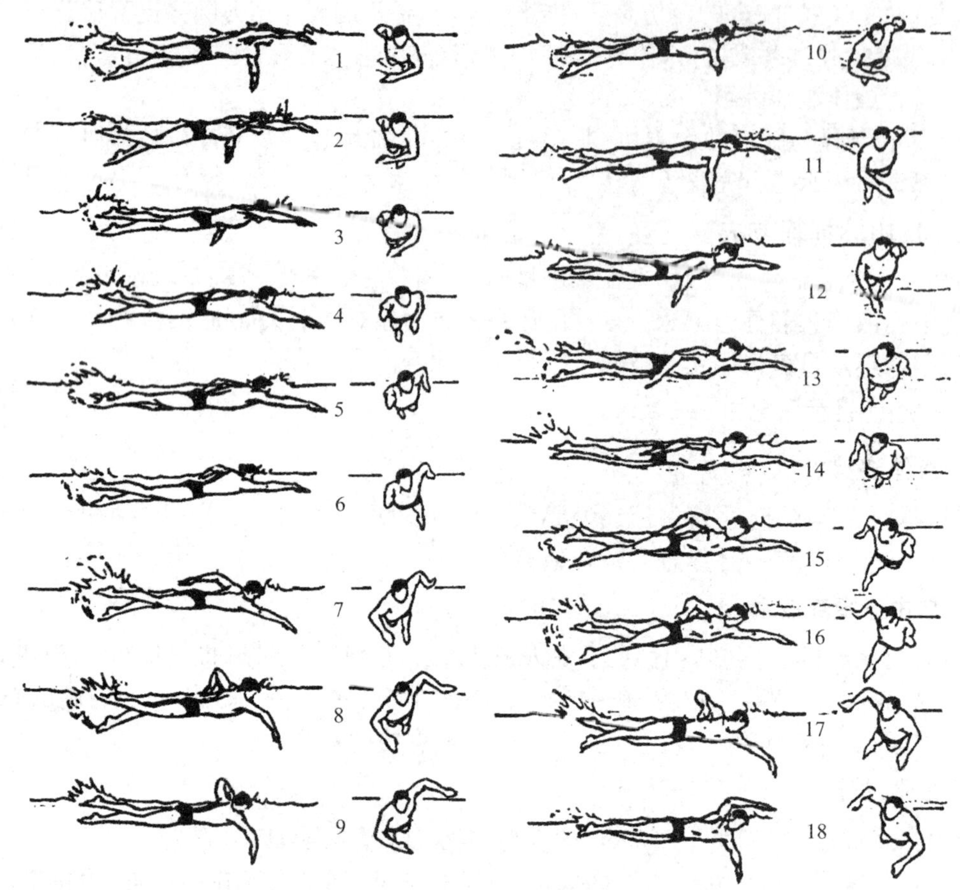

图 12-2　自由泳的一个动作周期

（二）自由泳的常用练习方法及错误纠正

1. 腿部动作练习

（1）陆上卧姿打水。俯卧在板凳或池边，做两腿上下交替打水，要求动作规范。

（2）侧打腿练习。一臂前伸，另一臂位于体侧，头保持侧向，打腿频繁而快速。

（3）扶打水板打腿练习。双手扶打水板，两臂应伸直，放松扶板，肩浸于水中，呼吸自然，身体俯卧漂浮于水中进行自由泳打腿练习。

2. 手臂动作练习

（1）陆上模仿练习。原地两脚开立，上体前屈，做手臂划水的模仿练习。熟练后可配合呼吸动作进行练习。

（2）浅水区练习。站立于浅水区，上体前倾，肩没入水，做手臂划水配合转头呼吸的练习。

（3）蹬边滑行做手臂配合动作。蹬边滑行后闭气，做两臂配合动作的练习。

(4) 腿夹打水板做手臂动作。腿夹打水板,蹬边滑行后,做两臂划水并结合转头呼吸的练习。

3. 手臂、腿和呼吸的配合练习

(1) 浅水区练习。站立于浅水区,上体前倾后漂浮于水面进行配合练习。

(2) 完整练习。蹬边滑行后做腿、手臂和呼吸配合的完整练习,游程为 5～10 m。熟练后可逐渐加长游程。

4. 自由泳训练易犯错误及纠正方法

(1) 打腿过高,或过深,或腿屈得过大,或伸踝幅度不够。纠正方法:在陆上多练习正确的打腿姿势,熟练后扶池壁展体进行打腿练习,加强踝关节柔韧性练习。

(2) 水上移臂过低、过宽,入水点过远或过近,手掌入水对水方向不准。纠正方法:在陆上多进行模仿练习,下水后腿夹打水板蹬边滑行后做两臂配合动作练习。

(3) 下划动作开始过早,或伸臂动作过久。纠正方法:在陆地上多练习正确的划水动作,熟练后腿夹打水板蹬边滑行后做两臂配合动作练习。

(4) 抬头吸气,或侧后转头吸气,破坏身体的平衡姿势。纠正方法:扶池边展体打腿后进行呼吸练习。

第三节　游泳运动的安全常识

我国是一个江河纵横、水域广阔、海岸线绵长的国家,这为群众性的游泳活动提供了有利条件。随着人民生活水平的不断提高,参加游泳运动的人越来越多,游泳运动也更为普及。游泳运动与其他体育项目之间的显著不同点就在于,它是在特定的环境中进行的。如果没有掌握水性,就会发生溺水事故,甚至造成人员伤亡,因此,掌握游泳的安全常识,做好安全措施十分重要。进行游泳锻炼,除了需要掌握游泳技术之外,还要了解游泳的基本常识,学习有关安全卫生、安全措施和一般救护措施的知识,防止意外事故。

一、游泳时的注意事项

(一) 游泳者要进行体检

为保障游泳者身体健康和安全,防止疾病传染,在游泳之前必须进行身体检查。凡患有传染性肝炎、活动性肺结核、细菌性痢疾、化脓性中耳炎、红眼病、皮肤病、精神病,或严重的心血管疾病的患者,以及有开放性创伤的患者,都不宜游泳。

(二) 饭后和饥饿时不宜游泳

饱食后游泳会减少消化器官的血液供应,使消化器官功能降低,影响食物的消化和吸收。另外,由于水的温度和压力会使胃肠的蠕动功能受到影响,容易引起胃痉挛,出现腹痛或呕吐。因此,饭后不要马上游泳,一般需要相隔半小时到一小时后再游泳。饥饿时游泳也不好,因为空腹时血糖含量下降,游泳时易出现头晕或四肢无力的症状,甚至有昏厥的可能,十分危险。

(三) 剧烈运动后不宜马上游泳

人体在剧烈运动或强体力劳动时,新陈代谢活动增强,体温升高,如果此时马上下水游泳，身体突然受到冷的刺激，体温迅速下降，对病菌的抵抗力减弱，就容易感冒。另外，在剧烈运动或大强度体力劳动后，人体已经感觉疲劳，肌肉的收缩及反应减弱，动作不易协调，如果马上游泳，就会造成疲劳的积累，容易引起抽筋，发生溺水事故。因此，在剧烈运动或强体力劳动后应休息一会儿，待体力恢复正常后再游泳。

（四）饮酒后不宜游泳

酒中含有不同浓度的乙醇，乙醇对人体神经系统有麻醉作用，使人体机能下降，身体的反应能力和动作的协调性减弱，这时游泳不仅不容易掌握游泳要领，而且很难处理突发事件，容易发生危险。另外，由于酒对人体表面的血管有扩张作用，酒后游泳就会大大加快体内热量的散发。因此，饮酒后不宜游泳。

（五）游泳前要做好准备活动

准备活动可以提高神经系统的兴奋性，增强心血管系统和呼吸系统的功能，加快血液循环和新陈代谢，可使肌肉的力量和弹性增加，身体各关节的活动范围相应加大，灵活性也有所提高。这些变化有利于身体更好、更快地适应游泳运动的需要，同时，对防止抽筋和拉伤有积极的作用。

游泳前的准备活动，一般可做广播体操、跑步、游泳模仿动作及各种拉长肌肉和韧带的练习，特别要活动颈、肩、腰、髋、膝、踝、腕各部位的关节。

（六）其他注意事项

游泳要戴游泳帽，戴游泳帽下水是为了便利活动，同时保护水质的清洁，特别是留有长发的学生，在游泳教学的过程中戴泳帽还容易辨认，这对初学者来说尤为必要。

女性在月经期不宜游泳，如果需要游泳，要采取卫生措施，未采取措施不宜下水。

游泳结束后，一出水应立即擦干身体，防止受凉感冒。

二、游泳时常见问题的处理方法

视频
游泳安全十六忌

（一）皮肤过敏

下水后由于冷水的刺激，出水后被风吹，有时会引起皮肤过敏。皮肤过敏轻者表现为皮肤发红，起疙瘩；严重者则会出现头晕、心跳、气喘、恶心和呕吐等现象。在游泳中，如果遇到上述情况，应及时上岸，并擦干身体，穿好衣服，注意保暖，喝点热水发出汗来，一般就能很快恢复；如果反应严重，应当寻求医生帮助诊治。

（二）头晕

游泳时站在水中休息，或上岸时由于身体姿势由平卧改为站立，血液循环受重力改变的影响，不能及时回至心脏，造成脑部血液暂时供应不足，便会产生头晕现象。另外，人体在水中大量散热，消耗的能量也较大，有时也因血糖下降引起头晕。一般来说，以上现象是正常的生理反应，休息之后很快便能恢复。经常参加游泳锻炼的人，头晕感觉会逐渐消失。如果头晕越来越严重，就应找医生检查。

（三）呛水

呛水是水从鼻腔或口腔进入呼吸道而引起的。初学者由于未掌握游泳的呼吸技术，或风浪来临时没掌握好呼吸时机，都会导致呛水。呛水时会造成呼吸困难，严重时会发生反射性痉挛，使呼吸道梗塞，引起窒息。发生呛水时不要紧张，应沉着冷静地把头露出水面，随即调整呼吸，就可避免继续呛水，恢复正常呼吸。

（四）耳朵里灌进水

耳朵里灌进水，一般可用单脚跳动法，如右耳内进水，头偏向右侧，用右脚单跳几次，水就会流出。也可用吸引法，即头偏向有水的一侧，用手掌紧压有水耳朵的外部，屏住呼吸，然后迅速拉开手掌，水就会被吸出来。必要时也可用消毒的棉棒，轻轻地伸进外耳道把水吸出。千万不要用火柴棍、发卡或锐利的东西乱勾乱挖，以免把外耳道或鼓膜穿破，引起感染，导致中耳炎。

（五）抽筋

抽筋是在游泳过程中经常遇到的问题。所谓抽筋，就是指肌肉发生强直性收缩的现象。抽筋的原因较多，一般是下水前没有做好准备活动，或者身体过于疲劳，如遇寒冷刺激等。另外，过分紧张也容易导致抽筋。在发生抽筋时，要保持镇定，可以呼救，也可以自救。抽筋后应立即上岸，按摩抽筋部位，注意保暖，不应再下水游泳。在水中自我解救抽筋部位的方法主要是拉长抽筋的肌肉，使收缩的肌肉得到放松和伸展。

水中抽筋常用自救方法

(1) 手指抽筋：将手握拳，然后用力张开，这样迅速连续做多次，直至抽筋消除为止。

(2) 小腿或脚趾抽筋：先吸一口气，浮在水面上，用抽筋脚的对侧手握住抽筋的脚趾，用力向身体方向拉，同时用同侧手压在抽筋腿的膝盖上，帮助小腿伸直，使抽筋消除。

(3) 大腿抽筋：先吸一口气，仰卧水中，弯曲抽筋的腿，使之与上体成直角，然后用两手抱住小腿使它贴在大腿上，并加震颤动作，随即向前伸直。

资料来源：作者整理

1. 游泳运动中有哪几类基础的泳姿？
2. 蛙泳的成套动作有哪些？请通过顺口溜进行熟记。
3. 简述自由泳的动作要领和注意事项。
4. 游泳时的安全注意事项有哪些？在泳池中遇到呛水和抽筋的问题应该如何处理？

第十三章　形体健身运动

学习目标

1. 了解形体训练的基本动作，自觉进行日常形体矫正练习。

2. 了解健美操运动的基本动作，在教师的指导下掌握至少一种健美操组合动作套路。

3. 了解体育舞蹈的基础知识，在教师的指导下掌握至少一种体育舞蹈的基本动作。

第一节　形体训练

一、形体训练简述

形体是人体结构外在表现出来的姿态、体形等的整体美。形体训练是以人体科学理论为基础，通过徒手或利用各种器械，运用专门的动作方式和方法，以改变人的形体的原始状态、提高灵活性、增强可塑性、提高人体形体表现力为目的的形体素质基本训练。

什么是形体训练

形体训练是一个外来词语，目前比较典型的定义有两种，即狭义定义和广义定义。狭义的形体训练指形体美训练；广义的形体训练，指有形体动作的训练，各式各样的动作都可以称为形体训练，甚至某些服务行业的程式化动作，如迎宾、端菜、送菜、礼仪姿势等，也被称为形体训练。

资料来源：作者整理

二、形体训练的基本动作

（一）基本形态练习

1. 站姿练习

（1）标准站姿。从正面观看，全身笔直，精神饱满，两眼正视，两肩平齐，两臂自然下垂，两脚跟并拢，两脚尖张开60°，身体重心落于两腿正中；从侧面看，两眼平视，下颌微收，挺胸

收腹，腰背挺直，手中指贴裤缝，整个身体庄重挺拔，如图 13-1 所示。

1

2

图 13-1　站姿示意

（2）站姿的控制练习。

① 靠墙站立。在立正姿态的基础上，双腿夹紧，收腹挺胸，立腰、立背、紧臀，双肩后张下沉，下颌微收，头向上顶，保持五个部位靠墙，即脚跟、腿、臀、肩胛骨和头紧靠墙壁。

② 分腿站立。两腿在小“八”字的基础上分开，与肩同宽，双手叉腰，双肘微向前扣，收腹，挺胸，立腰，立背，双肩后张下沉。

③ 双腿夹纸。站立者在两大腿间夹上一张纸，保持纸张不松不掉。

④ 头顶书。站立者按要领站好以后，在头上顶一本书，努力保持书在头上的稳定。

2. 坐姿练习

（1）标准坐姿。入座时轻松自然；入座后上体保持正直，肩部放松，两臂自然下垂，两臂屈放在桌面，或小臂平放在座椅两侧的扶手上，也可轻放在两膝上或两手相握放在膝上。颈部挺直，两膝自然弯曲，大腿保持水平，两脚掌均匀着地。臀部坐在座位的中前部，腰部挺直，保持正直端正，如图 13-2 所示。

（2）坐姿的控制练习。

① 盘腿坐。身体重心落在臀部，挺胸收腹，立腰提气，肋骨上提，头颈向上伸，下颌微收，两腿弯曲，盘于胸前，双肘放松，双手搭于膝上或背于胸后，如图 13-3 所示。

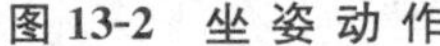

图 13-2　坐姿动作

图 13-3　盘腿坐动作

② 正步坐。上体姿势同盘腿坐，两脚并拢，脚尖正对前方，两膝微开，两臂自然弯曲，两手自然扶于大腿处，上体正直，微向前倾，肩部放松下沉，立腰，头、肩、臀在一条直线上，如图 13-4 所示。

③ 侧坐。上体姿势同盘腿坐。上体微向侧转，两臂自然放松，扶于腿上，两腿弯曲并拢，双膝稍移向一侧，靠外侧腿略放在前，如图 13-5 所示。

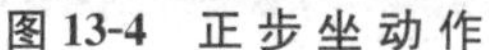
图 13-4　正步坐动作

图 13-5　侧坐动作

3. 走姿练习

（1）标准走姿。

开始迈步时以大腿带动小腿，先以脚后跟着地，再过渡到前脚掌，身体重心落至前脚掌，步子柔而轻缓。向前迈步时膝关节向前，脚尖稍外展。颈部自然挺直，下颌内收，双目平视，两肩放松，两臂自然协调地前后摆动，向前摆动稍屈肘，后摆幅度不大，一般在 30°左右，走路时保持步长 75 cm 左右，步态自如轻盈、矫健敏捷，如图 13-6 所示。

1

2

3

图 13-6　标准走姿连续动作

（2）走姿控制练习。

① 行走辅助练习。摆臂：保持基本站姿，在距离小腹两拳处确定一个点，两手呈半握拳状，大臂带动小臂向斜前方摆动。展膝：左脚提踵，脚尖不离地面，左脚跟落下时，右脚同时提踵，两脚交替进行，脚跟提起的腿屈膝，另一条腿膝部内侧用力绷直。平衡：行走时头上放垫子或书本练习平衡姿态。

② 迈步分解动作练习。保持基本站姿，双手叉腰，左脚擦地前点地，与右脚相距一脚长，右腿直腿蹬地，髋关节迅速前移，重心前移成右后点地，然后换方向练习。两臂体侧自然下垂。左脚前点地时，右臂移至小腹前的指定点位置，左臂向后斜摆，右腿蹬地，重心前移成右后点地时，手臂位置不变，然后换方向练习。

③ 行走连续动作练习。左腿屈膝上抬，提腿向正前方迈出，脚跟先落地，经脚心、前脚掌至全脚落地，同时右脚后跟向上慢慢提起，身体重心移向左腿。换右腿屈膝，经过与左腿膝盖内侧摩擦向上抬起，勾脚迈出，脚跟先着地，落在左脚前方，两脚间相隔一脚距离。

4. 其他姿势介绍

（1）点头。点头时转折点在脖子，双目注视对方，同时用微笑或话语向对方问好，如图 13-7 所示。

(2) 回头。回头时身体稍向后侧，转向对方，以给人以谦恭、友好的印象，如图 13-8 所示。

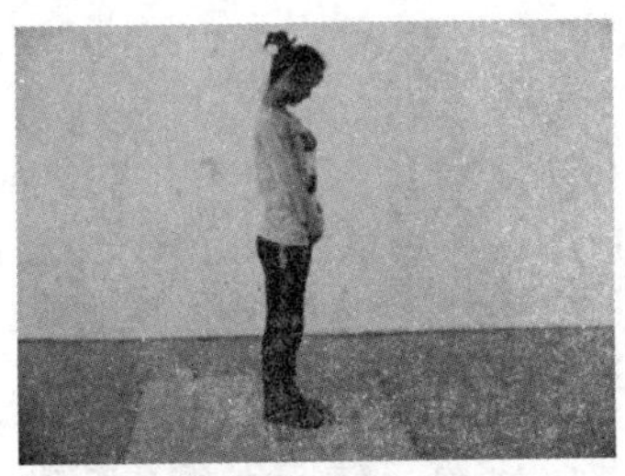

图 13-7 点头动作

图 13-8 回头动作

(3) 递物。递东西给他人时，应双手拿住物品并向前递出，如图 13-9 所示。递书时，应把书名向着对方，以便对方能够看清楚；若是刀剪之类的尖锐物，要把尖头朝向自己。递物时不能单手拿物品，更不能将物品丢向对方。

(4) 招手。招手时，手的高度以在肩部上下为宜，手指自然弯曲，上臂与上体的夹角为 30°左右，如图 13-10 所示。

图 13-9 递物动作

图 13-10 招手动作

(5) 请的手势。在标准站姿的基础上，将手从体侧提至小腹前，优雅地划向指示方向，这时应五指并拢，掌心向上，上臂与上体夹角为 30°左右，手肘夹角为 90°～120°，以亲切柔和的目光注视客人，并说些适宜话语，如图 13-11 所示。

(6) 鼓掌。鼓掌一般表示欢迎、祝贺、赞同、致谢等意。鼓掌时一般将两手抬至胸前，左手掌心向上，四指并拢，虎口张开，用右手去拍打左手，发出声响，如图 13-12 所示。

图 13-11 手势请动作

图 13-12 鼓掌动作

(二) 形体基本素质练习

1. 手臂和肩部练习

(1) 侧压臂练习。两脚分开站立，两臂体侧自然下垂，右臂直臂上举，左手屈肘在头后抓住右上臂，慢慢向左侧拉右肩关节，左右臂交叉练习，如图 13-13 所示。

（2）压肩韧带练习。双脚开立，上体前倾，双臂伸直，双手手指交叉贴地，上体用力下压至最大限度，如图 13-14 所示。

图 13-13　侧压臂动作

图 13-14　压肩韧带动作

（3）跪立上体前行练习。双腿并拢，跪地，双手直臂垂直撑地，屈臂时从头经胸至腹，依次贴近地面，撑地时抬头、挺胸，上体后倾。

2. 胸腹部练习

（1）俯撑。面对墙分腿站立或跪立俯撑，屈肘，上体接近支撑面，注意保持背部平直，收腹，头部和脊柱保持在一条直线上，如图 13-15 所示。

（2）扭腰仰卧起坐。平躺于地面，双腿并拢屈膝，手臂屈肘抱头，用力收腹至上体直起，如图 13-16 所示。

图 13-15　俯撑动作

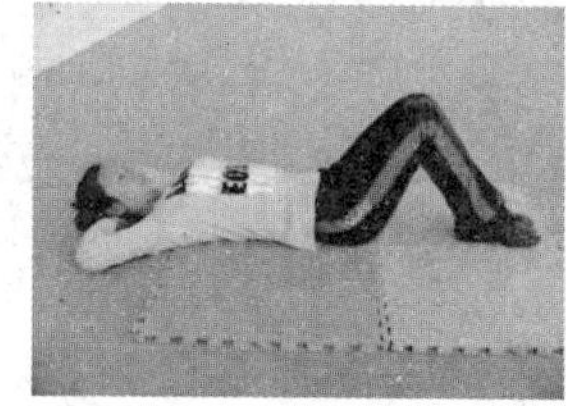

1　　2

图 13-16　扭腰仰卧起坐连续动作

（3）两头起练习。平躺于地面，双腿并拢伸直，绷脚尖，用力收腹，使上体与双腿同时抬起，注意用收腹力量控制两头翘动作，如图 13-17 所示。

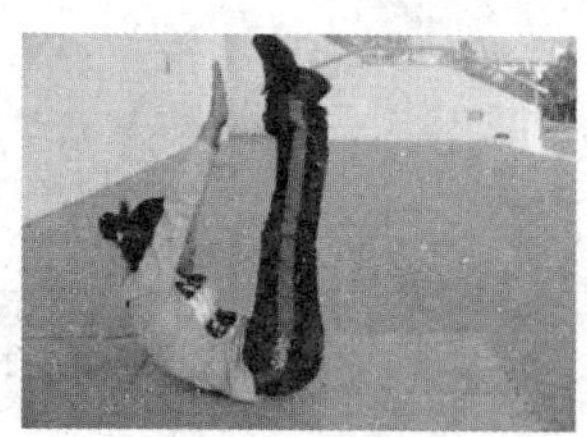

图 13-17　两头起动作

3. 腰背部练习

（1）双腿跪地弓背练习。双腿跪地，两手撑地，保持背部平直，收腹；背部向上拱起并收腹，骨盆前倾；接着背部下沉，胸部向地面靠近，微抬头，臀部前移，如图 13-18 所示。

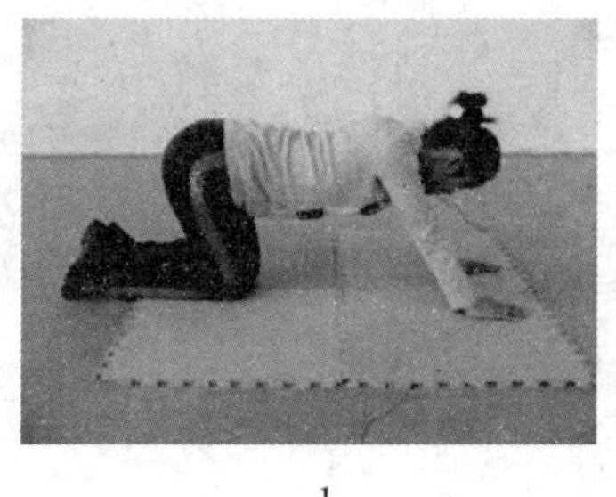

1　　2　　3

图 13-18　双腿跪地弓背动作

（2）坐姿胸腰部练习。直角坐于地面，双腿并拢伸直，绷脚尖，双手放于体侧；向后仰头，用力下腰，体前屈时用腹部尽量贴近大腿，如图 13-19 所示。

（3）跪姿下腰练习。跪立，上体正直；手臂上举，慢慢向后下腰，头后仰；起腰时以腰带动上体慢慢起立，如图 13-20 所示。

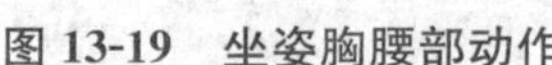

图 13-19　坐姿胸腰部动作　　图 13-20　跪姿下腰动作

（4）坐姿甩腰练习。上体正直，分腿坐，双手侧举，手心朝下；用腰部力量带动上体做左右侧移和绕环练习，如图 13-21 所示。

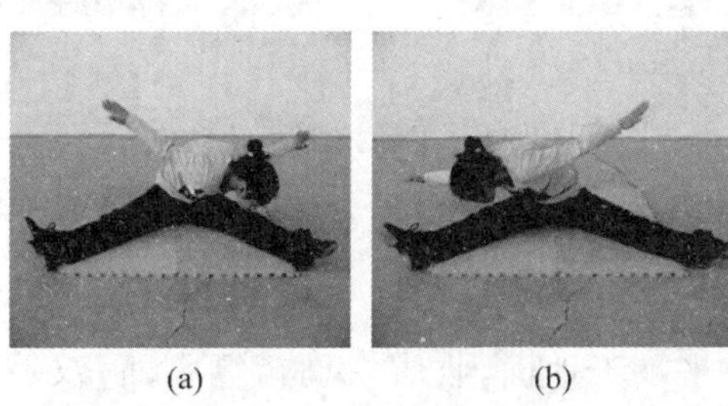

(a)　　(b)

图 13-21　坐姿甩腰动作

4. 髋部练习

（1）开胯练习。含胸跪坐在地上，脚尖点地，两手撑于膝关节上，然后侧伸一条腿，呈开胯姿势下压，注意保持立腰、立背、挺胸、用力下压，如图 13-22 所示。

（2）坐姿双腿外分练习。分腿坐在地上，保持背部平直挺胸，同时向内收腹，双手扶住大腿内侧，从臀部开始向前屈身下压，注意保持头部和脊柱在一条直线上，膝盖和脚趾始终向上，如图 13-23 所示。

（3）平躺扫腿绕胯练习。平躺于地面，双脚并拢，绷脚尖，双手掌心朝下放于体侧，右腿从左侧至胸前到右侧绕环扫腿，左右交替练习，注意尽可能最大幅度绕转，如图 13-24 所示。

1

2

图 13-22 开 胯 动 作

图 13-23 坐姿双腿外分动作

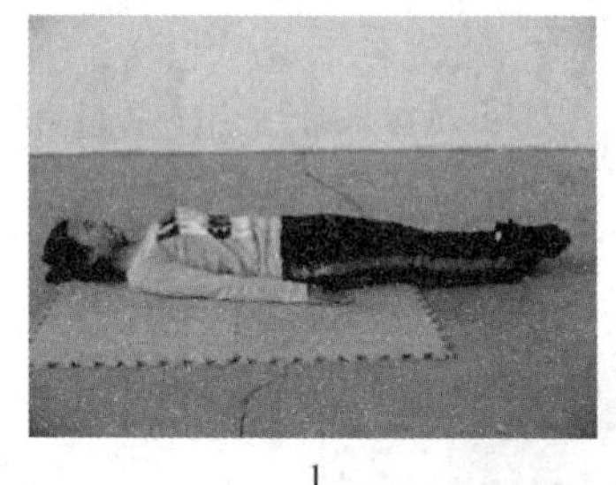
1

2

3

4

5

图 13-24 平躺扫腿绕胯动作

5. 腿部练习

(1) 举腿勾绷脚练习。平躺于地面,收腹,挺胸,绷脚面,双手置于体侧,左右脚交替上举,注意练习时要双腿伸直,控制好体态,如图 13-25 所示。

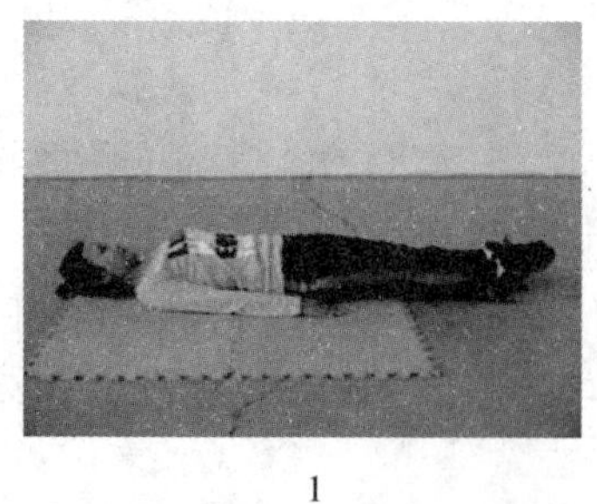
1

2

3

图 13-25 举腿勾绷脚动作

（2）坐姿压腿练习。直坐在地上，立腰，立背，头向上项，双手屈臂置于大腿两侧；双腿并拢，上体前压，胸腹部尽量贴近大腿，如图 13-26 所示；两腿分开，上体左侧压，左右交替。注意双脚伸直绷紧脚面，上体前压时，胸腹紧贴大腿；侧压时双肩水平侧倒，带动上体完成动作。

（3）站姿压腿练习。面对把杆站立，双手叉腰，一条腿支撑，另一条腿在杆上做下压动作，可做正压腿、侧压腿和压后腿练习，如图 13-27 所示。注意双腿伸直，上体保持抬头、挺胸、立腰、立背的姿态，腹部尽可能贴近大腿。

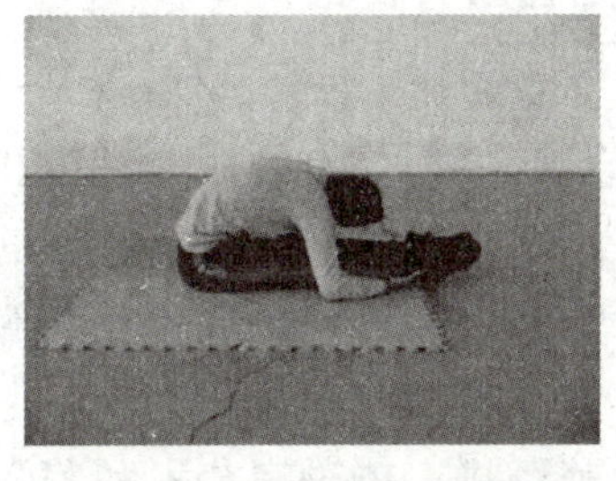

图 13-26　坐姿压腿动作

1

2

图 13-27　站姿压腿动作

第二节　健　美　操

一、健美操运动概述

健美操是在音乐伴奏下，以身体练习为基本手段，以有氧运动为基础，以健、力、美为特征，集体操、音乐和舞蹈于一体，以达到增进健康、塑造体形和娱乐身心为目的的一种体育运动项目。健美操起源于传统的有氧健身运动，是采用徒手或轻器械进行练习，在氧气供应充分的情况下，持续一定时间、中低强度的全身性运动，是增强有氧耐力素质的基础。

目前国际重大的健美操比赛主要有健美操世界锦标赛、健美操世界杯赛、世界冠军赛和世界巡回赛。

（一）健美操运动的类型

健美操运动分健身性健美操和竞技性健美操两大类。

1. 健身性健美操

健身性健美操的目的是锻炼身体、保持健康。健身性健美操可分为徒手健美操、轻器械健美操和特殊场地健美操。

（1）徒手健美操。徒手健美操包括传统意义上的健美操，以及满足不同人群兴趣爱好的不同风格的健美操，现在还衍生了新的项目，如形体健美操、爵士健美操、拳击健美操、搏击操、拉丁健美操、街舞、瑜伽健身操等。

（2）轻器械健美操。它是利用轻器械，以力量练习为主的一项有氧健美操，如踏板操、哑铃操、健身球操、花球操、皮筋操等。

(3) 特殊场地健美操。如水中健美操是中老年人喜爱的在水中进行的健身锻炼项目，还有功率自行车、联合器械操、垫上健美操等形式。

2. 竞技性健美操

竞技性健美操是在音乐伴奏下完成连续复杂的高强度动作的项目，该项目源自有氧健身舞，以成套动作为表现形式，在成套动作中必须展示连续的动作组合。比赛分男单、女单、混双、三人和六人操几种。

(二) 健美操运动的特点

健美操运动将体操、现代舞蹈和节奏感强烈的音乐巧妙结合在一起，具有鲜明的特色和强烈的时代感、韵律感，旋律激昂高进，充满青春活力。现代健美操以高度的艺术性、广泛的适应性、健身的安全性、强烈的时代性等特点，深受年轻人及中老年人的喜爱，尤其受女性群体追捧。

健美操动作健美大方，突出了"健"与"力"的特点，更强调"美"，将人体语言艺术和美学艺术融为一体，富有一定的弹性和力量，对增强肌肉力量，提高身体协调性、灵敏性和弹跳性，塑造健美体形，培养健美体态有重要作用。

(三) 健美操运动的功能

健美操运动属于有氧健身运动项目，坚持锻炼可增强体质，提高运动系统、心血管系统、呼吸系统、消化系统及神经系统的机能水平；塑造健美的身体形态，培养高雅的气质风度；培养审美情趣和创新能力，增强个体对社会的适应能力；同时培养良好的思想情操和顽强的意志品质。

二、健美操的基本动作

(一) 健美操的腿部动作

步法是在特定节奏下的脚步运动方法，包括下肢的各种走、跑、跳、舞步等。

(1) 弹动：膝关节有节奏、有弹性地屈伸。

(2) 踏步：原地两脚掌交替落地。

(3) 走：踏步移动身体。

(4) "一"字步：向前一步并腿，向后一步并腿。

(5) "V"字步：左脚向左前迈一步，紧接着右脚向右前迈一步，屈膝，再依次退回原地。

(6) 漫步：左脚向前踏一步，屈膝，右脚稍抬起然后落回原地，接着左脚再向后踏一步，右脚同样稍抬起，然后落回原地。

(7) 并步：左脚向左迈一步，右脚前脚掌并于左脚脚弓处，稍屈膝下蹲。

(8) 交叉步：一条腿向侧迈出，另一条腿在其后交叉，稍屈膝，迈出腿再向侧迈一步，另一条腿与之并拢。

(9) 半蹲：两腿分开或并拢，屈膝。

(10) 点地：一只脚脚尖或脚跟触地，另一条腿稍屈膝。

(11) 移重心：一只脚向侧迈一步，经过屈膝，重心移至迈步脚支撑，另一只脚侧点地。

(12) 后屈腿：一条腿站立，另一条腿后屈，然后还原。

(13) 弓步:一条腿向前、侧、后迈步屈膝,另一条腿伸直。

(14) 吸腿:一条腿站立,另一条腿屈膝向上抬起。

(15) 踢腿:一条腿站立,另一条腿直膝加速上踢。

(16) 弹踢腿:一条腿站立,另一条腿先屈膝,然后向前下方弹直。

(17) 跑:两腿依次经腾空落地,要求小腿向后屈膝折叠。

(18) 开合跳:先由并腿跳成分腿,然后跳回并腿。

(19) 并步跳:一只脚向前侧迈一步,同时跳起,另一只脚迅速并拢,双脚落地。

(20) 点跳:一只脚向侧小跳一次,另一只脚随之并上垫步跳一次。

(二) 基本手型

(1) 并掌:五指并拢伸直,指关节不能屈曲,如图 13-28 所示。

(2) 开掌:五指用力分开伸直,如图 13-29 所示。

(3) 花掌:在开掌的基础上,从小指依次内旋,形成一个扇面,如图 13-30 所示。

(4) 立掌:手掌用力上屈,五指关节自然弯曲,如图 13-31 所示。

(5) 一指:拇指与中指、无名指、小指相叠,食指伸直,如图 13-32 所示。

(6) 剑指:拇指与无名指、小指相叠,中指与食指并拢伸直,如图 13-33 所示。

(7) 响指:无名指、小指屈,拇指与中指用力摩擦打响,如图 13-34 所示。

(8) 拳:四长指握拳,拇指第一关节扣在食指与中指的第二关节处,如图 13-35 所示。

(9) 舞蹈手型:借用拉丁舞、芭蕾舞等手型。

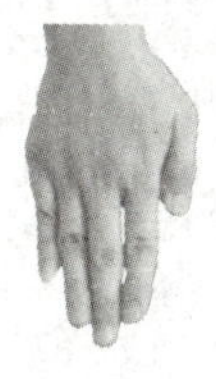
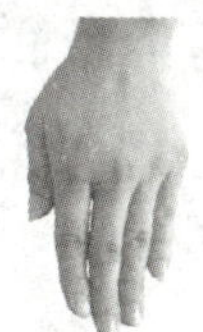

图 13-28 并掌

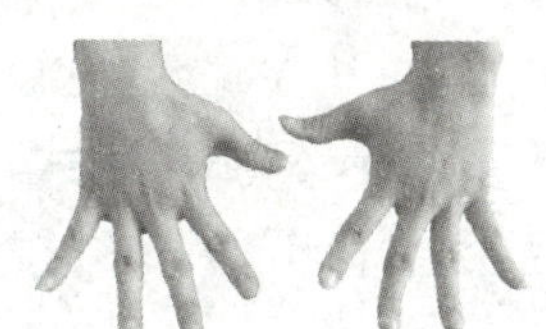
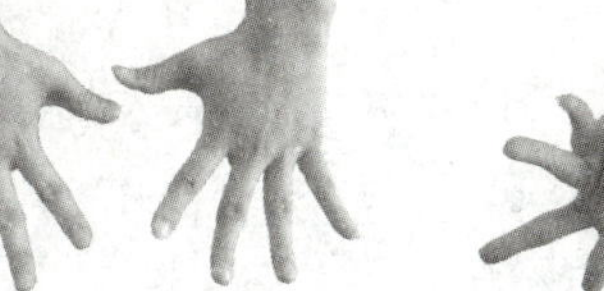

图 13-29 开掌

图 13-30 花掌

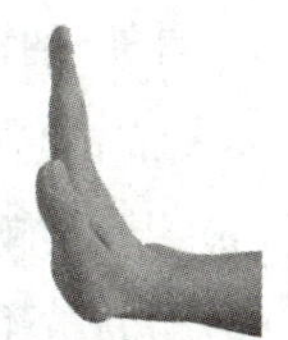

图 13-31 立掌

图 13-32 一指

图 13-33 剑指

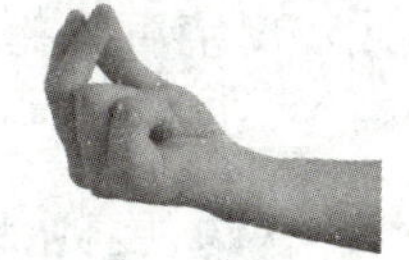

图 13-34 响指

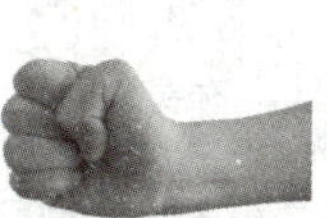

图 13-35 拳

(三) 基本步法

1. 无冲击步法

(1) 并腿类:膝弹动、踝弹动。

(2) 分腿类:半蹲、弓步、移动重心。

2. 低冲击步法

(1) 踏步类:踏步、走步、“一”字步、“V”字步、漫步。

(2) 点地类:脚尖前点地、脚跟前点地、脚尖侧点地、脚尖后点地。

(3) 迈步类:并步、迈步点地、迈步屈腿、迈步吸腿、迈步弹踢、侧交叉步。

(4) 抬腿类:吸腿、踢腿、弹踢、后屈腿。

3. 高冲击步法

(1) 迈步起跳类:并步跳、迈步吸腿跳、迈步后屈腿跳。

(2) 双脚起跳类:并腿纵跳、分腿半蹲跳、开合跳、并腿滑雪跳、弓步跳。

(3) 单腿起跳类:吸腿跳、后屈腿跳、弹踢腿跳、摆腿跳。

(4) 跑步类:后踢腿跑、小马跳。

(四) 身体其他部位的基本动作

1. 身体标准姿态

做健美操练习时要始终保持身体自然挺胸、收腹、沉肩、伸颈和脊柱正直姿态,注意调整好呼吸。

2. 头颈部动作

要求做各种头颈动作时,上体保持正直,速度要慢,头颈移动的方向要准确,颈部被动肌群充分伸展。

(1) 屈:头颈关节角度的弯曲,有向前、后、左、右的屈。

(2) 转:头颈部绕身体垂直轴的转动,有向左、右的转。

(3) 绕环:头以颈为轴心做弧形和圆形运动,有左、右绕和左、右绕环。

3. 肩部动作

要求提肩、沉肩时两肩在同一面上下移动,幅度要大,肩部要平。

(1) 提肩:单肩或双肩尽力向上提起。

(2) 沉肩:单肩或双肩尽力向下下沉。

(3) 收肩:两肩尽力向内收拢,伴随含胸动作。

(4) 展肩:两肩尽力向外打开,伴随展胸动作。

(5) 肩部绕环:单肩或双肩绕肩关节做提、沉、展、收的绕环动作。

4. 胸部动作

要求练习时收腹、立腰,含胸、展胸、移胸要尽量达到最大极限。

(1) 含胸:两肩内合,缩小胸腔。

(2) 展胸:两肩外展,扩大胸腔。

(3) 移胸:髋部固定,做胸左、右的水平面移动。

5. 腰部动作

要求练习时,塌腰,动作幅度要大。

(1) 屈腰:下肢保持不动,上体向一侧做屈伸动作,有前、后、侧屈腰。

(2) 转腰:下肢保持不动,上体向一侧做转体动作,有左、右转腰。

6. 髋部动作

要求髋关节做顶、提、摆和绕环时应平稳、柔和、协调,稍带弹性,上体要放松。

(1) 顶髋:髋关节做急速的水平移动,有前、后、左、右顶髋。

(2) 提髋:髋关节做急速向一侧上提的动作,有左、右提髋。

(3) 摆髋:髋关节做钟摆式的连续移动动作,有左、右侧摆和前后摆。

(4) 髋绕环:髋关节做弧形、圆形移动,有向左、右绕环。

7. 下肢缓冲和弹动

下肢缓冲和弹动涉及的部位有踝关节、膝关节和髋关节。落地时,注意由前脚掌滚动到脚后跟落地,同时屈膝、屈髋,注意肌肉的收缩和放松要有控制,避免动作过分僵硬和关节过度伸展。

三、健美操组合动作练习

1. 第 1 个八拍

1 拍,右脚向侧迈一步,屈膝半蹲,双臂肩侧屈,双手握拳,拳心朝内;2 拍,右脚收回与肩宽,两臂置于体侧;3 拍,同第 1 拍,方向相反;4 拍,同第 2 拍,方向相反;5 拍,右脚向侧迈一步,右臂胸前屈;6 拍,左脚向侧迈一步,左臂胸前屈;7 拍,向上分腿跳,双臂侧上举,掌心向外;8 拍,并腿落地,屈膝半蹲,两手扶膝,如图 13-36 所示。其中,5 拍、6 拍合于图 13-36(6)中。

图 13-36 健美操动作组合第 1 个八拍动作

2. 第 2 个八拍

1 拍,抬左腿;2 拍,并腿落地,屈膝半蹲,两手扶膝;3 拍,右脚向侧迈一步,屈膝半蹲,双手腹前交叉,身体朝右前 45°方向;4 拍,向右跳的同时后踢左腿,两臂打开,一臂侧上举,一臂侧平举;5 拍,左腿向右侧迈一步;6 拍,抬右腿;7 拍,右腿落地,左腿向后伸成右弓步;8 拍,向左跳转 90°成并腿立,如图 13-37 所示。

3. 第 3 个八拍

同第 2 个八拍,方向相反。

4. 第 4 个八拍

1 拍，双腿向上跳，落地成右弓步，左臂向右前 45°方向伸，右臂贴耳向上举，身体朝前 45°方向；2 拍，跳成并腿，身体朝正前方；3 拍，向左跳的同时摆右腿，手臂由右向左至肩侧屈，右臂由左向右屈至侧平举，花掌；4 拍，跳成并腿；5～8 拍同 1～4 拍，方向相反。

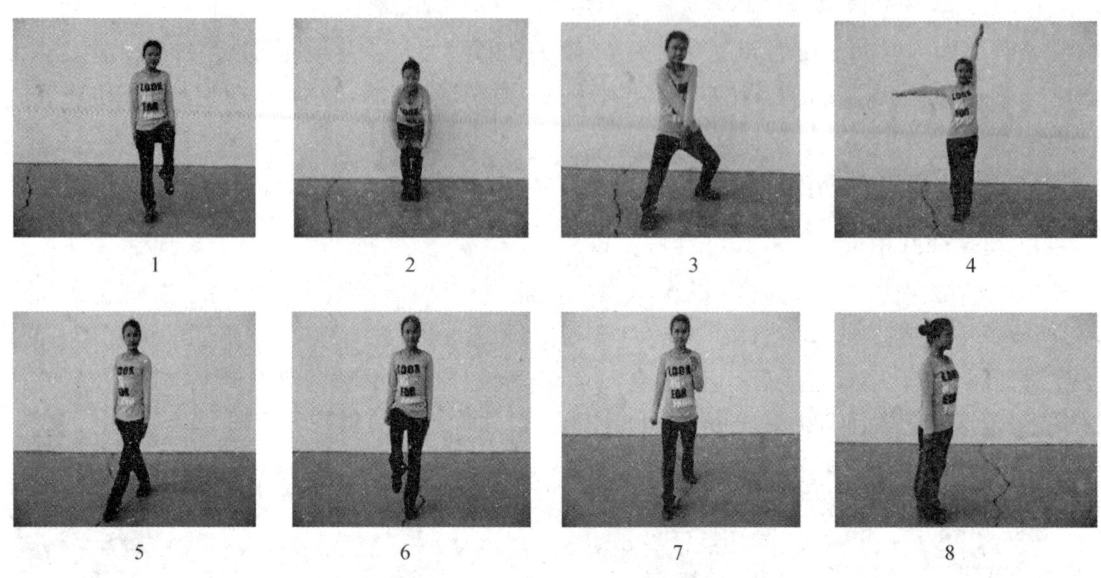

图 13-37 健美操动作组合第 2 个八拍动作

第三节 体育舞蹈

体育舞蹈又称国际标准舞，简称“国标舞”，其前身是“社交舞”，由欧洲的宫廷舞蹈及拉丁美洲的民间舞蹈融合发展而来，现为体育运动项目之一，是以男女为伴的一种步行式双人舞的竞赛项目。体育舞蹈分为大众性体育舞蹈和竞技性体育舞蹈两大类。其中，大众性体育舞蹈主要包括教学舞蹈、实用性舞蹈和社交舞蹈；竞技性体育舞蹈主要包括摩登舞（华尔兹舞、狐步舞、快步舞、探戈舞和维也纳华尔兹舞）、拉丁舞（伦巴舞、桑巴舞、恰恰舞、斗牛舞、牛仔舞）和团体舞（摩登舞或拉丁舞组合）。

一、体育舞蹈的基础知识

初学体育舞蹈时需掌握一些最基本的概念和知识，下面将逐一介绍。

（一）舞池介绍

标准比赛场地为长 23 m、宽 15 m，地面光滑平整的长方形场地，如图 13-38 所示。长线为 A 线，短线为 B 线，舞程路线为逆时针方向，此方向称为舞程向，其线路称为舞程线。

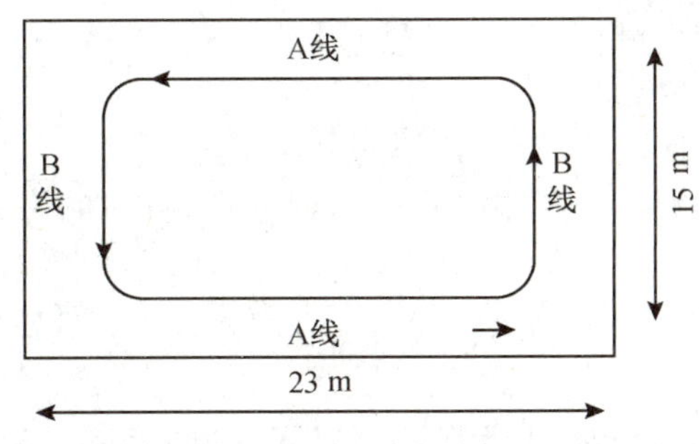

图 13-38 体育舞蹈标准比赛场地

(二) 角度和方位

为了使舞者在舞池中起舞时明确方向，按照规定的动作进行比赛和练习，体育舞蹈对每个舞步起始、结束时所站立的方向，运步、旋转过程中的方位、角度都做了相应的规定。

1. 旋转角度

旋转时以每转 360°为一周，旋转 45°为 1/8 周，旋转 180°为 1/2 周，旋转 225°为 5/8 周，旋转 270°为 3/4 周，旋转 315°为 7/8 周。在做旋转动作时，应先标明旋转的方向，再标明角度，如左转 1/4 周。

2. 方位

为了便于舞蹈进行中正确地辨别方位和检查旋转的角度，在舞场上要规定一定的方位。一般情况下，多以乐队演奏台的一面为规定方位的基点，定为“1 点”(也可在场地中任选一个面定为“1 点”)。每向顺时针方向转动 45°角则变动一个方位，共有八个点，如图 13-39 所示。

以上方位为固定位置时使用。若舞者按舞程线不断变换方位，向前移动，则方位要和舞程线发生联系。因此，规定了几条线来指示舞者每个舞步的行进方向。体育舞蹈中规定了八条线，它们分别为面对舞程线、面对斜壁线、面对壁线、背斜中央线、背对舞程线、背对斜壁线、面对中央线和面斜中央线，如图 13-40 所示。

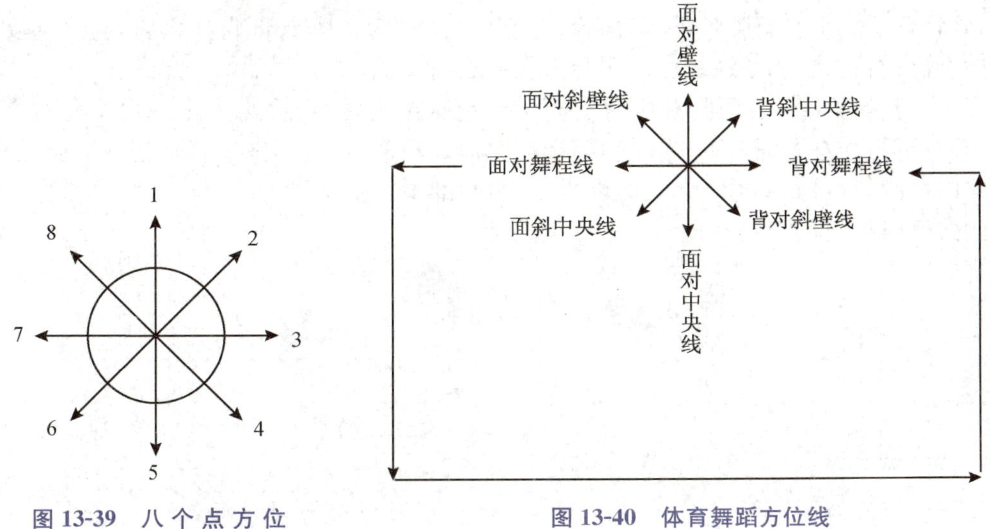

图 13-39 八个点方位

图 13-40 体育舞蹈方位线

(三) 基本名词与动作术语

图文
体育舞蹈基本动作术语

(1) 舞姿:舞者跳舞的姿态。

(2) 闭式舞姿:男女舞伴面对、双手扶握的身体位置。

(3) 开式舞姿:男士右侧与女士左侧身体紧密贴靠,身体的另一侧略向外展的站立或行进的身体位置。

(4) 右错位舞姿:在摩登舞中,男女舞伴中一方向另一方右外侧前进所形成的身体位置。

(5) 并肩位舞姿:在拉丁舞中,男女舞伴面对同一方向肩臂相并的身体位置。以男士为基准,男士左肩与女士右肩相并叫左并肩位,男士右肩与女士左肩相并叫右并肩位。

(6) 扇形位舞姿:在拉丁舞中,女士肚脐向男士,稍扭转身体,重心脚稍向后,女士右手掌心向下放于男士左手掌心位,男女异侧手臂打开,如同能容纳三个人一般的身体位置。

(7) 影子位舞姿:男女舞伴面向同一方向重叠而立,形影相随的身体位置,以女士居前较常见。

(8) 反身动作:一侧脚前进或后退时,异侧肩和胯后让或前送,使身体与舞步形成反向配合的身体动作。

(9) 反身动作位置:在身体不转动的情况下,一脚在身前或身后形成交叉,以保证两人身体维持相靠状态的身体动作位置。

(10) 升降动作:在跳舞时身体的上升与下降。升降动作在膝、踝、趾关节的屈伸动作转换中完成。

(11) 摆荡动作:舞者在身体上升做斜向或横向移动时,像钟摆似的把身体摆动起来。

(12) 倾斜动作:从形体上讲是指肩的平衡线向左向右的倾斜,与地面水平线形成一定角度。

(四) 握抱姿势

华尔兹、狐步舞、快步舞和维也纳华尔兹舞的握抱姿势如下。

1. 闭式舞姿

(1) 男士握姿:直立,两脚并拢,挺胸立腰,收腹,微提臀,两膝自然放松;左手与女士右手掌心相握,虎口向上,前臂与上臂的夹角约为 135°,高度与女士右耳峰水平相平;右手五指并拢,轻轻置于女士左肩胛骨下端,前臂与上臂夹角约为 75°;头部自然挺直,目光从女士右肩方向看出;右腹部 1/2 微贴女士(服装与服装之间接触)。

(2) 女士握姿:直立,两脚并拢,挺胸立腰,收腹微提臀;右手与男士左手掌心对掌心相握,轻轻置于男士左手虎口上;左手在男士右肩袖处轻轻搁置,用虎口轻轻掐住男士三角肌;头部略向左倾斜,目光从男士右肩方向看出;右腹部 1/2 微贴男士(服装与服装之间接触)。

闭式舞姿如图 13-41 所示。

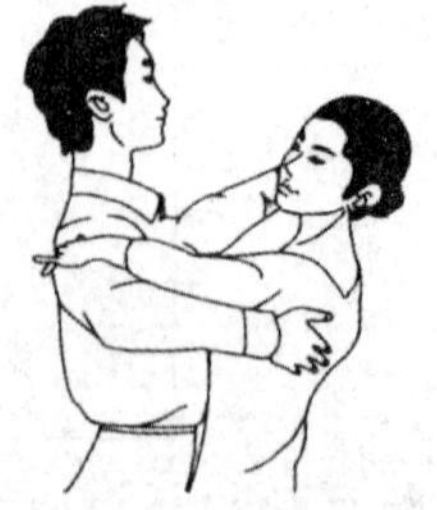

图 13-41 闭式舞姿

2. 散式舞姿

在闭式舞姿的基础上，男士将头及上身略向左打开，女士将头及上身略向右打开，男士、女士的头向同一方向看出，腰胯部接触同闭式舞姿。

二、华尔兹舞的基本动作要领

摩登舞中的华尔兹舞和拉丁舞中的伦巴舞是较易掌握的一种，也是体育舞蹈教学中最先教学的内容，根据高职高专体育舞蹈教学的具体情况，下面将介绍华尔兹舞和伦巴舞的部分基本动作。

1. 前进并换步和后退并换步

前进并换步和后退并换步又称为“方块步”或“四方步”。准备姿势为闭式舞姿，舞步动作要领如表 13-1 所示。

表 13-1 华尔兹前进并换步和后退并换步动作要领

步序	节奏	要领		脚法	方位		升降	转度	倾斜	
		男士	女士		男士	女士			男士	女士
1	1	左脚前进	右脚后退	跟掌	面对舞程线	背对舞程线	结尾开始上升	不转		
2	2	右脚经左脚横步	左脚经右脚横步	掌	面对舞程线	背对舞程线	继续上升		左	右
3	3	左脚并于右脚	右脚并于左脚	掌	面对舞程线	背对舞程线	继续上升，结尾下降		左	右
4	1	右脚后退	左脚前进	跟掌	面对舞程线	背对舞程线	结尾开始上升			
5	2	左脚经右脚横步	右脚经左脚横步	掌	面对舞程线	背对舞程线	继续上升		右	左
6	3	右脚并于左脚	左脚并于右脚	掌	面对舞程线	背对舞程线	继续上升，结尾下降		右	左

2. 左脚并换步

准备姿势为闭式舞姿，舞步动作要领如表 13-2 所示。

表 13-2 华尔兹左脚并换步动作要领

步序	节奏	要领		脚法	方位		升降	转度	倾斜	
		男士	女士		男士	女士			男士	女士
1	1	左脚前进	右脚后退	跟掌（男）掌跟（女）	面对斜壁线	背对斜壁线	结尾开始上升	不转		

（续表）

步序	节奏	要领		脚法	方位		升降	转度	倾斜	
		男士	女士		男士	女士			男士	女士
2	2	右脚经左脚横步稍前	左脚经右脚横步稍后	掌	面对斜壁线	背对斜壁线	继续上升		左	右
3	3	左脚并于右脚	右脚并于左脚	掌	面对斜壁线	背对斜壁线	继续上升，结尾下降		左	右

3. 右转步

准备姿势为闭式舞姿，舞步动作要领如表 13-3 和表 13-4 所示。

表 13-3 华尔兹右转步男士步动作要领

步序	节奏	要领	脚法	方位	升降	转度	倾斜
1	1	右脚前进	跟掌	面对斜壁线	结尾开始上升	开始右转	
2	2	左脚经右脚横步	掌	面对斜壁线	继续上升	1～2 转 1/4	右
3	3	右脚并于左脚	掌	背对舞程线	继续上升，结尾下降	2～3 转 1/8	右
4	1	左脚后退	掌跟	背对舞程线	结尾开始上升		
5	2	右脚经左脚横步	掌	面斜中央线	继续上升	4～5 转 3/8	左
6	3	左脚并于右脚	掌	面斜中央线	继续上升，结尾下降		左

表 13-4 华尔兹右转步女士步动作要领

步序	节奏	要领	脚法	方位	升降	转度	倾斜
1	1	左脚后退	掌跟	背对斜壁线	结尾开始上升	开始右转	
2	2	右脚经左脚横步	掌	背对斜壁线	继续上升	1～2 转 3/8 身体稍转	左
3	3	左脚并于右脚	掌	面对舞程线	继续上升，结尾下降	身体完成转动	左
4	1	右脚前进	跟掌	面对舞程线	结尾开始上升	继续右转	
5	2	左脚经右脚横步	掌	背斜中央线	继续上升	4～5 转 1/4	左
6	3	右脚并于左脚	掌	背斜中央线	继续上升，结尾下降	5～6 转 1/8	左

4. 右脚并换步

准备姿势为闭式舞姿，舞步动作要领如表 13-5 所示。

表 13-5 华尔兹右脚并换步动作要领

步序	节奏	要领		脚法	方位		升降	转度	倾斜	
		男士	女士		男士	女士			男士	女士
1	1	右脚前进	左脚后退	跟掌（男） 掌跟（女）	面斜中央线	背斜中央线	结尾开始上升	不转		

（续表）

步序	节奏	要领		脚法	方位		升降	转度	倾斜	
		男士	女士		男士	女士			男士	女士
2	2	左脚经右脚横步	右脚经左脚横步	掌	面斜中央线	背斜中央线	继续上升		右	左
3	3	右脚并于左脚	左脚并于右脚	掌	面斜中央线	背斜中央线	继续上升，结尾下降		右	左

5. 左转步

准备姿势为闭式舞姿，舞步动作要领如表 13-6 和表 13-7 所示。

表 13-6　华尔兹左转步男士步动作要领

步序	节奏	要领	脚法	方位	升降	转度	倾斜
1	1	左脚前进	跟掌	面斜中央线	结尾开始上升	开始左转	
2	2	右脚横步	掌	背对斜壁线	继续上升	1～2 转 1/4	左
3	3	左脚并于右脚	掌跟	背对舞程线	继续上升，结尾下降	2～3 转 1/8	左
4	1	右脚后退	掌	跟背对舞程线	结尾开始上升		
5	2	左脚经右脚横步	掌	面对斜壁线	继续上升	4～5 转 3/8 身体稍转	右
6	3	右脚并于左脚	掌	跟面对斜壁线	继续上升，结尾下降	身体完成转动	右

表 13-7　华尔兹左转步女士步动作要领

步序	节奏	要领	脚法	方位	升降	转度	倾斜
1	1	右脚后退	掌跟	背斜中央线	结尾开始上升	开始左转	
2	2	左脚经右脚横步	掌	面对舞程线	继续上升	1～2 转 3/8 身体稍转	右
3	3	右脚并于左脚	掌跟	面对舞程线	继续上升，结尾下降	身体完成转动	右
4	1	左脚前进	跟掌	面对舞程线	结尾开始上升	继续左转	
5	2	右脚经左脚横步	掌	背对斜壁线	继续上升	4～5 转 1/4	左
6	3	左脚并于右脚	掌	跟背对斜壁线	继续上升，结尾下降	5～6 转 1/8	左

三、伦巴舞基本动作要领

1. 基本动作

准备姿势为：男士闭式位，开立，重心放右脚；女士闭式位，开立，重心放左脚，舞步动作要领如表 13-8 所示。

表 13-8 伦巴基本动作要领一览表

步数	脚位		转度		拍数
	男士	女士	男士	女士	
1	左脚向前	右脚向后	开始左转,1～3 完成左转 1/8 或 1/4		2
2	重心回到右脚	重心回到左脚			3
3	左脚向侧	右脚向侧			4,1
1	右脚向后	左脚向前	4～6 完成左转 1/8 或 1/4		2
2	重心回到左脚	重心回到右脚			3
3	右脚向侧	左脚向侧			4,1

知识加油站

伦 巴 舞

伦巴是西班牙文 Rumba 的音译,也被称为爱情之舞,拉丁舞项目之一。源自 16 世纪非洲的黑人歌舞的民间舞蹈,流行于拉丁美洲,后在古巴得到发展,所以又叫古巴伦巴,舞曲节奏为 4/4 拍。伦巴的特点是较为浪漫,舞姿迷人,动感与热情;步伐曼妙有爱,讲究身体姿态,舞态柔媚,步法婀娜,髋摆优雅,若即若离的动作是表达男女爱慕情感的一种舞蹈。伦巴是拉丁音乐和舞蹈的精髓和灵魂,引人入胜的节奏和身体表现使伦巴成了舞厅中较为普遍的舞蹈之一。

资料来源:https://baike.m.supfree.net/get.asp? id=%C2%D7%B0%CD,有改动

2. 扇形

准备姿势为:男士闭式位,重心放右脚;女士闭式位,开立,重心放左脚,舞步动作要领如表 13-9 所示。

表 13-9 伦巴扇形位动作要领

步数	脚位		转度		拍数
	男士	女士	男士	女士	
1～3	同基本动作 1～3	同基本动作 1～3	1～3 向左转 1/8	1～3 向左转 1/8	2,3,4,1
2	右脚向后	左脚向前		4～6 完成左转 1/4	2
3	重心回到左脚	右脚向后稍右			3
1	右脚向横侧	左脚向后			4,1

3. 阿列曼娜

准备姿势为:男士扇形位,重心放在右脚;女士扇形位,重心放在左脚,舞步动作要领如表 13-10 所示。

表 13-10 伦巴阿列曼娜动作要领

步数	脚位		转度		拍数
	男士	女士	男士	女士	
1	左脚向前	右脚靠近左脚			2

（续表）

<table>
<tr><th rowspan="2">步　数</th><th colspan="2">脚　位</th><th colspan="2">转　度</th><th rowspan="2">拍　数</th></tr>
<tr><th>男　士</th><th>女　士</th><th>男　士</th><th>女　士</th></tr>
<tr><td>2</td><td>重心回到右脚</td><td>左脚向前</td><td></td><td></td><td>3</td></tr>
<tr><td>3</td><td>左脚靠近右脚</td><td>右脚向前</td><td></td><td>右转 1/8</td><td>4,1</td></tr>
<tr><td>4</td><td>右脚向后</td><td>左脚向前</td><td></td><td rowspan="3">4～6 完成
右转 $1\frac{1}{8}$</td><td>2</td></tr>
<tr><td>5</td><td>重心回到左脚</td><td>右脚向前</td><td></td><td>3</td></tr>
<tr><td>6</td><td>右脚靠近左脚</td><td>左脚向前</td><td></td><td>4,1</td></tr>
</table>

4. 曲棍步

准备姿势为：男士和女士均从扇形位开始，舞步动作要领如表 13-11 所示。

表 13-11　伦巴曲棍步动作要领

<table>
<tr><th rowspan="2">步　数</th><th colspan="2">脚　位</th><th colspan="2">转　度</th><th rowspan="2">拍　数</th></tr>
<tr><th>男　士</th><th>女　士</th><th>男　士</th><th>女　士</th></tr>
<tr><td>1</td><td>左脚向前</td><td>右脚靠近左脚</td><td></td><td></td><td>2</td></tr>
<tr><td>2</td><td>重心回到右脚</td><td>左脚向前</td><td></td><td></td><td>3</td></tr>
<tr><td>3</td><td>左脚靠近右脚</td><td>右脚向前</td><td></td><td></td><td>4,1</td></tr>
<tr><td>4</td><td>右脚向后</td><td>左脚向前</td><td rowspan="3">开始右转，
4～6 完成
右转 1/8</td><td rowspan="3">开始左转，
4～6 完成
左转 5/8</td><td>2</td></tr>
<tr><td>5</td><td>重心回到左脚</td><td>右脚向侧稍后</td><td>3</td></tr>
<tr><td>6</td><td>右脚向前</td><td>左脚后退</td><td>4,1</td></tr>
</table>

5. 右陀螺转

准备姿势为：男士闭式位，重心放左脚；女士闭式位，重心放右脚，舞步动作要领如表 13-12所示。

表 13-12　伦巴右陀螺转动作要领

<table>
<tr><th rowspan="2">步　数</th><th colspan="2">脚　位</th><th colspan="2">转　度</th><th rowspan="2">拍　数</th></tr>
<tr><th>男　士</th><th>女　士</th><th>男　士</th><th>女　士</th></tr>
<tr><td>1</td><td>右脚放在左脚后，
脚尖外转</td><td>左脚向侧</td><td rowspan="3">开始右转，
1～8 完成
两圈右转</td><td rowspan="3">开始右转，1～8
完成两圈右转</td><td>2</td></tr>
<tr><td>2</td><td>左脚向侧</td><td>右脚放在左脚前，
脚尖外转</td><td>3</td></tr>
<tr><td>3～8</td><td>重复 1～2 三次</td><td>重复 1～2 三次</td><td>4,1,2,3
4,1,2,3</td></tr>
<tr><td>9</td><td>右脚靠近左脚</td><td>左脚向侧</td><td></td><td></td><td>4,1</td></tr>
</table>

6. 右分展步

准备姿势为：男士闭式位，重心放右脚；女士闭式位，重心放左脚，舞步动作要领如

表 13-13所示。

表 13-13　伦巴右分展步动作要领

步　数	脚　位		转　度		拍　数
	男　士	女　士	男　士	女　士	
1	左脚向侧	右脚向后	稍右转	左脚向右转 1/2	2
2	重心回到右脚	重心回到左脚	开始左转	开始左转，2～3 完成左转 1/2	3
3	左脚靠拢右脚	右脚向侧	回转还原		4,1

7. 定点转

准备姿势为：男士面对开立，重心放在右脚；女士面对开立，重心放在左脚，舞步动作要领如表 13-14 所示。

表 13-14　伦巴定点转动作要领

步　数	脚　位		转　度		拍　数
	男　士	女　士	男　士	女　士	
1	左脚向前	右脚向前	左转 1/4	右转 1/4	2
2	右脚向前	左脚向前	左转 1/2	右转 1/2	3
3	左脚向侧	右脚向侧	左转 1/4	右转 1/4	4,1

8. 闭式扭臀

准备姿势为：男士、女士均由闭式位开始，脚靠近，舞步动作要领如表 13-15 所示。

表 13-15　伦巴闭式扭臀动作要领

步　数	脚　位		转　度		拍　数
	男　士	女　士	男　士	女　士	
1	左脚向侧	右脚向后	稍向右转	右转 1/2	2
2	重心回到右脚	重心回到左脚	开始左转		3
3	左脚靠拢右脚	右脚向侧	回到原位	开始左转，2～3 左转 1/2	4,1
4	右脚后退	左脚向前，小步		右转 3/8	2
5	重心回到左脚	右脚向侧后		开始左转，5～6 左转 5/8	3
6	右脚向侧	左脚向后			4,1

拉丁舞的韵律摆动与切分

拉丁舞在整个舞蹈过程中突出表现了男女双方髋的韵律摆动（简称律动）。髋部动作是以腰部摆动带动髋的韵律性摆动。髋部摆动时，腰部要放松，上体挺直，两臂在体侧自然摆动，髋的律动要平衡，没有上下起伏的动作。

动作的切分主要是指在音乐节奏的一拍中完成动作时，髋的摆动在后半拍中出现，尤其以伦巴舞和恰恰舞更为常见。例如，伦巴舞基本舞步中的前进并步第一拍中前半拍左脚前进一步，重心前移，后半拍髋向左前侧顶；第二拍中前半拍右脚在后原地踏一步，重心后移；后半拍髋向右后侧顶。

资料来源：https://www.renrendoc.com/paper/131922222.html，有改动

1. 在实际生活中，经常做形体训练有哪些好处？
2. 简述形体训练的基本动作。
3. 健美操的基本步法有哪些？简述健美操的基本动作组合。
4. 简述华尔兹舞的基本动作要领。

第十四章　传统武术运动

学习目标

1. 了解太极拳的基础知识和全部套路动作，能够在教师的指导下学会全部二十四式招式，将其作为一种养生方式和手段。

2. 了解武术运动的分类和基础动作，了解本地区武术门派的基本情况和传承过程。

3. 了解八段锦的基础知识，掌握八段锦的基本功法和套路动作，能够熟练运用八段锦功法进行日常健身运动。

第一节　武　　术

武术，西方人称之为“功夫(kung fu)”，是以技击为内容，通过套路、搏斗等运动形式来增强体质、培养意志及训练格斗技能，并注重内外兼修的民族传统体育项目。2008年，武术以特设项目的身份出现在第29届北京奥运会上，被定名为“北京奥运会武术比赛”。

攻防技击是武术的本质属性，由踢、打、摔、拿、击、刺等技击动作，通过徒手或借助器械来表现攻防格斗能力。武术的主要运动形式为套路演练和对抗格斗，在演练上注重内外兼修、形神兼备。武术运动是在中华文化总体氛围中孕育、产生、衍化发展起来的，自然地融入了传统哲学、兵学、中医学、伦理学、气功、美学、艺术、文学和民俗学等多种传统文化思想和文化观念。

一、武术的分类

武术按运动形式可分为三类，即常见的功法运动、套路运动和搏斗运动。

1. 功法运动

功法运动是以单个动作练习为主，以达到健体或增强某方面体能的运动，包括柔功、内功、硬功、轻功、眼功、耳功等。

功法运动的意义：通过各种专门的练习方法和手段，以达到提高肢体关节活动范围和肌肉伸展性能的目的；通过对人体内在的精、气、神及脏腑、经络、血脉等的修炼，以达到精足、气壮、神明、内脏坚实、血脉经络通畅、内壮外强的功效；使身体具有较为强健的击打、抗击打、摔跤、磕碰能力，最终达到强筋骨、壮体魄的功效。

2. 套路运动

套路运动是通过徒手或持器械表演来体现人的进攻和防守技能，以技击为主要内容，以攻守进退、动静疾徐、刚柔虚实等矛盾运动的变化规律为依据编排组合及成套练习，将人与人之间的攻防动作通过套路最大限度地表现出来。

套路运动主要包括拳术、器械、对练、集体表演等形式。器械有“十八般兵器”之称，包括长、短、双、软和暗五种器械。

3. 搏斗运动

搏斗运动是两人在一定条件下按照规则进行斗智角力的对抗运动。目前推广的项目主要有散手、推手和短兵三项。

二、武术的功能

武术运动形式多样、内容丰富、文化内涵博大精深，具有健身、防身、修身养性、竞技、娱乐、文化交流等多方面功能。

1. 健身健心功能

武术运动可改善心血管系统功能，促进神经系统均衡发展；增强呼吸系统功能；提高人体身体素质，协调全身运动，消耗身体多余脂肪，使肌肉线条优美，从而塑造良好的体形。

2. 保健康复及养生功能

武术运动内容丰富，有五禽戏、八段锦、易筋经、太极拳等传统保健运动，坚持练习可预防疾病、康复身心、增强体质、延缓衰老，对某些慢性病的治疗也有一定的作用，也可起到延年益寿的作用。

3. 审美观赏及文化交流功能

武术演练具有很强的欣赏及审美价值。无论是套路表演，还是散手比赛，都以恢宏的气势、优雅的定韵深受欢迎。另外，武术还是人们切磋技艺、交流情感、增进友谊的友好平台，更是与国外友人交流的媒介，通过武术使其更充分地认识中国文化的精髓，探索东方文明的神韵。

三、武术基本功训练

武术基本功是学习武术套路和提高武术运动技术水平的基础，包括腿功、腰功、平衡、跳跃、跌、扑、滚、翻等内容。

1. 基本手型手法

(1) 基本手型。基本手型有拳、掌和勾三种。

① 拳。动作要领：五指弯曲握紧，拇指扣压于食指和中指的第二指节，拳面平展，如图 14-1所示。

② 掌。动作要领：拇指弯曲，贴靠食指指跟外侧下方，其余四指伸直并拢向后伸张，如图 14-2 所示。

③ 勾。动作要领：五指撮拢，屈腕呈钩形，如图 14-3 所示。

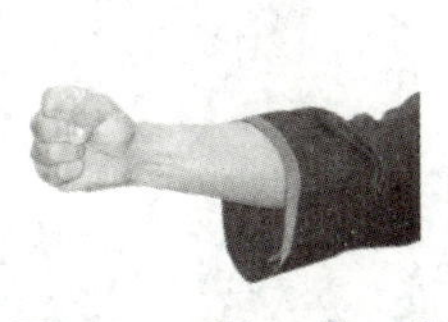

图 14-1 拳 动 作

图 14-2 掌 动 作

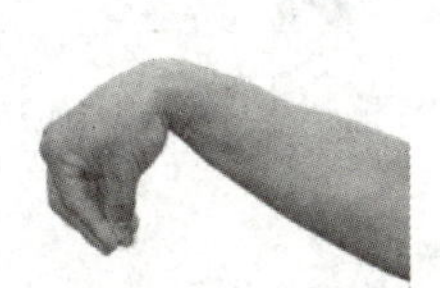

图 14-3 勾 动 作

(2) 基本手法。

① 冲拳。拳从腰间旋臂向前快速出击，有前冲、侧冲、上冲等形式。

准备姿势为两脚开立与肩宽，脚尖向前，两拳收抱腰间，拳心向上，肘尖向后，挺胸收腹立腰，两眼目视前方。右拳从腰间向前迅速用力冲出，拧腰顺肩，肘关节过腰时右前臂内旋，力达拳面，臂伸直，与肩相平，同时左肘向后牵拉。可做左右臂交替冲拳练习，如图 14-4 所示。

② 架拳。右拳向下、向左、向上经头前向右上方划弧，同时前臂内旋架起，拳眼向左下方，目视左方。可做左右臂交替架拳练习，如图 14-5 所示。

③ 砸拳。拳自上向下，先直臂后屈臂下砸为砸拳。要求拳心向上，力达拳背，如图 14-6 所示。

④ 推掌。掌由腰间旋臂向前立掌推击动作。右拳变掌，以掌跟为力点向前快速推出，同时前臂内旋使掌指向上，手臂伸直与肩平。推出时拧腰顺肩，同时左肘向后牵拉。左右交替练习，如图 14-7 所示。

⑤ 亮掌。右臂微屈，抖腕翻掌，将掌举于体侧或头上，如图 14-8 所示。

图 14-4　冲拳动作

图 14-5　架拳动作

图 14-6　砸拳动作

图 14-7　推掌动作

图 14-8　亮掌动作

⑥ 挑掌。臂由下向上翘腕立掌上挑，挑掌时力达四指，如图 14-9 所示。

⑦ 穿掌。手心向上，臂由屈到伸，沿体侧穿出，穿掌时力达指尖，如图 14-10 所示。

⑧ 劈掌。掌由上向下直臂呈弧形迅速劈击，力达掌外沿，如图 14-11 所示。

图 14-9　挑掌动作

图 14-10　穿掌动作

图 14-11　劈掌动作

2. 基本步型步法

（1）基本步型。

① 弓步。两脚前后开立一大步，相距本人脚长的 3～4 倍，脚尖稍内扣，前腿屈膝半蹲，大腿略高于膝，膝不过脚尖；后腿挺膝伸直，脚尖朝向斜前方且稍内扣，两脚全脚掌着地；上体正对前方，屈肘抱拳，目视前方。左腿弓为左弓步，右腿弓为右弓步，如图 14-12 所示。

② 马步。两脚平行开立，相距约本人脚长的 3 倍，脚尖向前，屈膝屈髋半蹲，膝不过脚尖，大腿略高于膝，全脚掌着地；身体重心落于两脚间，两手腰间抱拳，拳心向上，目视前方，如图 14-13 所示。

③ 虚步。两脚前后站立，后脚尖外展 45°，屈膝半蹲，大腿近水平，以全脚掌着地支撑身体；前腿微屈，脚面绷直，脚尖虚点地；上体正直，两手叉腰，如图 14-14 所示。

图 14-12 弓步动作

图 14-13 马步动作

图 14-14 虚步动作

④ 仆步。两脚左右开立一大步，一条腿屈膝全蹲，大腿和小腿紧靠，臀部接近小腿，膝和脚尖稍外展；另一条腿伸直扑平接近地面，全脚掌着地，脚尖内扣，两手握拳收抱腰间，目视仆腿方向，如图 14-15 所示。

⑤ 歇步。两腿交叉屈膝全蹲，前脚以全脚掌着地，脚尖外展；后脚跟离地，臀部坐于小腿上，接近脚跟；两手握拳收抱腰间，目视前方，如图 14-16 所示。

⑥ 丁步。两腿屈膝半蹲并拢，一只脚以全脚掌着地支撑身体，另一只脚停在支撑脚内侧脚弓处，脚尖点地；两手握拳收抱腰间，目光平视，如图 14-17 所示。

图 14-15 仆步动作

14-16 歇步动作

图 14-17 丁步动作

（2）基本步法。

① 上步。后脚向前迈步为上步。

② 退步。前脚向后撤退为退步。

③ 盖步。一只脚经另一脚前，横迈一步成两腿交叉为盖步。

④ 插步。一只脚经另一脚后，横迈一步成两腿交叉为插步。

⑤ 行步。两腿微屈，两脚连续前行，脚落地时，由脚跟过渡到前脚掌。

⑥ 垫步。后脚跟离地提起，向前脚处落步，前脚立即蹬向前上方跳起，让位给后脚，在后脚前落步。

⑦ 跨跳步。后脚蹬地跳起，前脚前摆落地为跨跳步。

⑧ 踏步。一只脚提起向地面踏跺，另一只脚向前上步为踏步。

3. 基本肩臂练习

（1）压肩。两脚开立，略宽于肩，上体前俯下压，两臂伸直，两手抓握一定高度物体，做体前屈下振压肩动作，挺胸收腹。

（2）绕环。臂绕环是以肩为圆心，直臂在体侧或体前沿立圆形路线抡动。有单臂前后绕环、双臂前后左右绕环等练习形式。

（3）俯卧撑。两臂伸直，两手分开宽于肩，掌心向下，指尖向前撑地，两脚前脚掌撑地使身体呈俯卧姿势，并与地面保持平行。两臂同时屈肘，带动躯干一起向下压，贴近地面；伴随两臂的屈肘和伸直动作带动身体一上一下运动。可单手做俯卧撑，也可做俯卧撑胸前击掌撑地练习。

（4）手倒立。两腿前后开立，上体前屈，两手分开稍宽于肩，在体前撑地，掌心向下，指尖向前，前脚蹬地，带动后脚迅速向后上方摆起；当身体重心接近支撑垂直面时，蹬地腿迅速向摆动腿并拢，呈倒立姿势。

4. 基本腰法

（1）俯腰。两脚并拢，身体直立，两手指尖相对直臂上举，翻腕使掌心向上，目视前方。上体前屈下俯或偏向体侧，或上体后仰接近脚尖，反复振压身体若干次。要求挺膝、立背、收髋，有前俯腰、侧俯腰和后俯腰等形式，如图 14-18 所示。

（2）甩腰。两脚左右开立宽于肩，两臂伸直，两手成掌，以腰髋关节为支点，上体做前俯后仰的甩腰动作，两臂随之做前压和后甩动作，如图 14-19 所示。

图 14-18　俯腰动作

图 14-19　甩腰动作

（3）涮腰。两脚左右开立宽于肩，两臂自然下垂，以髋关节为轴，上体前倾，由一侧向另一侧绕环，两臂随之绕动。要求尽量屈体，以增大绕环幅度，如图 14-20 所示。

（4）下腰。两脚左右开立宽于肩，两臂伸直上举，身体尽量后屈，挺胸、顶腰、展髋、送膝，使两手在身后撑地拱成桥形，如图 14-21 所示。

图 14-20　涮腰动作

图 14-21　下腰动作

5. 基本腿法

(1) 压腿。一只脚挺直站立支撑身体重量，另一只脚抬起伸直，将脚跟放在一定高度的物体上，通过上体反复向前下压或两手向下压膝来拉长被压腿各关节的肌肉和韧带。压腿有正压腿、侧压腿、后压腿、仆步压腿等练习形式。

(2) 劈叉。两手扶地，将两条腿前后或左右分开成一条直线，保持脚尖上翘，要求挺胸、立腰、两腿伸直。劈叉有纵劈叉和横劈叉两种练习形式。

(3) 踢腿。两臂侧平举或叉腰，一条腿支撑，另一条腿脚尖绷紧向正前方或侧方直踢或侧踢，要求挺胸、立背、平肩收胯，脚尖绷直，踢起时要有加速度。有正踢腿和侧踢腿两种形式。

(4) 摆腿。并步站立，两臂侧平举，立掌，一条腿支撑地面，另一条腿向侧前上方举步，脚尖勾紧，可经面前由内向外侧外摆或由外侧向内内收，要求直背、平肩、松胯。摆腿有外摆腿和内合腿两种形式。

(5) 弹腿。并步站立，一条腿上半步，伸直或稍屈膝，另一条腿提起屈膝，大腿与地面平行，脚面绷直；注意提膝近水平时迅速向前弹击；要求立腰、收胯，脚尖绷直。

(6) 踹腿。两腿前后交叉，一只脚在前，稍屈膝，另一条腿提起屈膝、脚内扣，脚底用力向侧上方猛力踹出。

6. 基本平衡动作

(1) 提膝平衡(金鸡独立)。一条腿伸直支撑身体，另一条腿屈膝在体前尽量上提，脚尖向下，脚背绷紧扣于另一腿前。一只手在头前上方抖腕亮掌，另一只手在体侧成勾手，目视前方，如图 14-22 所示。

(2) 燕式平衡(俯身平衡)。一条腿伸直支撑身体，另一条腿屈膝提起，脚尖向下，脚背绷紧，两臂在胸前交叉，掌心向内，目视前方。上体前俯，略高于水平，抬头、挺胸、展腰，提膝腿伸直向后上方举起，脚面绷紧高于水平，两掌向两侧分开成侧平举，目视前下方，如图 14-23 所示。

图 14-22 提膝平衡动作

图 14-23 燕式平衡动作

7. 基本跳跃动作

(1) 腾空飞脚(二起脚)。两脚并拢，身体直立，两手握拳收于腰间，目视前方。左腿向前摆动，右脚蹬地跳起，身体悬空，在空中右脚向前踢出，脚尖绷直，右手拍击右脚面，左手变为勾手后上举，即蹬、摆、踢、拍四个连贯动作。

(2) 旋风脚。两脚开立，两腿略蹲，两臂由右向左上方抡摆，重心移至右脚，左脚提起向外摆动，上体向左上方旋转，右脚蹬地跳起，在空中身体旋转一周，右脚做内合腿，左手拍击右脚掌，要求转体至少 270°。

(3) 腾空外摆脚。两脚开立，右脚上步，脚外展，左腿向右前方踢起、摆扣，右脚蹬地右旋跳起，身体悬空向右转，在空中右腿外摆，两手先左后右拍击右脚外侧。

(4) 旋子(燕子飞)。两脚并拢，身体直立，两手握拳收于腰间，目视前方。身体左转，左脚向前上一步，右臂屈肘前摆；右脚向前一大步，脚尖内扣，身体左转 90°；左脚顺势在右脚后方插步，身体继续左转并下俯，左脚迅速蹬地跳起，右腿伸直向右上方摆起；身体继续上腾起膝，向右后方旋转，两臂伸直平举，形同燕子飞；右脚先落地，随旋转惯性身体继续左转，左腿随之摆动落地。

五 禽 戏

五禽戏是中国传统导引养生功法。“禽”指“禽兽”，在古代泛指动物；“戏”在古代是指歌舞杂技之类的活动，在此指特殊的运动方式。五禽戏是由东汉末年著名的医学家华佗根据中医原理，以模仿虎、鹿、熊、猿、鸟五种动物的动作和神态编创的一套导引术。

五禽戏能使人动作灵敏、协调平衡，还能改善关节功能及身体素质，对防治高血压、高血脂、冠心病等疾病有一定的疗效。2011 年，华佗五禽戏经国务院批准列入第三批国家级非物质文化遗产名录。

资料来源：https://www.yixue.com/%E4%BA%94%E7%A6%BD%E6%88%8F，有改动

第二节 太 极 拳

太极拳是国家级非物质文化遗产，发源于河南省温县陈家沟，是综合了历代各家拳法，结合阴阳五行之变化、中医经络学、古代的导引术和吐纳术形成的一种内外兼修、柔和、缓慢、轻灵、刚柔相济的拳术。1949 年后，太极拳被国家体育委员会(现国家体育总局)统一改编，用于强身健体、体操运动、武术表演和体育比赛。中国改革开放后，太极拳部分还原本来面貌，从而再分为比武用的太极拳、体操运动用的太极操和太极推手。传统太极拳门派众多，常见的太极拳流派有陈式、杨式、吴式、武式、孙式、武当赵堡等派别，各派既有传承关系，相互借鉴，也各有自己的特点，呈百花齐放之态。由于太极拳是近代形成的拳种，流派众多，练习简便，群众基础广泛，因此它是中国传统武术拳种中非常具有生命力的一支。

一、二十四式太极拳简介

二十四式太极拳又称简化太极拳，于 20 世纪 50 年代由中国武术专家在传统杨式大架太极拳的基础上，按照由简到繁、循序渐进、易学好记的原则删去繁难和重复的动作，选取二十四式主要动作创编而成。其动作柔和均匀，姿势中正平稳，结构合理，老少咸宜，易于推广，强身健体效果显著。通过练习二十四式太极拳，对外可强健筋骨、强化体魄；对内则能调理脏腑、疏通筋脉、调节精神，其缓解身心疲劳、改善人体功能、增强体质的效果明显。

二十四式太极拳套路动作名称如下。

起势—左右野马分鬃—白鹤亮翅—左右搂膝拗步—手挥琵琶—左右倒卷肱—左揽雀尾—右揽雀尾—单鞭—云手—再单鞭—高探马—右蹬脚—双峰贯耳—转身左蹬脚—左下势独立—右下势独立—左右穿梭—海底针—闪通臂—转身搬拦捶—如封似闭—十字手—收势。

知识加油站

杨氏太极拳

杨氏太极拳是历史悠久的拳术，太极拳的重要流派之一，是由河北省邯郸市永年区人杨露禅及其子杨班侯、杨健侯，其孙杨少侯、杨澄甫等人发展创编的。由于杨氏太极拳姿势开展，平正朴实，练法简易，因此深受广大群众热爱，被传播得最为广泛。杨氏太极拳对手眼身法步有严格的要求，练拳和推手，手眼身法步按要求做到正确才能达到良好的效果。国家体育总局正式公布的四十八式、二十四式太极拳以及在许多场合表演的太极拳，都是这种杨氏太极拳或由其演化而来。杨氏又派生出吴氏太极拳等其他拳种。

资料来源：作者整理

二、二十四式太极拳套路技法

(一) 第一组动作练习

1. 起势

动作要领：并步站立，头颈正直，下颌微收，勿故意挺胸或收腹，精神集中。起势时左脚向左分开呈开立步；两臂慢慢向前平举，两手与肩平，距离与肩同宽；接着两肩下沉，两肘松垂，手指自然微屈，同时屈膝松腰，臀部不可凸出，身体重心落于两腿之间，两脚脚尖正对前方。两臂下落和身体下蹲的动作应协调一致。具体动作如图 14-24 所示。

练习提示：起势应自然，含胸、拔背、头向上顶，屈膝、松腰、两眼目视前方，松肩、垂肘、气沉丹田。

图 14-24 起势动作

2. 左右野马分鬃

动作要领：本式由三个野马分鬃组成，顺序为左野马分鬃—右野马分鬃—左野马分鬃。身体以腰为轴先微向右转，左脚收至右脚内侧，重心移至右腿，右肘稍抬，左手向右翻掌向上与右掌相对，呈右抱球状；接着身体向左转动，左脚迈出成为左弓步，脚跟先着地，再过渡至全脚掌着地，脚尖向前，膝盖不超过脚尖，后腿自然伸直，前后脚夹角成 45°～60°；出脚的同时左手向左上、右手向右下分开；后坐左转，同时翻左掌向下，其余动作同前，方向左右相反，具体动作如图 14-25 所示。

练习提示：分手与出脚配合协调，身体重心的转换应清晰，动作之间无停顿，一气呵成。

攻防含义：我方一手化解对方攻击的手臂，另一手攻击对方。

图 14-25　左右野马分鬃动作

3. 白鹤亮翅

动作要领：左手翻掌向下，右手向左上划弧，手心转向上，与左手呈抱球状；右脚上半步形成左虚步，同时上体微向左转，两手随转体慢慢向右上左下分开，右手上提停于右额前，手心向左后方，左手落于左胯前，手心向下，指尖向前；两眼平视前方。具体动作如图 14-26 所示。

图 14-26　白鹤亮翅动作

练习提示：两臂上下保持半圆形，左膝微屈，注意沉肩坠肘，身体重心的移动与两手的分开动作配合协调。

攻防含义：我方可用右手挡开对方上部的攻击，左手化解对方下部的攻击。

(二) 第二组动作练习

1. 左右搂膝拗步

本式由两个左搂膝拗步和一个右搂膝拗步组成。

动作要领：右手从体前下落，由下向后上方划弧举至右肩外侧，肘微屈，手与耳同高，手心斜向上；左手由左下向上、向右下方划弧至右胸前，手心斜向下；同时上体先微向左再向右转；右脚收至左脚内侧，脚尖点地，两眼目视右手。上体左转，左脚向前(偏左)迈出，呈左弓步；同时右手屈回由耳侧向前推出，高与鼻尖平，左手向下由左膝前搂过落于左胯旁，指尖向前；两眼目视右手。右腿慢慢屈膝，上体后坐，重心移至右腿，左脚尖翘起微向外撇，随后脚掌慢慢踏实，左腿前弓，身体左转，重心移至左腿，右脚收到左脚内侧，脚尖点地；同时左手向外翻掌由左后向上划弧至左肩外侧，肘微屈，手与耳同高，手心斜向上；右手随转体向上、向左下划弧落于左脚前，手心斜向下，两眼目视左手。此为左搂膝拗步，后接右搂膝拗步，动作与前面相同，方向相反。具体动作如图 14-27 所示。

练习提示：上步落地应轻，脚跟先着地，推掌时要沉肩坠肘，坐腕舒掌，与弓步上下协调一致。

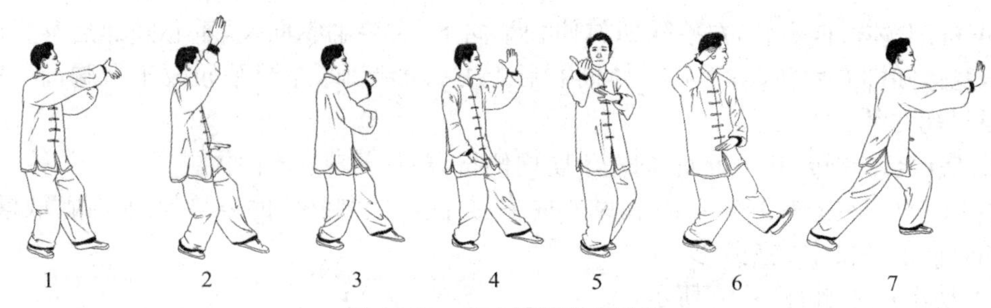

图 14-27 左右搂膝拗步动作

攻防含义：我方一手化解对方的进攻，另一手攻击对方。

2. 手挥琵琶

动作要领：重心前移，右脚向前跟进半步；重心移至右腿，身体稍向右转，左脚轻轻抬起，同时左手向前上挑掌，高与鼻平，掌心向右，右手收回于左肘内侧，掌心向左，上体微向左转；左脚跟落地，两眼目视前方。具体动作如图 14-28 所示。

图 14-28 手挥琵琶动作

练习提示：身体应平稳自然，胸部放松，沉肩坠肘，左脚下落与左手立掌沉腕、微向左转腰的动作协调配合，重心平稳。

攻防含义：我方用右手挡开对方的进攻，同时左手攻击对方。

3. 左右倒卷肱

动作要领：上体稍左转，左手向下向左肩划弧，掌心向上；上体继续左转，右手继续向右斜后上方摆起，左手翻掌，掌心向上；左脚轻轻抬起，右掌屈回收至右耳侧；左脚向后撤步，上体稍向左转，右掌沿耳际上沿向前推出，高与鼻平，掌心向前，左掌向下向左划弧，掌心向上。以上为左倒卷肱，右倒卷肱动作与左倒卷肱相同，方向相反。本组动作顺序为左倒卷肱—右倒卷肱—左倒卷肱—右倒卷肱。具体动作如图 14-29 所示。

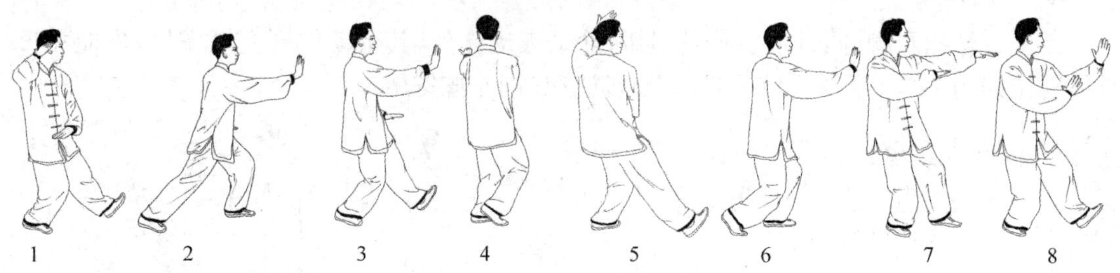

图 14-29 左右倒卷肱动作

练习提示：向前推掌手臂不要推直，后撤手臂时要随转体弧形后摆。

攻防含义：化解对方的攻击。

(三) 第三组动作练习

1. 左揽雀尾

动作要领：

(1) 掤：动作与左野马分鬃基本相同，但左肘圆屈。

(2) 捋:上体微向右转,左手随即前伸翻掌向下,右手翻掌向上,重心随即后移;重心移至右腿,身体随即右后转,右手随转体向右后上方弧形摆掌,左臂平屈收于右胸前,掌心向下,两眼目视右掌。

(3) 挤:上体左转,右手折回,向左手腕内侧挤,左手翻转掌心向内。

(4) 按:两手右上左下交叉侧分,掌心向下,并随后以"假坐"的姿势勾回左脚,收掌至胸前,再向下向前按推掌成左弓步。

以上动作具体如图 14-30 所示。

图 14-30　左揽雀尾动作

练习提示:掤出时,两臂前后均保持弧形,掤应区别于野马分鬃。下捋时,应转腰后移重心。向前挤时,上体应正直,挤的动作与弓腿相一致。

攻防含义:我方用左手掤挡开对方进攻,并用两手顺势捋拉对方,待对方失去重心或回撤时,挤按攻击对方。

2. 右揽雀尾

后坐右转扣左脚,同时右手向右划弧,除结束动作外,其余动作同左揽雀尾,方向相反。具体动作如图 14-31 所示。练习提示及攻防含义同左揽雀尾。

图 14-31　右揽雀尾动作

(四) 第四组动作练习

1. 单鞭

动作要领:上体后坐,右脚尖翘起,上体稍左转;上体继续左转,右脚尖内扣,重心左移,左手随转体向左划平弧，右手经腹前至左肋前，掌心向后上方，双眼目视左手；重心右移，上体右转，同时右手向右上方划弧，掌心由内转向外，左手向下至左腹前，掌心向上，双眼目视右手；重心继续移向右腿，左脚收于右脚内侧成丁步，左手摆至右胸前，掌心向内，双眼目视右勾手；左脚向左前方上步，脚跟先着地，身体同时左转，左手向左前方平行划弧；重心前移，左脚落实，成左弓步，左手翻掌向前推出，掌心向前，高与眼平，右勾手停于身体右侧斜后方，双眼目视前方。具体动作如图 14-32 所示。

1　　2　　3

图 14-32　单鞭动作

练习提示：上体应保持正直，左手向外翻掌前推时，应随转体边翻边推出，沉腕，舒指；左肘与左膝上下相对，不可偏斜。

攻防含义：我方用右手化解对方的进攻，左手攻其胸、面部。

2. 云手

动作要领：

(1) 上体后坐，左脚内扣，身体稍向右转，同时左掌向下划弧至右肩前，右勾变掌。

(2) 收右脚成小开立步，同时左手向左上、右手向右下划立圆一周。

(3) 向左侧出左脚，将动作连做三次。

具体动作如图 14-33 所示。

1　2　3　4　5
6　7　8　9　10

图 14-33　云手动作

练习提示：身体转动时应以腰背为轴，纵轴旋转，带动两臂，两臂要保持弧形，肘关节稍下沉，身体重心平稳。移动时，脚尖先着地，再踏实，目光随手移动。

攻防含义：我方用两手拨开对方的攻击。

3. 再单鞭

上体继续右转，右手向右划弧，左手经腹前向右上方划弧至右肋前，掌心向内，双眼目视右手前方，其余动作同第一个单鞭。具体动作如图 14-34 所示。

图 14-34　再单鞭动作

（五）第五组动作练习

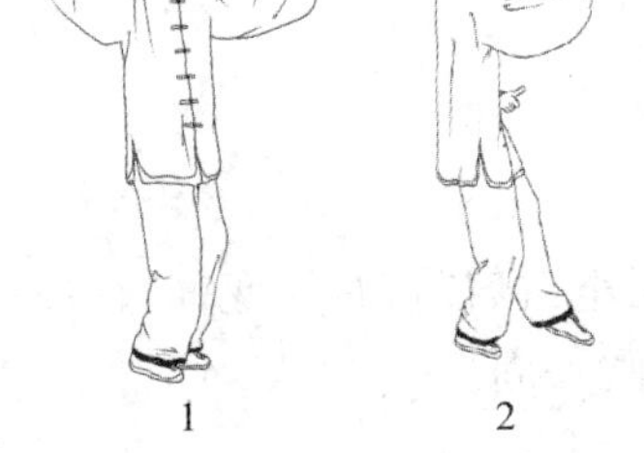

图 14-35　高探马动作

1. 高探马

动作要领：重心前移，右脚向前跟进半步，重心再后移，左掌翻转，掌心向上，右勾手变掌，掌心斜向上；左脚向前，脚尖点地成左虚步，右手经右耳旁向前推掌，掌心向前，手指与眼同高，左手收至左侧腰前，掌心向上，两眼目视前方。具体动作如图 14-35 所示。

练习提示：通过脚跟移重心时，身体不要起伏，左脚出脚点地与右手前推应协调一致。

攻防含义：我方左手撤防，用右手攻击对方。

2. 右蹬脚

动作要领：左手前伸至右手手腕上方，掌心向上，两手相互交叉；随即两手分开，左手翻转，两手心斜向下，左脚轻轻抬起；左脚向左斜前方落步，身体微向左转，重心前移，两手分别向左右两侧分开，之后继续向下划弧并由外向内翻转，至腹前交叉，同时右脚向左脚内侧靠拢，脚尖点地；两掌外翻左右划弧分开，同时右腿屈膝上提；两手继续分开平举，两肘下沉，两臂呈弧形，同时右脚向右前方慢慢蹬出，两眼目视右手。具体动作如图 14-36 所示。

练习提示：蹬脚时，右脚尖回勾，力达脚跟，右掌与右蹬脚方向应一致；两手分开时，腕与肩齐平，支撑腿膝盖微屈，上体不可后仰。

攻防含义：我方用两手向外分开对方的进攻，同时用右脚蹬击对方胸、腹部。

图 14-36　右蹬脚动作

3. 双峰贯耳

动作要领：右腿屈膝小腿收回，左手向前平摆至胸前，两掌心斜向上；两手继续体前下落至右膝两侧，右脚向右前方落步，脚跟先着地，再全脚落实，两手收落于腰间，掌心斜向上；重心前移，成右弓步，同时两掌变拳，分别从两侧向上、向前划弧至前方，高与耳齐，与头同宽，拳眼斜向下，两眼目视右拳。具体动作如图 14-37 所示。

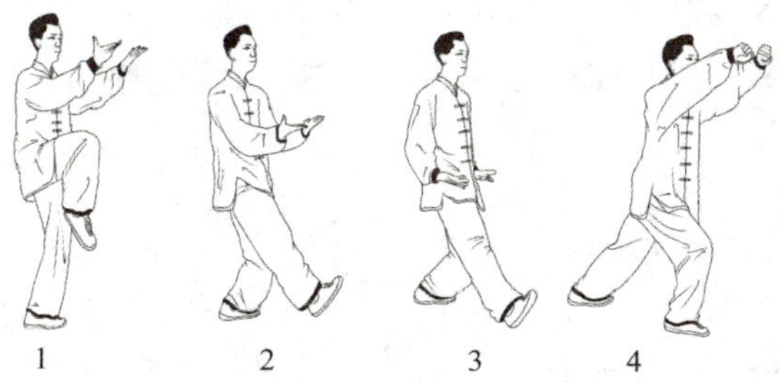

图 14-37 双峰贯耳动作

练习提示：定势时，头颈正直，松腰，两拳松握，沉肩坠肘，两臂保持弧形。

攻防含义：我方双掌下落化开对方攻击，随之双拳合击对方耳部。

4. 转身左蹬脚

上体后坐，右脚内扣，两手经侧向向下划弧合抱胸前，左脚收点提膝，分掌左蹬脚，动作同右蹬脚，方向相反，具体动作如图 14-38 所示。练习提示和攻防含义同右蹬脚。

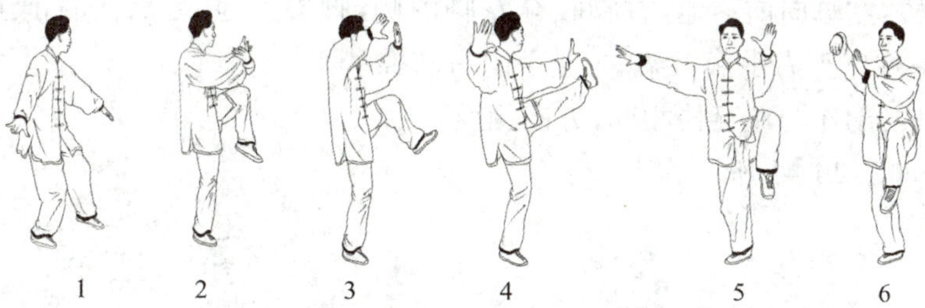

图 14-38 转身左蹬脚动作

（六）第六组动作练习

1. 左下势独立

动作要领：左腿收回提膝，右掌变勾，左掌收至右肩，顺左腿内侧前穿成左仆步，接着右腿慢慢屈膝提起，成左独立式；同时右勾变掌，由后下方顺右腿外侧向前弧形提起，屈臂立于右腿上方，肘膝相对，掌心向左；左手落于左胯旁，掌心向下，指尖向前，两眼目视右手前方，具体动作如图 14-39 所示。

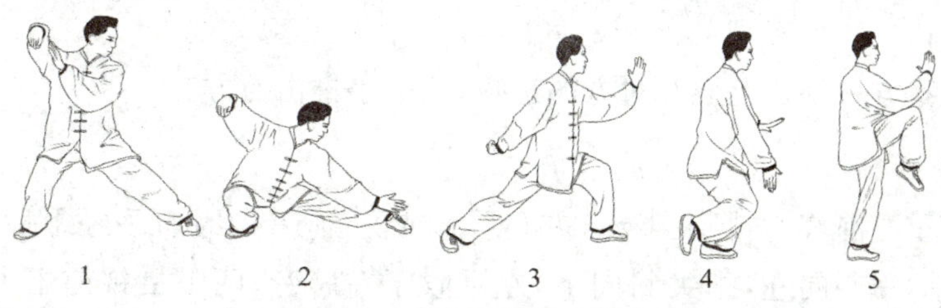

图 14-39 左下势独立动作

练习提示：上体应正直，支撑腿膝盖微屈，提膝脚尖自然下垂。

攻防含义：我方先用右手牵动对方的进攻，然后用右膝、右手攻击对方。

2. 右下势独立

动作同左下势独立，方向相反，右提膝改为右脚落地左转，具体动作如图 14-40 所示。练习提示及攻防含义同左下势独立。

图 14-40　右下势独立动作

（七）第七组动作练习

1. 左右穿梭

动作要领：

（1）左穿梭：左脚向前落地，右脚收至左脚内侧，脚尖点地，之后向右前上步成右弓步，同时，两手经左抱球至右手额上架掌，左手向右前推掌。

（2）右穿梭：动作与左穿梭相同，方向相反。

具体动作如图 14-41 所示。

图 14-41　左右穿梭动作

练习提示：两个定势分别面向右侧前方和左侧前方。手推出后，头部、上体不得歪斜，手上举时不要耸肩。

攻防含义：我方一手在上架开对方的进攻，另一手推击对方。

2. 海底针

动作要领：重心前移，右脚上半步，重心后移成左虚步，同时右手经下后向上提，由右耳旁向前下斜插掌，掌心向左，指尖斜向下，左手收于左胯旁，两眼目视前下方。具体动作如图 14-42 所示。

练习提示：右手插掌时，手腕稍向上提，上体稍前倾，收腹敛臀，两臂的动作左手为平圆，右手为立圆。

攻防含义：化解对方的进攻，顺势攻击对方。

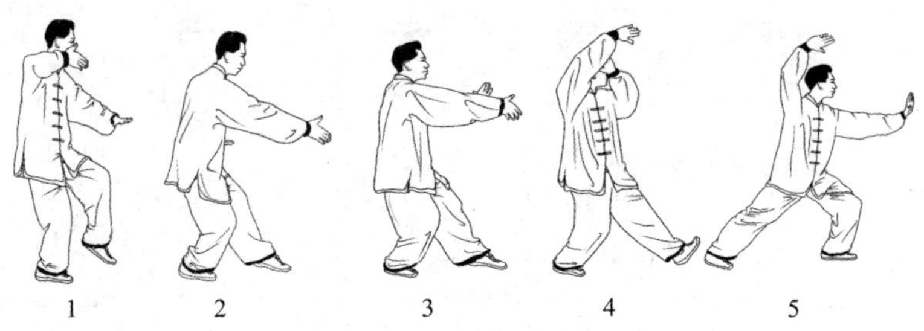

图 14-42 海底针动作

3. 闪通臂

动作要领：上体稍后移，直立，左脚轻轻抬起，同时右手向上提起，左手向上摆至右腕下；左脚向前上步，脚跟先着地再全脚落实，重心前移，成左弓步，同时右手外翻，掌心斜向上，架于右额头斜上方，左手向前平推，高与鼻尖平，掌心向前，两眼目视前方。具体动作如图 14-43 所示。

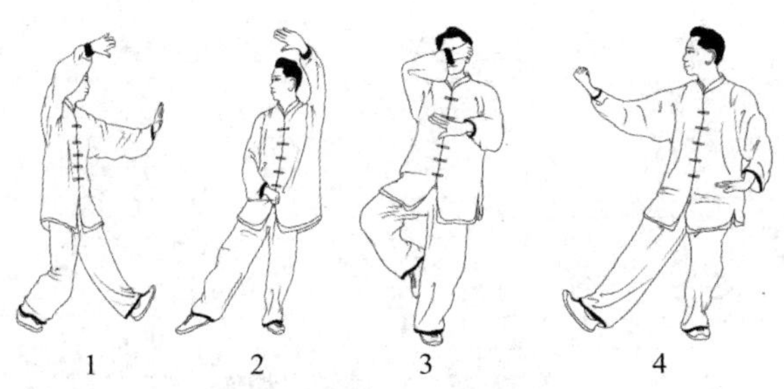

图 14-43 闪通臂动作

练习提示：定势时，上体不可过于侧倾，推掌架臂均应保持弧形。

攻防含义：右手上架，左手攻击对方胸部。

(八) 第八组动作练习

1. 转身搬拦捶

动作要领：

(1) 搬：重心后移，上体右转，左脚尖翘起后内扣，两手同时向上向右转动，重心移向左腿，左手至头前，掌心向外，右手继续向右前下划弧后，握拳收至左胸前，拳心向下；上体继续右转，右脚轻轻抬起，脚尖外撇，右拳向前上搬盖，拳心向上，左手落于左胯旁；重心前移，右脚落实，成右弓步，同时右拳继续向前下搬盖。

(2) 拦：重心前移，左脚向前迈一步，同时上体继续右转，左掌向前上划弧拦出，掌心向右，右拳向右划弧后收至右腰间。

(3) 捶：重心前移成左弓步，右拳向前打出，拳眼向上，高与胸平，左手附于右前臂内侧。

具体动作如图 14-44 所示。

练习提示:"搬"拳与右脚落地配合协调一致,拦时左手稍向内扣下压,捶与弓步应同时完成,三个动作要协调连贯、一气呵成。

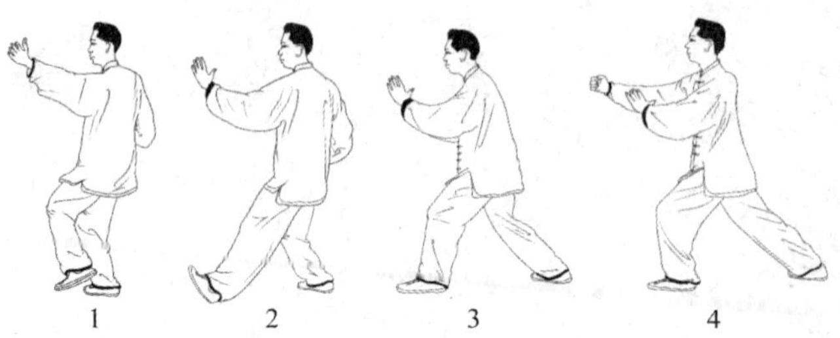

图 14-44　转身搬拦捶动作

攻防含义:两手搬、拦开对方的进攻后,右拳攻其胸部。

2. 如封似闭

动作要领:左手由右腕下向前伸出,右拳变掌,两手掌心翻转向上;重心后移,身体后坐,左脚尖向上翘起,两手左右分开并屈肘回收;两手在胸前向内翻转,向下至腹前,掌心斜向下;重心前移,左脚落实,成左弓步,两手向上、向前推出,腕高与肩平,掌心向前。具体动作如图 14-45 所示。

图 14-45　如封似闭动作

练习提示:身体后坐时,上体不得后仰,臀部不可凸出,两手推出时上体不得前倾。

攻防含义:我方用两手化解对方的进攻后推击对方。

3. 十字手

动作要领:重心后坐,左脚尖翘起,上体右转,左脚尖内扣;上体继续右转,右手向右划平弧,右脚尖外撇,重心移至右腿;右手向下划弧,重心左移,右脚尖内扣;右脚向左收回,两脚距离同肩宽,成开立步,同时两手向下向内交叉合抱于胸前,右手在外,掌心向后。具体动作如图 14-46 所示。

图 14-46　十字手动作

练习提示：两手分开合抱时，上体不要前俯，站起后，身体自然正直，头微向上抬，下颌微收。

攻防含义：我方可用双手外掤架开对方的进攻。

4. 收势

两手向外翻掌，手心向下，两臂慢慢下落，停于身体两侧，左脚慢慢收至右脚旁并步，两眼目视前方。具体动作如图 14-47 所示。

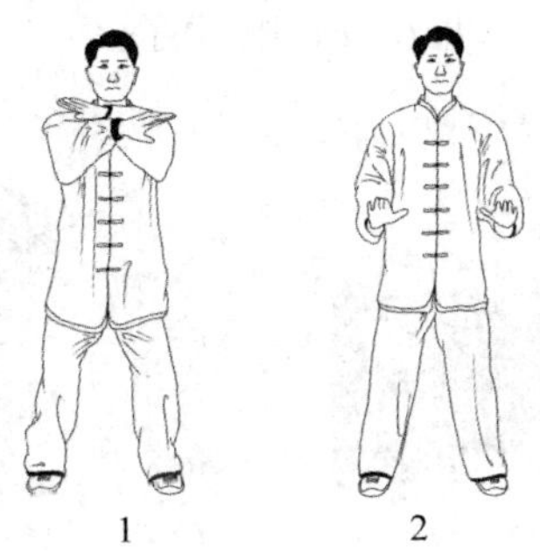

图 14-47 收势动作

第三节 八 段 锦

一、八段锦介绍

八段锦是我国古老的导引术，这一名词始见于东晋葛洪的《神仙传》："士大夫学道者多矣，然所谓八段锦、六字气，特导引吐纳而已。"八段锦究竟为何人、何时所创，目前尚无定论。但从长沙马王堆汉墓出土的帛画中可以看出与八段锦相似的图示。到北宋时八段锦已流传于世，八段锦口诀始见于南宋，起初并非七言八句的歌诀形式，明代配以图示，在流传过程中分为南、北两派。南派有立式、骑马式、坐式等，动作简易；北派多行骑马式，动作较为复杂。又有文、武之分：文八段多为坐式，强调静思、集神与呼吸吐纳；武八段多为立式及骑马式，侧重肢体活动。

八段锦的"八"字，并不是指这套功法中有八个动作，而是表示其功法由多种要素互相制约、互相联系、循环运行。

八段锦是一套完整的健身方法，动作柔和缓慢、圆活连贯，松紧结合，动静相兼，神与形合，气寓其中，具有明显养生功效的传统功法，每一式动作都针对不同的脏腑和病症具有治疗作用，通过拧转伸展、前俯后仰分别作用于人体的三焦、心肺、脾胃、肾腰等部位和器官，可以防治心火、五劳七伤和各种病症，并达到活动关节、强壮筋骨、疏通血脉、调理阴阳的功效。

二、八段锦的基本手型和套路名称

1. 基本手型

手型是指功法练习中特定的拳、掌、指形态。起到引领动作、强化气血运行的作用。八段锦主要包含以下几种手型。

(1) 自然掌。五指自然伸直,稍分开,掌心微含,如图 14-48 所示。

(2) “八”字掌。拇指与食指竖直分开呈“八”字形,其余三指的第一、二指节屈收,指间见缝,大小鱼际稍向内收,掌心微含,如图 14-49 所示。

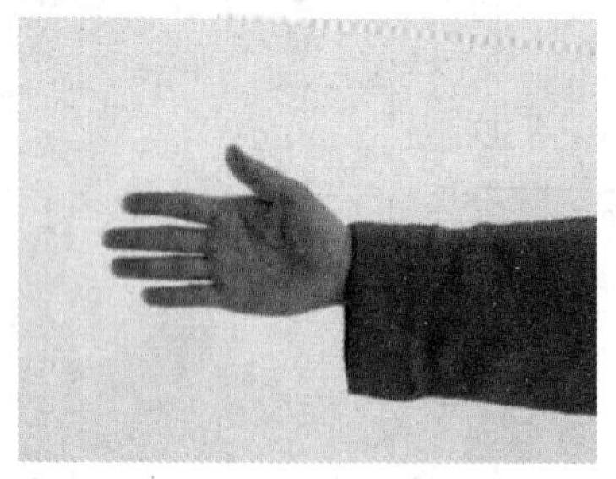

图 14-48 自 然 掌

图 14-49 “八”字掌

(3) 龙爪。掌心平展,五指并拢,拇指第一指节,其余四指第二指节紧贴内扣,呈爪形,如图 14-50 所示。

(4) 握固。拇指抵掐无名指根节内侧,其余四指屈拢收握,如图 14-51 所示。

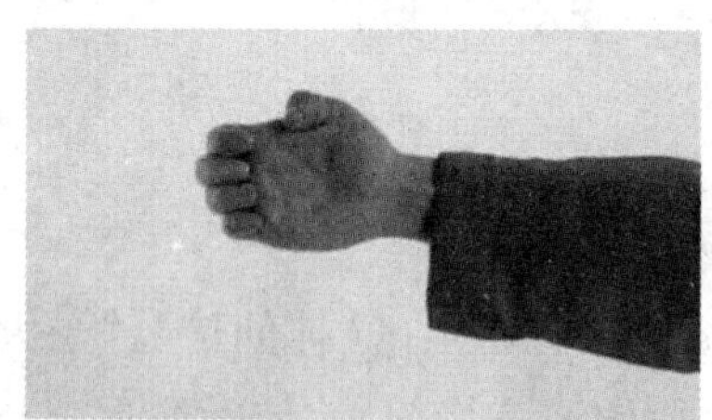

图 14-50 龙 爪

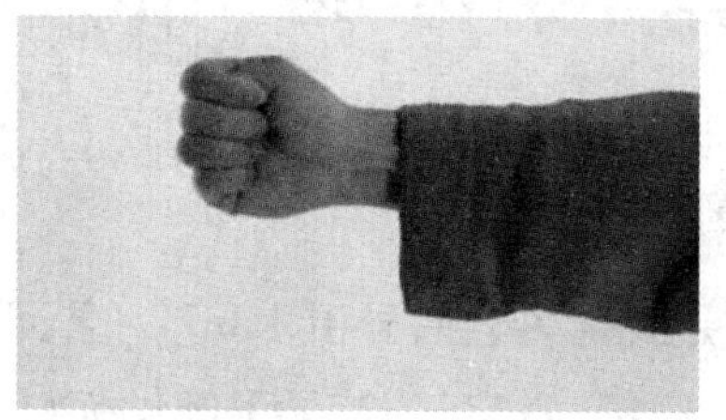

图 14-51 握 固

2. 套路名称

国家体育总局健身气功管理中心委托北京体育大学对八段锦进行了重新研究与整理,将之定名为健身气功八段锦,在全国进行推行,新版的八段锦主要包括八个基本套路,分别为:双手托天理三焦—左右开弓似射雕—调理脾胃须单举—五劳七伤往后瞧—摇头摆尾去心火—双手攀足固肾腰—攒拳怒目增力气—背后七颠百病消。

三、八段锦的基本动作练习

视频
健身气功·八段锦

1. 预备式

自然站立,两脚分开,与肩同宽,双臂下垂,双目向前平视。略微下蹲,双臂微屈,掌心向内,指尖相对,如图 14-52 所示。

2. 双手托天理三焦

动作要领如图 14-53 所示。

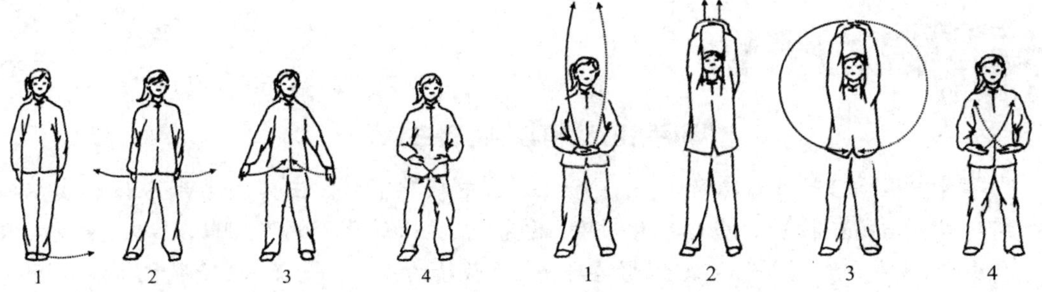

图 14-52 预 备 式　　　　图 14-53 双手托天理三焦

(1) 双手十指交叉，翻掌，掌心向上尽量上托。

(2) 抬头，目视手背、脚跟离地，深吸气。

(3) 双手下落，恢复成预备姿势。双手上托和下落交替做 6 次。

功效：该动作能舒展上体，对胸闷、腹胀、食欲缺乏等有改善作用。

3. 左右开弓似射雕

动作要领如图 14-54 所示。

图 14-54 左右开弓似射雕

(1) 两脚分立，下蹲成骑马式，双手在胸前交叉，掌心向内。

(2) 左臂向左侧伸直，左手拇指和食指伸直，其余手指握紧，双眼直视左手。右手半握拳，拳眼向上，如拉弓状由左胸口慢慢拉至右胸前，深吸气。

(3) 双手回落，恢复成预备姿势。左右手交替做 6 次。

功效：该动作能扩展胸部，强健下肢，对肩周炎、下肢无力等有一定的防治作用。

知识加油站

“两手托天”何以能“理三焦”

三焦，是中医学理论中的六腑之一，分为上焦、中焦和下焦。三焦关系到人体饮食水谷受纳、消化吸收与输布排泄的全部气化过程，故为“五脏六腑之总司”。肺在上焦，主宣发肃降；脾在中焦，主气机斡旋，升清降浊；肾在下焦，主藏精纳气。三者结合，使气机得以转运。

“两手托天理三焦”，意即通过两手上举伸展躯体的动作来实现调理三焦的作用。当两手上托时，整个躯干和上肢得到有效神展，从而使手、足三阴三阳，以及任脉等经络得以相应刺激。通过疏通经络所主的脏腑及其络属的经筋和皮部，从而使三焦气机得以畅通和运化。同时，从现代生理学角度来说，两手交叉上举，可较大程度地增加胸廓容积、使肺吸气量和静脉回心血量增加，而且细、匀、深、长的腹式呼服方式还可以加快血液回流，促进血液循环。

资料来源：https://zhuanlan.zhihu.com/p/187428035，有改动

4. 调理脾胃须单举

动作要领如图 14-55 所示。

(1) 自然站立，双臂弯曲，掌心向上，指尖相对。

(2) 右手翻掌，掌心向上托，同时左手翻掌，掌心向下压，深吸气。

(3) 手掌回落，恢复成预备姿势。左右手交替做 6 次。

功效：该动作能调理脾胃，疏通肩背经络。

图 14-55　调理脾胃须单举

5. 五劳七伤往后瞧

动作要领如图 14-56 所示。

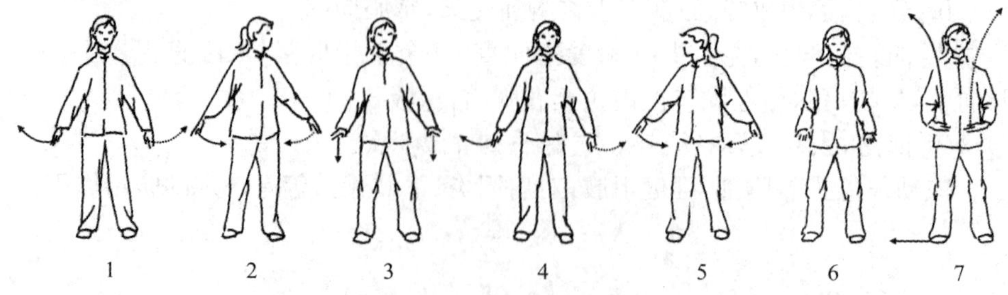

图 14-56　五劳七伤往后瞧

(1) 自然站立,略微下蹲,两手下按,指尖向前,掌心向下。

(2) 手掌外旋,掌心向外,头慢慢向左转,目视左后方。

(3) 手掌回落,恢复成准备姿势。左右侧交替 6 次。

功效:该动作对颈椎病有一定的改善作用。

6. 摇头摆尾去心火

动作要领如图 14-57 所示。

(1) 两脚分立,双手上托,掌心朝上。

(2) 下蹲成骑马式,两手下落,放在两膝上。

(3) 上体右倾,摇头摆尾,从右至左环绕,再从左至右环绕。重复 6 次该动作。

功效:该动作能锻炼肩部、臂部、腰部、背部的肌肉,疏通经络。

图 14-57 摇头摆尾去心火

7. 两手攀足固肾腰

动作要领如图 14-58 所示。

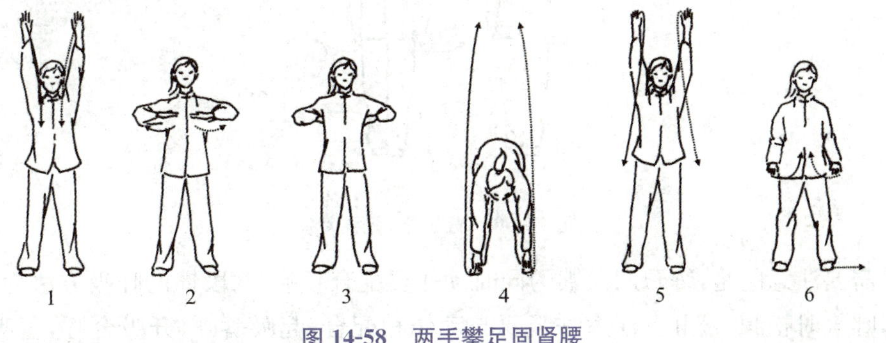

图 14-58 两手攀足固肾腰

(1) 两脚分立,双手上举,掌心相对。

(2) 双手下落,从胸前绕至体后,手背紧挨身体下滑至臀部。

(3) 向前弯腰,同时翻掌下按,掌心向下,手指翘起,两手掌尽量按向脚背。

(4) 还原成预备姿势。重复 6 次该动作。

功效:该动作能锻炼腰部肌肉,按摩腰肾。

8. 攒拳怒目增气力

动作要领如图 14-59 所示。

(1) 两脚分立,下蹲成骑马式,双手握拳放在腰部两侧。

(2) 左拳向左前方用力击出,拳眼朝上。手掌展开,手腕环绕,然后握拳收回。左右手交替做 6 次。

功效:该动作能增全身气力,强壮手臂、肩、背、胸、腹部肌肉。

1

2

3

4

5

图 14-59 攒拳怒目增气力

9. 背后七颠百病消

动作要领如图 14-60 所示。

(1) 自然站立,双脚并拢,双臂自然垂于体侧。

(2) 双脚踮起,脚跟慢慢离地,趾尖着力,两膝伸直,深吸气。

(3) 还原成预备姿势,深呼气。

功效:该动作能增强颈部和腰部的肌肉,疏通全身经络。

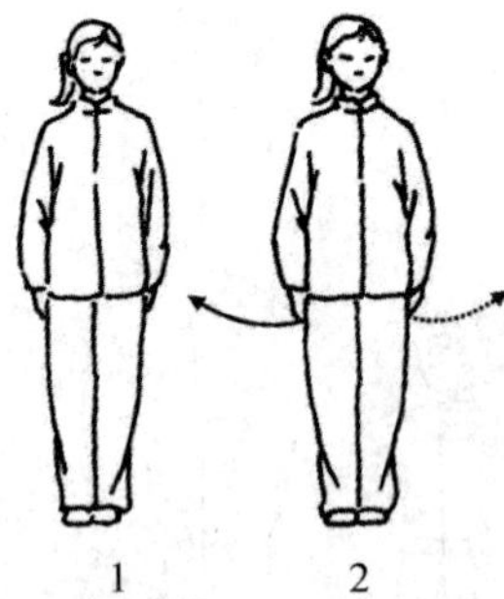

图 14-60 背后七颠百病消

此外需要注意的是,练习八段锦的同时动作要配合呼吸,八段锦的呼吸方法为吸气时收腹、提肛,呼气时松腹、松肛。注意呼吸要与动作相配合,起吸落呼,开吸合呼,蓄吸发呼,在动作停顿时可适当屏气。

1. 简述二十四式太极拳的套路动作，并通过身体动作进行演示。
2. 武术的分类和功能是什么？
3. 中国传统武术的基本功有哪些？
4. 简述八段锦的基本手型和技术动作。

参考文献

[1] 方慧.强健体魄　享受快乐:大学体育与健康教程[M].上海:上海交通大学出版社,2020.
[2] 黄埔,杨毅.大学生体育与健康[M].上海:上海交通大学出版社,2021.
[3] 张小田,叶江平,高灼荣.高职体育与健康[M].3版.北京:高等教育出版社,2021.
[4] 郎松亭,李坚.体育与健康[M].5版.北京:高等教育出版社,2020.
[5] 宿继光.传统体育健身[M].天津:天津科学技术出版社,2020.
[6] 傅纪良,王裕桂.实用游泳教程[M].北京:海洋出版社,2020.
[7] 骆广才.传统杨式太极拳[M].杭州:浙江大学出版社,2022.
[8] 艾丽,张平.新时代大学体育运动与健康教程[M].北京:清华大学出版社,2022.